U0542481

| 李顿调查团档案文献集 |

主编 张 生

国联调查团实地访谈（一）

编者 陈海懿 吴佳佳 顾小伟

南京大学出版社

本书由

国家社会科学基金"抗日战争研究"专项工程
"国外有关中国抗日战争史料整理与研究之一:李顿调查团档案翻译与研究"(16KZD017)

教育部人文社会科学重点研究基地"南京大学中华民国史研究中心"
重大项目"战时中国社会"(19JJD770006)

江苏省优势学科基金

资助

《李顿调查团档案文献集》编译者名单

主　编　张　生

副主编　郭昭昭　陈海懿　宋书强　屈胜飞　陈志刚　叶美兰

编译者　张　生　南京大学中华民国史研究中心教授
　　　　　叶美兰　南京邮电大学教授
　　　　　王希亮　黑龙江省社会科学院历史研究所研究员
　　　　　郭昭昭　江苏科技大学马克思主义学院研究员
　　　　　陈海懿　南京大学中华民国史研究中心副教授
　　　　　陈志刚　西南大学历史文化学院副教授
　　　　　宋书强　中国药科大学马克思主义学院讲师
　　　　　屈胜飞　浙江工业大学马克思主义学院讲师
　　　　　王　静　南京大学大学外语部副研究员
　　　　　翟意安　南京大学历史学院讲师
　　　　　徐一鸣　南京大学历史学院助理研究员
　　　　　向　明　江苏科技大学马克思主义学院副教授
　　　　　常国栋　南京邮电大学马克思主义学院讲师
　　　　　鄢海亮　华南师范大学马克思主义学院讲师
　　　　　万秋阳　南京晓庄学院外国语学院日语系讲师
　　　　　菅先锋　南京大学历史学院博士研究生
　　　　　吴佳佳　南京大学历史学院博士研究生
　　　　　马海天　南京大学历史学院博士研究生
　　　　　米惠华　南京大学历史学院博士研究生
　　　　　顾小伟　南京大学历史学院博士研究生
　　　　　林　坤　南京大学历史学院博士研究生
　　　　　夏黎明　南京大学历史学院博士研究生

王益华　南京大学历史学院博士研究生
孟祥斐　南京大学历史学院博士研究生
崇　哲　南京大学历史学院博士研究生
刘思燚　南京大学历史学院硕士研究生
肖钧哲　南京大学历史学院硕士研究生
刘涵之　南京大学历史学院硕士研究生
桂语琪　南京大学历史学院硕士研究生
黄家丽　南京大学历史学院硕士研究生
胡芊珣　南京大学历史学院本科生
刘俊甫　南京大学历史学院本科生
陈梦玲　内蒙古师范大学科学技术史研究院博士研究生
金　楠　浙江工业大学马克思主义学院硕士研究生
杨文秀　浙江工业大学马克思主义学院硕士研究生
曹文博　陕西师范大学历史文化学院硕士研究生
沈康悦　浙江工业大学马克思主义学院硕士研究生
杨　越　西安电子科技大学密码学硕士
黎纹丹　西南大学外国语学院硕士研究生
朱心怡　西南大学外国语学院硕士研究生
杨　溢　西南大学外国语学院硕士研究生
郑学良　西南大学外国语学院硕士研究生
孙　莹　西南大学外国语学院硕士研究生
舒　婷　西南大学历史文化学院硕士研究生
徐丹丹　西南大学历史文化学院硕士研究生
牛　正　西南大学历史文化学院硕士研究生
金　典　西南大学历史文化学院硕士研究生
余松琦　西南大学含弘学院本科生

序　言

中国历史的奥秘，深藏于大兴安岭两侧的广袤原野。

明治维新以来，日本企图步老牌帝国主义后尘，争夺所谓"生存空间"；俄国自彼得大帝新政，不断东进，寻找阳光地带和不冻港。日俄竞争于中国东北，流血漂杵；日本逐步占得上风，九一八事变发生，中国面临亡国灭种的新危机。

日本侵华之际，世界已进入全球化的新时代，民族国家成为国际社会的主体，以国际条约体系规范各国的行为，以政治和外交手段解决彼此的分歧，是国际社会付出重大代价以后得出的共识。而法西斯、军国主义国家如德、意、日，昧于世界大势，穷兵黩武，以求一逞。以故意制造的借口，发动侵华战争，霸占中国东北百余万平方公里土地、数千万人民，是日本昭显于世的侵略事实。

国际联盟(League of Nations)应中国方面之吁请，派出国联调查团处理此事。1932年1月21日，国联调查团正式成立。调查团团长由英国人李顿爵士(The Rt. Hon. The Earl of Lytton)担任，故亦称李顿调查团(Lytton Commission)。除李顿外，美国代表为麦考益将军(Gen. McCoy)，法国代表为亨利·克劳德将军(Gen. Claudel)，德国代表为希尼博士(Dr. Schnee)，意大利代表为马柯迪伯爵(H. E. Count Aldrovandi)。为显示在中日间不做左右袒，国联理事会还决定顾维钧作为顾问代表中国参加工作，吉田伊三郎代表日方。代表团秘书长为国联秘书处哈斯(Mr. Robert Haas)。代表团另有翻译、辅助人员。1932年9月4日，代表团完成报告书，签署于中国北平。报告书确认：第一，九一八事变之责任，完全在于日本，而不在中国；第二，伪满洲国政权非由真正及自然之独立运动所产生；第三，申明东三省为中国领土。日本为此恼羞成怒，退出国联，自

1

绝于国际社会。

《李顿调查团档案文献集》就是反映李顿调查团组建、调查过程、调查结论、各方反应和影响的中、日等国相关资料的汇编，对于研究九一八事变和李顿调查团，具有重要的参考价值。

如何看待李顿调查团来东亚调查的来龙去脉？笔者认为应有三个维度的观照：

其一，在中国发现历史。

美国历史学家柯文提出的这一范式，相比"冲击—反应"模式，即从外部冲击观察中国历史的旧范式，自有其意义。近代以来，由条约体系加持的列强，对中国社会产生了巨大的影响。中国沿海通商口岸是中国最早接触西方世界的部分，在资本主义全球化的过程中得风气之先，所谓"西风东渐"，对中国旧有典章制度的影响无远弗届。近代中国在西方裹挟下步履踉跄，蹒跚竭蹶，自为事实。但如果把中国近代历史仅仅看成西方列强冲击之结果，在理论、方法和事实上，均为重大缺陷。

主要从中国内部，探寻历史演进的机制和规律，是柯文提出的范式的意义所在。

事实上，九一八事变发生、国联调查团来华前后，中国社会内部对此作出了剧烈的反应。在瑞士日内瓦所藏国联巨量档案文献中，中国各界通过电报、快邮代电、信函等形式具名或匿名送达代表团的呈文引人注目，集中表达了国难当头之时中华民族谴责日本侵略、要求国际社会主持公道、收回东北主权、确保永久和平的诉求，对代表团、国联和整个国际社会形成了巨大影响，显示了近代中国社会演进的内在动力。

东北各界身受亡国之痛，电函尤多。基层民众虽文化程度不高，所怀民族国家大义却毫不含糊。东北某兵工厂机器匠张光明致信代表团称："我是中华民国的公民，我不是'满洲国'人，我不拥护这国的伪组织。"高超尘说："不少日子以前，'满洲国家'即已成立了，但那完全是日本人的主使，强迫我辽地居民承认。街上的行人，日人随便问'您是哪国人'，你说是'满洲人'便罢，如说是中国人，便行暴打以至死。"辽宁城西北大橡村国民小学校致函称："逐出日本军，打到［倒］'满洲国'，宁做战死鬼，不做亡国民。"陈子耕揭露说："自事变以后,日本恶势力已伸张入全东北,如每县的政事皆由日人权势下所掌握,复又收买警察、军人、政客等,以假托民意来欺骗世界人的耳目,硬说建设'满洲国'是中华人民的意思,强迫人民全出去游行,打着欢迎建设'新国家'的旗号……我誓死不忘我的中华祖国,敢说华人莫非至心不跳时、血停时,不然一定于[与]他们周旋。"小学生何子明来信说:"我小学生告诉您们'满洲国'成立我不赞成……有一天我在学校,日本人去了,教我们大家一齐说'大日本万岁',我们要不说他就杀我们,把我迫不得已的就说了。其中有一位七岁的小孩,他说'大中华万岁!打倒小日本!'日本人听了就立刻把那个小同学杀了,真叫我想起来就愁啊。"

经济地位和文化水平较高者,则向代表团分析日本侵占中国东北的深远危害。哈尔滨商民代表函称:"虽然,满洲吞并,恐不惟中国之不利。即各国之经济,亦将受其影响。世界二次大战,迫于眉睫矣。"中国国民党青年团哈尔滨市支部分析说:"查日本军阀向有一贯之对外积极侵略政策,吾人细玩以前田中义一之满蒙大陆政策,及最近本庄繁等上日本天皇之奏折,可以看出其对外一贯之积极侵略政策,即第一步占领满蒙,第二步并吞中国,第三步征服世界是也。……以今日之日本蕞尔岛国,世界各国尚且畏之如虎,而况并有三省之后版图增大数倍,恐不数年后,即将向世界各国进攻,有孰敢撄其锋镝乎?……勿徒视为亚洲人之事,无关痛痒,失国联之威信,而贻噬脐之后悔也。"

不惟东北民众,民族危亡激起了全中国人的爱国心。清华大学自治会1932年4月12日用英文致函代表团指出:中国面临巨大的困难,好似1806年的德国和1871年的法国,但就像"青年意大利"党人一样,青年人对国家的重建充满信心。日本的侵略,不仅危害了中国,也对世界和平形成严重威胁,青年人愿意为国家流尽"最后一滴血"。而国联也面临着建立以来最大的危机,对九一八事变的处理,将考验它处理全球问题的能力。公平和正义能否实现,将影响到人类的命运。他们向代表团严正提出"五点要求":1. 日本从中国撤军;2. 上海问题与东北问题一起解决;3. 不承认日本侵略和用武力改变的现状;4. 任何解决不得损害中国的领土和主权完整;5. 日本必须对此事件的后果负责。南京海外华侨协会1932年3月16日致电代表团:日本进兵东三省和淞沪地区,"违反了国联盟约和《凯洛格—白里安公约》,扰乱了远东地区和世界的和平。

同时,日本一直在做虚假的宣传,竭力蒙蔽整个世界。我们诚挚地请求你们到现场来,亲眼看看日军对中国人民的生命财产进行怎样的恣意破坏。希望你们按照国际法及司法原则,对其进行制裁。如果你们不能完成这一使命,那么世界上将无任何公平正义可言。在这种情况下,为了民族的生存,我们将采取一切手段自卫,决不会向武力屈服。"

除了档案,中国当时的杂志、报纸,大量地报道了九一八事变和国联调查团相关情况,其关切的细致程度,说明了各界的高度投入。那些浸透着时人忧虑、带着鲜明时代特色的文字表明:九一八事变的发生,对当时的中国社会是一场精神洗礼,每个人都从东北沦陷中感受到切肤之痛。这种舆论和思想的汇合,极大地改变了此后中国社会各界的主要诉求,抗日图存成为压倒性的任务,每一种政治力量都必须对此作出回应。

其二,在世界发现中国历史。

以中国为本位,探讨中国历史的内生力量,是题中应有之义。但全球化以来,中国历史已经成为世界历史的一部分。仅仅依靠中国方面的资料,不利于我们以更加广阔的视野看待中国历史和"九一八"的历史。

事实上,奔赴世界各地"动手动脚找东西",已经成为中国学者深化中国近现代史,特别是抗战史研究的不二法门。比如,在中日历史问题中占据核心地位的南京大屠杀问题。除中国各地档案馆、图书馆外,中国学者深入美、德、英、日、俄、法、西、意、丹等国相关机构,系统全面地整理了加害者日方、受害者中方和第三方档案文献,发现了大量珍贵文献、图像资料,出版《南京大屠杀史料集》72卷。不仅证明了日军进行大屠杀的残酷性、蓄意性和计划性,也证明南京大屠杀早在发生之时,就引起了各国政府和社会舆论的关注;南京和东京两场审判,进行了繁复的质证,确保了程序和判决的正义;日方细致的粉饰,在中国人民和全世界正义人士的揭露下真相毕露。全球性的资料,不仅深化了历史研究,也为文学、社会学、心理学、新闻传播学、艺术学等跨学科方法进入相关研究提供基础;不仅摧毁了右翼的各种谬论,也迫使日本政府不敢公然否认南京大屠杀的发生和战争犯罪性质。

国际抗战资料,展现了中国抗战史的丰富侧面。如美国驻中国各地使领馆的报告,具体生动地记录了战时中国各区域的社会、政治、军事等各方面情形,对战时国共关系亦有颇有见地的分析;俄、美、日等国档案馆的细菌战资料,揭示了战时日本违反国际法研制细菌武器的规模和使用情况,记录了中国各地民众遭遇的重大伤亡和中国军民在当时条件下的应对,以及暗示了战后美国掩饰"死亡工厂"实情的目的;英美等国档案所反映的重庆大轰炸和日军对中国大中小城市的普遍的无差别轰炸,不仅记录了日本战争犯罪的普遍性,也彰显了战时中国全国军民同仇敌忾、不畏强暴的英勇气概。哈佛大学所藏费吴生档案、得克萨斯州州立大学奥斯汀分校所藏辛德贝格档案、曼彻斯特档案馆所藏田伯烈档案等则从个人角度凸显了中国抗战在"第三方"眼中的图景。

对于李顿调查团的研究,自莫能外。比如,除了前述中国各界给国联的呈文,最近在日内瓦"国联和联合国档案馆"中发现:调查团在日本与日本政要的谈话记录,在中国各地特别是在北平和九一八事变直接相关人士如张学良、王以哲、荣臻等人的谈话记录,调查团在东北实地调查、询问日军高层的记录,中共在"九一八"前后的活动,中国各界的陈情书,日本官方和东北伪组织人员、汉奸的表态,世界各国、各界的反应等。特别是张学良等人反复向代表团说明的九一八事变前夕东北军高层力避冲突的态度,王以哲、荣臻在"九一八"当晚与张学良的联系,北大营遭受日军进攻以后东北军的反应等情况,对于厘清九一八事变真相,有着不可取代的意义。

我们通过初步努力发现,李顿调查团成立前后,中方向国联提交了论证东北主权属于中国的篇幅巨大的系统性说帖,顾维钧、孟治、徐道邻等还用英文、德文进行著述。日方相应地提交了由日本旅美"学者"起草的说帖,其主攻点是中国的抗日运动、东北在张氏父子治下的惨淡、东北的"匪患",避而不谈柳条沟事件的蓄意性。日方资料表明,即使在九一八事变发生数月后,其关于"九一八"当晚情形的说辞仍然漏洞百出、逻辑混乱,在李顿询问时不能自圆其说。而欧美学者则向国联提供了第三方意见,如 *The Verdict of the League: China and Japan in Manchuria*(《国联的裁决:中日在满洲》),哈佛大学法学院教授曼利·哈德森(Manley O. Hudson)著;*Manchuria: Cradle of Conflict*(《满洲:冲突的策源地》),欧文·拉铁摩尔(Owen Lattimore)著;*The Manchuria Arena: An Australian View of the Far Eastern Conflict*(《满洲竞技场:远东冲突的澳洲视角》),卡特拉克(F.M. Cutlack)著;*The Tinder Box of Asia*(《亚洲的火药桶》),乔治·索科尔斯基(George E. Sokolsky,中文名索克斯)著;*The World's Danger Zone*(《世界的危险地带》),舍伍德·艾迪(Sherwood Eddy)著;等等,为国联理解中国东北问题提供了有益的视角。另外,收藏在美国斯坦福大学胡佛研究所的蒋介石日记等也反映了当时国民政府高层的态度和举措。

这次出版的资料中,收集了中国台湾地区的"国史馆"藏档,日本外务省藏档,国联和联合国档案馆S系列藏档等多卷档案。丰沛的资料说明,即使是李顿调查团这样过去在大学教材中只是以一两段话提出的问题,其实仍有海量的各种海外文献可资研究。

可以说,世界各地抗日档案和各种资料,不仅补充了中国方面的抗日资料,也弥补了"在中国发现历史"范式的不足,体现了历史唯物主义对历史研究全面性、客观性的要求,自然地延伸推导出"在世界发现中国历史"的新命题。把"中国的"和"世界的"结合起来,才能更深广、入微地揭示抗日战争史的内涵。

其三,在中国发现世界历史。

中国历史,是世界历史的重要组成部分;中国抗战,构成了第二次世界大战的东亚主战场。离开中国历史谈世界历史注定是不周全的。只有充分发掘中国历史的世界意义,世界史才能获得真正的全球史意义。

过往的抗战史国际化,说明了中国抗战的世界意义。研究发现,东北抗联资料不仅呈现了十四年抗战的艰苦过程,也说明了战时东北亚复杂的国际关系。日方资料中的"华北治安战""清乡作战"资料,从反面反映了八路军、新四军的顽强,其牵制大量日军的事实,从另一面说明中共敌后游击战所发挥的中流砥柱作用。1937年12月12日在南京江面制造"巴纳号事件"的日军航空兵官兵,后来是制造"珍珠港事件"的主力之一,说明了中国抗战与太平洋战争的联系。参与制造九一八事变、华北事变和南京大屠杀的许多日军部队,后来在太平洋战场上被美澳等盟国军队消灭,说明了太平洋战场和中国战场的相互支持。中国军队在滇缅战场的作战和在越南等地的受降,中国对朝鲜、马来亚、越南等地游击战和抗日斗争的介入和帮助,说明了中国抗战对东亚、东南亚解放的意义和价值。对大后方英美军人、"工合"人士、新闻界和其他各界人士的研究,彰显了抗日统一战线的多重维度,等等。这对我们的研究富有启发性意义。

李顿调查团的相关资料表明,九一八事变及其后续发展,具有深刻的世界史含义。

麦金德1902年在英国皇家地理学会发表文章,提出"世界岛"的概念。麦金德认为,地球由两部分构成:由欧洲、亚洲、非洲组成的世界岛,是世界上面积最大、人口最多、最富饶的陆地组合。在"世界岛"的中央,是自伏尔加河到长江,自喜马拉雅山脉到北极的心脏地带,在世界史的发展中具有重要意义。其实,就世界近现代史而言,中国东北具有极其重要的地缘战略意义,堪称"世界之砝"——美国、俄罗斯、日本等这些当今世界的顶级力量,无不在中国东北及其周边地区倾注心力,影响世界大局。

今天看来,李顿调查团的组建,是国际社会运用国际规约积极调解大国冲突、维护当时既存的凡尔赛—华盛顿体系的一次尝试。参与各国均为当时世界强国,即为明证。

英国作为列强中在华条约利益最丰的国家,积极投入国联调查团的建立。张伯伦、麦克米伦等知名政治家均极愿加入代表团,甚至跟外交部官员暗通款曲,询问排名情况。李顿在中日间多地奔波,主导调查和报告书的起草,正是这一背景的反映。

美国作为国联非成员国,积极介入调查团,说明了美国对远东局势的关切,其态度和不承认日本用武力改变当时中国领土主权现状的"史汀生主义"是一致的。日美之间的紧张关系,一直延续到珍珠港事变发生。在日美最终谈判中,中国的领土和主权,仍然是美方的先决条件。可以说,九一八事变,从大历史的角度看,是改变日本和美国国运的大事。

苏联在国联未能采取强力措施制止日本侵略后,默认了伪满洲国的存在,后甚至通过对日条约加以承认,其对日本的忍让和妥协,延续到它对日本宣战。但日本关东军主力在苏联牵制下不敢贸然南下,影响了中国抗日战争的形态。

日本侵占中国东北,却始终得不到中国和国际主流社会的承认,乃不断扩大侵略,不仅影响了对苏备战,也使得其在"重庆政权之所以不投降,是因为有英美支持"的判断下,不断南进,最终自取灭亡。2015年8月14日,日本首相安倍晋三在战后70年讲话中承认:"日本迷失了世界大局。满洲事变以及退出国际联盟——日本逐渐变成国际社会经过巨大灾难而建立起来的新的国际秩序的挑战者,前进的方向有错误,而走上了战争的道路。其结果,70年前,日本战败了。"从这个意义上说,九一八事变—李顿调查—退出国联,成为日本近代史的转折点。

亚马孙雨林的蝴蝶振动翅膀,可能在西太平洋引发一场风暴。发生在沈阳一个小地方的九一八事变,成为今天国际秩序的肇因。其故焉在?马克思和恩格斯在《德意志意识形态》中指出:在历史演进的过程中,人的"普遍交往"逐步发展起来,"狭隘地域性的个人为世界历史性的、真正普遍的个人所代替"。近代以来中国人民的历史,与世界历史共构而存续。

回望李顿调查团的历史,我仿佛感受到了太平洋洋底的咆哮呼啸前来,如同雷鸣。

是为序。

张 生
2019年10月

出版凡例

一、本文献集所选资料,原文中的人名、地名、别字、错字及不规范用字等,为尊重历史和文献原貌,均原文照录。因此而影响读者判断、引用之处,除个别需说明情况以脚注"译者按"或"编者按"形式标出外,别字、错字在其后以"[ ]"注明正字;增补的字,以"【 】"标明之;因原文献漫漶不清而缺字处,用"□"标识。

二、凡采用民国纪年或日本天皇年号纪年者等,为尊重历史和文献原貌,均原文照录。台湾地区的文献中涉及政治人物头衔和机构名称者,按有关规定处理,在页下一并说明。

三、所选资料均在起始处说明来源,或在文后标注其详细来源信息。

四、外文文献译文中,日本人名从西文文献译出者,保留其西文拼法,以便核对;其余外国人名,均在某专题或文件中第一次出现时标其西文拼法。不同时期形成的中文文献中涉及的外国人名、地名翻译差异较大,为尊重历史和文献原貌,一般不作改动。

五、所选文献经过前人编辑而加脚注者,以"原编辑者注"保留在页下。

六、所选资料中原有污蔑中国人民、美化日本侵略之词,或基于立场表达其看法之处,为尊重历史和文献原貌,不改动原文,或在页下特别说明,请读者加以鉴别。

本册说明

本册文献集所选译资料来自日内瓦国联与联合国档案馆（League of Nations and United Nations Archives）藏李顿调查团档案，分别为S31卷宗第二部分和S32卷宗第一部分。之所以称为选译，是因为档案原件存在大量手写体、法文及其他文字，未能全部识别与翻译，故属于有选择性的翻译。

S31卷宗选译内容主要是李顿调查团在吉林、黑龙江等地的访谈与调查，时间段从1932年4月6日至1932年6月1日，包括调查团东北实地考察期间的许多采访报告。调查团的访谈对象包括东省特别区长官张景惠、伪哈尔滨特别市市长鲍观澄、中东铁路公司理事长李绍庚、白俄组织代表、哈尔滨市日本商会会长、哈尔滨地区的中国商人、朝鲜农民等，同时接收来自吉林日本居留民会、关东厅外事课长河相达夫、爱尔兰传教会、基督教青年会、怀德县农业协会、抚顺地区农业协会等组织的各类材料。

S32卷宗选译内容主要是调查团在北京、东北各城市的实地访谈与调查，时间段从1932年4月上旬至1932年6月下旬。主要内容有：(1)张学良在北平欢迎调查团的致辞；(2)国联调查团的各类会谈计划；(3)张学良致臧式毅、荣臻的鱼电译文；(4)国联调查团的多次会谈记录，涉及的会谈人员有汪精卫、张学良、王以哲、荣臻、张作相、万福麟、沈鸿烈、黄显声、王正黼、北大营指挥军官、沈阳迫击炮兵工厂员工、东北大学教职工代表团、东北难民代表、北平高校教职工代表、北平教育文化机构代表、日本驻北平武官永津佐比重、日本驻北平代办矢野真、英美烟草公司经理等；(5)调查团接收的各类文字性材料，包括吴怀义代递袁金铠等六人致国联调查团的信件、日本侵犯东北各省航运权概述、日本破坏国民党青岛党部事件记录、中国提交的各类中文报告等。

本册文献集的附录部分收录了上海博文书局张晁唐致李顿调查团函件（1932年3月22日）和吴佩孚致李顿调查团信件（1932年8月23日），以飨学界。

1

需要特别指出的是,本册文献集选译内容包括日本提交给李顿调查团的各类资料,如"日本人古泽致国联调查团的说帖""河相达夫致哈斯的函""杨格接收吉林市日本居留民会会长提交的请愿书""花谷正演讲"等,以及调查团同日本驻华人员的会谈记录。此类文献是站在日本立场进行叙述,存在混淆九一八事变及日本侵华事实之处,需要读者予以鉴别。收录此类文献的价值在于:一方面从日本观点并未被李顿调查团采纳的角度佐证日本立场的谬误;另一方面有助于读者了解与批判日本的诡辩之词。

本册是编者共同努力的成果,其中S31系列全部内容和S32系列第36条内容由吴佳佳翻译、录入,S32系列第1—14条内容由菅先锋翻译,S32系列第15—23条内容由刘俊甫、顾小伟翻译,S32系列第24—35条内容和附录文件由胡芊珣、顾小伟翻译、录入。全书由陈海懿、吴佳佳校对,陈海懿统稿。编译者水平有限,难免有错误之处,敬希读者指正。

目 录

序 言 1
出版凡例 1
本册说明 1

S31 系列 1

1. 日本人古泽致国联调查团的说帖(1932年5月26日) 1
2. 河相达夫致哈斯的函(1932年5月22日) 8
3. 刘易斯致顾维钧的信件(1932年4月6日) 31
4. 刘易斯致顾维钧的信件(1932年4月7日) 33
5. 刘易斯致顾维钧的信件(1932年4月8日) 34
6. 花谷正演讲《如何建立"满洲新国"》(1932年4月11日) 35
7. 佚名人的备忘录(日期不详) 41
8. 调查团驻哈尔滨期间希尼博士的几次会谈记录(1932年5月) ... 46
9. 国联调查团秘书长哈斯致顾维钧的函(1932年5月20日) 48
10. 国联调查团秘书长哈斯致盐崎的函(1932年5月20日) 49
11. 国联调查团秘书长哈斯致于先生的函(1932年5月20日) 49
12. 开脱盎葛林诺(A. De Kat Angelino)关于同鲍观澄会谈的备忘录
    (1932年5月18日) 50
13. 关于现任哈尔滨市市长鲍观澄的一些具体信息(1932年5月17日)
    51
14. 关于中东铁路公司现任理事长李绍庚的一些具体信息 52
15. 国联调查团与各白俄组织代表的会谈记录(1932年5月17日)
    53
16. 国联调查团与东省特别区长官张景惠将军的会谈记录(1932年5月

16 日) ··· 60
17. 莫思与小店主及工人谈话的备忘录(1932 年 5 月) ············ 69
18. 莫思先生与哈尔滨一位中国商人的会谈记录(1932 年 5 月 15 日)
　　··· 70
19. 莫思先生在哈尔滨的非正式会谈记录(1932 年 5 月 14 日) ······ 71
20. 派尔脱致克莫德的信件(1932 年 4 月 7 日) ····················· 72
21. 国联调查团与中东铁路公司理事长李绍庚的会谈报告(1932 年 5 月
　　12 日) ··· 73
22. 国联调查团向驻哈尔滨日本第十师团长提出的问题 ············ 82
23. 杨格接收吉林市日本居留民会会长提交的请愿书(1932 年 5 月 7 日)
　　··· 83
24. 斯隆、欧文、麦克沃特及格林斯的观点(1932 年 5 月) ········· 84
25. 怀德县农业协会代表的演讲译文(1932 年 5 月 2 日) ··········· 87
26. 抚顺地区农业协会致国联调查团声明的译文(1932 年 6 月 1 日)
　　··· 88

S32 系列 ·· 89
1. 张学良在欢迎国联调查团成员晚宴上的致辞(1932 年 4 月 11 日)
　　··· 89
2. 国联调查团的会见计划(1932 年 4 月 12 日) ····················· 92
3. 清华大学学生自治会代表委员会致国联调查团的说帖(1932 年 4 月
　　12 日) ··· 93
4. 吴怀义代递袁金铠等六人致国联调查团信件(日期不详) ······· 96
5. 满族人刘良慰男等致国联调查团信件(1932 年 4 月 14 日) ······ 98
6. 国联调查团与国民政府汪精卫等人的会谈记录(1932 年 6 月 20 日)
　　··· 99
7. 国联调查团与前沈阳警察局局长黄显声将军的会谈记录(1932 年 6 月
　　27 日) ·· 116
8. 国联调查团与国民政府汪精卫等人的会谈记录(1932 年 6 月 19 日)
　　·· 117

9. 国联调查团与王以哲等人的第二次会谈记录(1932年6月15日) ………………………………………………………………… 128
10. 国联调查团与王以哲的会谈记录(1932年6月14日) ………… 132
11. 杨格与孟昭田等人的会谈记录(1932年4月19日) …………… 137
12. 国联调查团与青岛市市长沈鸿烈海军上将的会谈记录(1932年4月19日) ……………………………………………………… 138
13. 关于日本侵犯东北各省航行权的事实概述(1932年3月) …… 143
14. 有关破坏国民党青岛市党部事件的记录 …………………………… 146
15. 开脱盎葛林诺关于兵工厂人员讲述九一八事变晚上袭击情况的报告(1932年4月16日) …………………………………………… 153
16. 国联调查团与东北大学教职工代表团的会谈记录(1932年4月16日) ……………………………………………………………… 154
17. 国联调查团与东北难民代表的会谈记录(1932年4月16日) ………………………………………………………………… 159
18. 国联调查团与张作相、万福麟的会谈记录(1932年4月16日) ………………………………………………………………… 161
19. 国联调查团与北平高校教职工代表的会谈记录(1932年4月15日) ………………………………………………………………… 164
20. 国联调查团与北平教育文化机构的教授、管理者代表的会谈记录(1932年4月15日) ……………………………………… 166
21. 国联调查团与张学良的会谈记录(1932年4月15日) ………… 169
22. 国联调查团与张学良的会谈记录(1932年4月14日) ………… 177
23. 国联调查团与日本驻北平武官永津佐比重的会谈记录(1932年4月16日) ……………………………………………………… 185
24. 国联调查团与日本驻北平公使馆代办矢野真的会谈记录(1932年4月14日) ……………………………………………………… 185
25. 国联调查团与张学良的会谈记录(1932年4月13日) ………… 188
26. 张学良致臧式毅、荣臻的鱼电(1931年9月6日) ……………… 197
27. 国联调查团与前东北军参谋长荣臻、前北大营指挥官王以哲的会谈记录(1932年4月13日) ……………………………… 198

3

28. 国联调查团与满洲地区前官员的会谈记录(1932年4月12日) ……………………………………………… 200
29. 国联调查团与张学良的会谈记录(1932年4月12日) …… 203
30. 国联调查团草拟需要提交给张学良的问题清单(1932年4月12日) ……………………………………………… 214
31. 国联调查团与东北矿务局总办王正黼的会谈记录(1932年4月11日) …………………………………………… 215
32. 国联调查团同英美烟草公司经理肯特的会谈记录(1932年4月11日) …………………………………………… 218
33. 国联调查团的会谈计划(1932年4月12日) …………… 221
34. 国联调查团的会谈计划(1932年4月) ………………… 223
35. 日本参与员吉田伊三郎建议的会谈列表(日期不详) … 225
36. 中国向调查团提供的中文材料 ………………………… 226

附录 ……………………………………………………………… 244
1. 上海博文书局张晁唐致李顿调查团函件(1932年3月22日) … 244
2. 吴佩孚致李顿调查团信件(1932年8月23日) ………… 246

索引 ……………………………………………………………… 250

S31 系列

1. 日本人古泽致国联调查团的说帖
（1932年5月26日）①

关东租借地内中国人的生活

大连，1932年5月26日
J. 古泽（J. Furusawa）

自1908年起，我就在这个城镇生活——快24年了，我见证了这个城镇的迅速壮大和满洲（Manchuria）②的发展。作为这儿的老人之一，我很荣幸能够基于各种事实、不带任何偏见地将我的见解呈现给诸位。

去年9月，这个世界的偏远角落爆发了不幸的事件，满洲第一次吸引了各国的关注。但各国因缺乏对满洲历史的了解，纷纷陷入困惑。甚至是各成员国选出的最有见识的发言人组成的机构——国联，也发现情况如此尴尬，决定向远东派遣一个特殊调查团收集一手资料，并在国联对去年9月的事件达成最终决定之前，找出该事件背后真正的缘由。

诸位的高贵使命深受尊重，所有涉及其中的人都极其感激诸位不辞辛劳进行的活动。我猜诸位在租借地外的满洲地区进行询问时已不遗余力，那么我无需提及北满地区的事情，我的陈述范围仅限于租借地附近，主题是"关东租借地内中国人的生活"。

---

① 编者按：李顿调查团接收来自各方的说帖，其中由日本方面、伪满方面及其组织的团体或个人所提交的各类说帖、备忘录等材料充斥着误导性的不实信息，意在诱导调查团倾向于日本和伪满，请读者加以鉴别。后同。

② 编者按：原文为Manchuria，指代中国东北地区，按时人惯例，译为"满洲"。后同。

租借地内主要生活着两类中国人：

一类在日俄战争前就生活在租借地，另一类则在日俄战争后从山东和其他地方迁来。目前租借地有83万中国人，大部分是农民，其次是工人，而后是商人，包括他们的职员。

1906年是日本统治该地的第二年，那时只有36万中国人。为何在如此之短的时间内有如此巨大的人口增长？这是因为，与中国其他地方相较，他们在租借地能拥有更好的生活。

租借地向他们开放，他们的和平追求不受任何种族或民族的歧视，他们可以拥有完全的自由和可能存在的最低公共开支，他们的生命财产将得到法律以及组织有素的警察的严密保护，他们平等享有所有的文化福利。

他们的职业分属四个领域：农业、贸易、工业和劳工。

农业

30%的中国人从事农业，政府借助各种方式扶植农业，其中最值得注意的就是当地的农民协会组织。政府及满铁的专家会对他们进行教学和协助，除此之外，他们每年还可获得专款补贴以及免费发放的育种育苗。政府还通过协会为农民购买肥料和其他需要的东西提供经济上的支持，更进一步的是帮助农民销售产品。

举个例子，20年前，这一地区的人们常常忽视花生种植的重要性。但是，政府看到花生出口海外的机会不断增加，通过当地出口商和压榨机的支持，竭尽所能地从花生【产业】中获利，目前总供给量达到每年七八万吨，20年前只有几千吨。当前的世界市场为农民提供了绝对公平的价格，他们的产品是满洲目前向欧美出口的主要商品之一。

棉花种植是农民生活中渐趋重要的另一产业。政府发现，当地的气候和土壤非常适合棉花种植，自1906年起，农事试验所致力于棉花种植的研究工作。1922年，满洲棉花栽培协会（the Manchurian Cotton Growing Association）①成立，长达十年研究出的种子经由该协会免费发放到农民手中。据说为鼓励

---

① 编者按：对于原档案中出现的机构、组织、地名、个别人物等名词性英文，在翻译时可能与实际用语存在出入，故用括号保留英文原文，以便读者核查使用。后同。

这一产业，政府已花费近 60 万元。① 1925 年，满洲棉花会社（Manchuria Cotton Company）成立，目的是向农民宣传棉花种植，并免费轧棉，解决了棉花种植者最为棘手的问题。无论农民什么时候把棉花送去轧棉，都能拿到十足市值。顺便再说一句，该会社因此项服务每年可从政府那里获得 2 万元。由于世界经济大萧条、美国棉花供过于求等，棉花种植的发展遭遇了无数阻碍，年产出仅达 900 吨籽棉，种植面积 5 000 英亩。但是，官方计划在未来十年内，用 20 万英亩的土地种植 47 000 吨籽棉。我们希望这个官方计划迟早得以执行，以使境内的中国种植者和满洲的追随者受益。

接下来要提到的是果树产业。果树组织（the Fruit Growers Association）有 2 700 名成员，主要是中国人。关东厅和满铁通过该组织提供技术和经济协助，果树产业进步巨大，部分水果得以种植。目前苹果出口到马来半岛和爪哇等。主要产品包括苹果、樱桃、葡萄、桃子和梨。

在受到适当帮助和教育时，中国人证明了自己是相当好的农民，即使是在需要高度先进技术的行业里。一旦掌握了技术知识，他们就会是当地的巨大财富。

大量中国人正从事盐业生产。盐业生产涵盖了 17 500 英亩的土地，年产量为 245 000 吨。有几千人正安静地从事这一职业，即便是牺牲日本本土的盐业生产，政府也在保护他们。之后通过扩张可利用的土地实现产量翻一番是政府的目标。

类似的评论同样适用于渔业。90% 的渔民是中国人，他们在捕鱼过程中使用了各种新设备。

政府通过水产组织（the Marine Product Association）提供经济援助，以各种方式向渔民分发鱼苗，渔民的辛勤劳作能够获得全部价值，目前每年总计为 400 万元。

贸易

在先进的银行系统、稳定的货币、政府控制的证券交易所以及状况良好的海陆交通下，中国人的"国"内外贸易以惊人的速度迅速发展，为该港口对外贸

---

① 编者按：关东州和满铁附属地的法定货币日本金票，简称金票。如未加注明，"元"指日本金票。

易的发展做出了巨大贡献。该港口现在一年的货物量约有700万吨,与1908年的72万吨相较,24年间增长了9倍。

除了那些非法交易者,其他渔民在贸易中完全自由,生活水平不断提高。他们可能偶尔会遇到国民政府在关税方面的干预,例如臭名昭著的双重征税问题。

工业

他们最重要的工业是油坊,大豆压榨。租借地曾有83家油坊,为5000人提供工作,其中90%是中国人。即便当下世界经济大萧条,仍然有52家油坊。

1928年,油坊生产了110万吨豆饼和油,或价值1亿日元的商品。到了1931年,前者变为83万吨,后者变为7800万日元。我们可以依据这些数字判断这一产业的重要性。这一产业为何以及如何能够发展如此卓著,我需要大量时间对此进行解释。我要说一下,政府为他们提供了较低的税率,满铁以各种方式为他们提供了大量资金和技术援助,更不用说90%的利润都归中国人。对个人权利的尊重、对个人财产的保护,是人们到此投资的主要吸引力。

道路交通

政府已经修建了当地的主要高速公路,乡镇到乡镇的小型道路网络不久也将完成。所以,河床道路很快会从其古老用途中消失。道路完善,最主要的受益人自然是中国人。

税收负担等

与类似文明的其他地方相比,生活在租借地的人民的税收负担非常轻。例如,大连有如下登记在册的人口:

日本人	99 308人或22 288户
中国人	173 784人或28 811户
其他外国人	561人或165户
总计	273 653人或51 264户
未登记者约100 000人 总计约370 000人	

免于征税的日本人家庭只有 6%,其他外国人家庭有 16%,但中国人家庭则有 65%。换句话说,60 万元的总税收(约数),其中 51 万元来自日本人,5 万元①来自中国人,剩下 5 千日元来自其他外国人。就比例而言,85% 来自日本人,14% 来自中国人,1% 来自其他外国人。

每户及每人的征税:

日本人……每户 22.85 元(2 英镑 5 先令 9 便士)

日本人……每人 5.14 元(10 先令 3 便士)

中国人……每户 2.984 元(6 先令)

中国人……每人 0.495 元(1 先令)

因此,大连的一个中国居民每年仅需缴纳 1 先令的城市税。不过中国人也拥有参与市议会的机会。

市政组织有 40 名议员,包括 33 名通过选举产生的日本人和 7 名由省主席任命的中国人。现在仍然是早期的试验阶段,如果他们能够展现他们的能力和对此类公共工作的兴趣,中国议员的数量会逐渐增加。

市区之外,乡村被分为 69 会(section),每一会都有其机构及负责人。69 名负责人中,仅有一个日本人。每户每年需缴纳村税(Village tax)6 元(12 先令)或每人每年缴纳 1 元(2 先令),而在日本,每户的征税达到了 28 元(2 英镑 16 先令),每人则是 5.6 元(11 先令 2 便士)。只有一种"国家"征税,即土地税,收取每亩 0.2 元(5 便士)或每英亩 1.4 元(2 先令 9 便士)。因此,中国人只需每户支付 1.1 元(2 先令 2 便士),而在日本,农民需直接支付 12.75 元(1 英镑 5 先令 6 便士),间接支付 21.54 元(2 英镑 3 先令 1 便士)……

教育

我想要简单解释租借地内中国人的教育体系,教育是知识的来源,是中国人开明生活的基础。一名 6 岁的男孩或 10 岁的女孩可以进入四年学制的普通小学读书。有 112 所这样的学校,近 26 000 名学生。这些学校免费向孩子们开放。还有 11 所六年学制的特殊小学,近 10 000 名学生,也是免费的。在这之上,有旅顺高等公学校(higher Primary School at Port Arthur),分为师范和中学两部分,中学每月仅收取 2 元(4 先令)。中学及其之上,在三或四年

---

① 编者按:根据上下文,疑有误,应为 8.5 万日元。

学制的高等学校之前,有5年的预科课程。因此,从小学到高等学校,如果愿意的话,一个男孩会被照料19到20年,其中11年是完全免费的。此外还有商业学校和农业学校。

政府数据显示,小学内一名幼儿的直接花费总计每年30元(3英镑)。这显然是"国家"的沉重负担,主要由租借地及日本国内的日本纳税人负担。

提请各位注意我们与租借地外张学良政府在制度上的不同,据说张学良政府收取过几次所谓的教育税,但全都用在战争开销上了。

租借地接受小学教育的孩童比例达到37%,几乎是中国最好的地区(山西与浙江)的两倍,是直隶(Chi Li)地区的10倍。在欧洲人看来,这个百分比并不值得称赞,但有位校长的私人数据显示,每100个母亲里只有2个人能书写姓名,其他人都是文盲。诸位要是了解这一点,一定会称赞这是个显著的进步。读书对他们的家庭生活也有好处,举个例子,对女孩们来说,缠足将很快成为一个过去的故事,不过94%来自山东的孩子的母亲们现在还在裹脚。目前,总体而言,孩子们更加健康,特别是不再受苦于皮肤疾病,因为他们接受了卫生观念,得到了照顾。他们更为守时和自律,未发现有18岁以下吸食鸦片者。

在他们的日常生活中,还有许多其他方面的改革值得注意。如果他们知道当局如何注意观察中国习俗和他们的国民生活,避免所谓日本文明渗透中国人生活,他们会更加欣赏和感激日本的教育制度。教育部门曾向我说明,在12本面向全部读者的教科书中,仅有4个关于日本人的条目(主要是日本圣贤和伟人的传记)和16个关于欧洲人的条目;在他们的8本日语教科书中仅有一个提到日本馆的条目,其余全部关于中国以及中国人。在我看来,教育委员会采取了必要的预防措施。

这就是关东租借地内事物的简述,在日本的民政统治下,在日本人甚至牺牲自我利益的指导和帮助下,日本人和中国人在这里生活着。我确定,中国人在这里的生活要比其他地方更幸福,他们真的很享受这儿的生活。如果我们公平友好地对待他们,他们会是非常良善的百姓,勤劳、节俭、遵纪守法,完全能够与其他人和睦相处。从我多年来与中国人接触的经验来看,我可以这样说。

我担任大连油坊业联合会(the Oil Mills Association)会长已有近20年,联合会90%的成员是中国人,我尽力配合与中国朋友们的合作。在联合会事务的重大问题上,我不记得他们有与我意见相左的情况。在这20年里,这个行业的重要利益受到威胁的状况时有发生，也有一些事件挑战着联合会的存在，但这些中国成员始终忠诚于联合会，并为这个国际联合会的和谐和共同福祉而不遗余力。

合作精神总会战胜中国成员内部以及他们与日本人之间的小规模商业摩擦。此外，我现在的工作要求我每天跟交易所的中国商人接触。我再次提醒诸位，交易所的每个角落都充斥着合作的精神，我很高兴。共同福利的强大纽带把包括中国人和日本人在内的 65 名成员团结在一起，他们同甘共苦，完美地保持了联合会的完整。他们相信，相互理解、良好意愿和坚固友谊是共同富裕的基础。世界经济大萧条之时，交易所的繁荣部分归功于日本高管的管理，部分归功于中国和日本成员们的忠诚合作。他们的忠诚以及遵纪守法的天性必将得到回报，他们在工作岗位上非常成功，其中有些人还获得了巨大财富。

我毫不怀疑他们对日本的指导的感激，无论是官方的还是私人的。我也毫不怀疑，与其他地方相比，他们更愿意生活在这里。

唉，半岛以外的地区，人们的信用和真诚逐渐被腐化了。在这些封建军阀和鼓吹者们肆无忌惮的教唆与压迫之下，对共同体共有目标的忠诚以及志趣相投的性情，现在已经让位于对邻人的种族仇恨、强烈憎恶、敌意和卑劣行为。这就是满洲当下动乱的真正缘由。

在与中国商人的贸易往来中，我们通常提前支付全款或是长期赊销，很少遇到违约或是未付款的情况，但最近几年，北满地区有些事情发生了巨大改变，我是指半岛之外。

我们不能期待可以得到与过去一样的平等对待……我有几次在北满地区被曾经信任的中国商人朋友不友善对待的亲身经历，但我不谈这些事，它们现在已经不重要了。

我希望，我也仍然相信，他们的态度发生变化是源于外力的压迫，是暂时的，他们真正的天性——真诚、善良和值得信任——将得到重现，因为那些臭名昭著的军阀和他们的党派已经从满洲大部分地区被清除了。如果民众能够免于受这些势力的强硬控制，有机会按照自己的意愿有序建设家园，我毫不怀疑，他们会成为良民，成为世界上值得敬仰的人，共同致力于世界和平与繁荣。

但很显然，他们一开始需要守护人以及公正的顾问。日本在满洲的和平经济发展中拥有最大且最重要的利益，因此承担了这一艰巨任务，她也将尽其所能，坚持到底。

如果满洲仍是去年9月之前那样,就像欧洲人说的,它将永远是远东的格斗场。

解决当下的经济和政治问题的唯一措施是,借助邻国的援手和世界大多数人民的同情,将满洲从一潭浑水中解救出来。

正如租借地的情况所示,假使中国人民受到恰当而公正的统治,他们有资格成为良民。所以,让他们拥有他们自己的良好法律和稳定政府,让他们逃离南京和北京的统治者们。

先生们,你们好心地承担了最微妙也极为重要的任务,你们牺牲了个人安逸,来到离家乡数千里的这里。全世界都感谢诸位在广阔的满洲地区开展的活动,满洲仍有成千上万的强盗逍遥法外。我们与所涉事件有直接利害关系,很难找到适当的语言来表达对诸位崇高精神的最高赞赏。毫无疑问,满洲3 000万人民也有同样的感受。我们都希望诸位不懈努力,成为我们渴望已久的和平先驱,这种和平将永存。

2. 河相达夫致哈斯的函(1932年5月22日)

关东厅
旅顺
沈阳,1932年5月22日
罗伯特·哈斯先生
国联调查团秘书长

先生:

很荣幸附上如下文件的三份复印件:

关东厅管理概述

近期关东厅与中国当局协商的反日问题

顺带提一句,如果可能的话,至少在调查团离开沈阳前往大连之前,我能够从调查团那里得到关于关东厅的问卷调查。

很荣幸成为您忠心的仆人

河相达夫

关东厅外事课长

附件一：关东厅管理概述

关东厅

1932年5月

目录

引言

第一部分 民事管理

1. 人口

2. 产业

(1) 农业

(2) 林业

(3) 渔业

(4) 盐业

(5) 手工业及其他产业

3. 文明产业(cultural provisions)

(1) 城镇规划

(2) 大连港

(3) 水厂

(4) 公共道路

(5) 卫生设施

(6) 中国人教育

(7) 公办博物馆及古遗迹保护

4. 财政

(1) 关东厅的财政

(2) 征税

5. 中国人生活水平的提高

第二部分 警务管理

1. 组织及管辖权

2. 分布情况

3. 警察系统的发展

4. 满洲公共安全的情况

5. 满洲土匪("红胡子")

引言：

关东厅所辖区域由关东州及南满铁道地区组成，共 3 462 平方千米。日本人、中国人及其他外国人混合居住，人口总计为 1 275 000 人。这一地区已成为满洲和蒙古的文化及工业中心，其人口的显著增加完全源于日本政府为维持和平与秩序做出的努力，日俄战争后日本政府开始对这一地区实施管理。日本政府承担这一任务，是坚信和平与秩序是其完成目标的第一要务，该目标是按照日本统治之下的现代海外领土（虽然面积有限、土地贫瘠、自然资源量少而质劣）模式，为人们——80％是中国人——提供文化和科技方面的文明生活的便利设施，以开发这一租借地区。

令人欣喜的是，经过 26 年的努力，我们以公正的方式成功地实现了目标。我们树立的典型加快了周边中国领地的发展，间接拥有了文明效应，这一点同样令人高兴。

为证实我们的陈述，我们以如下标题提供事实和数据：

第一部分　民事管理

1. 人口

1906 年：

日本人　16 613

外国人　39

中国人　368 103

合计　384 755

1931 年：

租借地　938 288

铁路地区　336 897

合计　1 275 185

其中：

日本人　220 038

朝鲜人　22 541

外国人　2 122

中国人　1 030 484

占比：

日本人　19%①

中国人　81%

因此，很显然，中国人是日本管理的主要受益人。

这些数字进一步显示，中国人因关东州地区的开放而快速移民，中国人口增加了两倍，尽管我们知道部分增加是因为出生率超过死亡率。

每平方千米平均人口数量：

根据1930年10月人口统计数据

租借地　276

铁路地区　1 329

总平均值　355

日本本土　169

台湾(Formosa)　122

朝鲜(Chosen)　95

满洲中国领土②：

奉天省③　79

吉林省　38

黑龙江省　9

热河省　3

总平均值　29

中国内地　111

甘肃省　254

浙江省　174

（这些是人口最为密集的地区）

2. 产业

(1) 农业

关东租借地地狭人稠，土壤贫瘠。但是，自日本统治伊始，政府在这一地

---

① 编者按：此处日本人包括了朝鲜人，外国人占比0.17%，原文忽略不计。

② 编者按：指代中国东北除租借地和铁道附属地以外的区域范围。

③ 编者按：原文为Mukden，指现今的辽宁省，按时人惯例，译为"奉天省"。若指城市，则译为"沈阳市"。若原文为liaoning，则译为辽宁省。后同。

区建立农业试验站,投入大量精力以提升耕作方法、植物培育、动物畜养,特别是除当地常见的粮食和蔬菜外,鼓励棉花、亚麻、甜菜及烟草种植。这些改进措施让农民收入显著增加。

24年间(1906—1930年),粮食总产量由56 921千升增加至496 475千升(8.7倍之多),蔬菜总产量由3 921千升增加至102 424吨(26倍之多)。据估计,目前特殊作物的产量价值114 000元。例如,普兰店周边地区土壤贫瘠,大部分是低等级土壤(每公亩2.16日本银元,sliver yen),由沙粒组成,不宜种植高粱和印第安玉米(或玉米)。但政府鼓励农民种植花生后,土地明显很快变得肥沃了,土地价值增加了两倍(每公亩6.27日本银元)。现在每年可产出花生214 000千升,价值500万金票,是23年前产出价值的277倍。现在,花生是这一地区的主要出口产品。

此外,鼓励养蚕、养牛和种植水果也使得租借地以外地区的这些不同产业得到了改善。租借地引入巴克夏猪与当地品种较差的土猪杂交,养猪业得到了改善。牲畜总量从67 000头(1906年)增加到114 000头(1930年),114 000头中,74%是改良后的牲畜。此外,日本统治伊始,当地水果实际上没有商业价值,但近年来,水果年产量价值约742 000元。

与此同时,为了给农民提供经济上的帮助,到目前为止,已有五个乡镇的中国农民建立了由政府资助的金融协会,现在有6 000名会员。

经过多年努力,南铁公主岭地区的试验站促进了大豆及羊毛产业的发展,这些农产品的质量得到了提升。目前,试验站在满洲境内提供广泛服务。

(2) 林业

据粗略估计,租借地森林和山地的总面积约为78 000公顷,占租借地总面积的22.5%。

清王朝执政时期无视林木管理,对木材进行不计后果的砍伐,前述地区大多遭到破坏,童山濯濯。

1906年接管管理工作后,关东厅意识到在这些山地上植树造林的必要性,并开展这项工作。尽管天气条件恶劣、降水稀少带来了很多困难,但关东厅还是完成了10 749公顷的政府森林和17 469公顷的公共森林的植树造林工作,到1931年年底,花费总计201万元。

可以公正地说,这一艰难的工作已经得到了回报:通过保护土壤、补给水源、增强景观,租借地民众的福利提高了。租借地外甚至出现了效仿关东厅树立的榜样这一明显趋势。

以下数据展示了关东厅当局所做的努力：

森林面积

1901 年（俄国统治）　3 191 公顷

1931 年　政府森林　10 749 公顷

公共森林　17 469 公顷

私人森林　46 547 公顷

总计　74 765 公顷

到 1931 年年底政府支出总额　2 010 000 元

得到绿化的野生林地（1932 年及以后）　3 235 公顷

（3）渔业

辽东半岛面朝黄海和北直隶海湾①（the Gulf of Pechili），海岸线达 700 英里。水深（离海岸不远）为 30 至 60 米，因此鱼群被吸引过来，成了重要渔场。此外，半岛所在地非常适合捕鱼。

1931 年年末，租借地有 23 958 名中国渔民和 366 名日本渔民。1910 年，渔业所获总价值 693 180 元，1930 年时增加了 4 倍多，达到 3 850 000 元。这是使用新型渔船以及从日本本土引入最新渔猎方法的结果。

（4）盐业

租借地主要以蒸发生产食盐，由于生产的改进和市场的拓展，加上政府超过 25 年的鼓励和保护，盐业取得了巨大进步，现已成为租借地的主要产业之一。

1906 年的盐产量为 27 460 吨，到 1930 年增加到 247 700 吨（比 24 年前的产量高出约 9 倍）。

租借地内的盐税为每 100 斤（或每 1 担）10 钱（Sen）②，而租借地外，即便是边境交界的地方（例如 the Provinces of Fu and Chang-ho③），同样的盐税则为 6.00 银元（Yuan）（4.20 金票）④，约为前者的 40 倍。仅从这一点上来说，

---

① 编者按：即渤海湾。

② 编者按：日本金票纸币面额分为 1 元、5 元、10 元、20 元、100 元，硬币面额分为 10 钱、20 钱、50 钱，100 钱硬币等于 1 元金票。

③ 编者按：同关东厅交界的伪满洲国省份是"安东省"和"奉天省"。原文所示省份的名称未明。

④ 编者按：大银元与日本金票比约为 10∶7。

居住在租借地内的人们得到了相当多的支持。

(5) 手工业及其他产业

满洲的自然、农业、畜牧业、林业和矿业资源丰富。此外,还可长期提供大量的燃料和劳动力,这些都是产业发展的必要因素。在此之前,除榨油、面粉加工和烧酒蒸馏外,少有产业值得提及。然而,随着铁路沿线地区的开放,铸造、皮革、纤维制造、砖窑、烟草等其他产业兴起。

主要的产业是榨油、面粉加工、炼铁、棉纺、大米清洗和锯木加工。

据估计,1909 年的总产值约为 6 138 000 元,现在增长至 103 980 000 元,约为前者的 17 倍。

3. 文明产业

(1) 城镇规划

关东租借地内及南满铁路沿线地区的城镇规划在沙俄统治时期即已着手进行,但因其统治时间较短,少有城镇完成最初的规划。日本统治满洲以来,制订了自己的计划,并以极大努力和巨大花费付诸实行。例如,1906 年的大连、现在叫作露西亚町(Russi Machi)的所谓行政区仅是城镇的样子,住房分散在城内各处。该城镇人口仅有 18 000 人,到 1931 年时为 273 100 人,约是原有人口的 15 倍,人口平均年增长率约为 12%。贸易方面,大连港的容量增加了 10 倍,多达 458 000 000 海关两,从 1907 年的 43 493 471 海关两增至 1929 年的 458 861 494 海关两。

大连城内,不分国籍,所有居民都享有混居的自由。沙俄租借时期,大连被分为欧罗巴区和中国区,严格执行区划。关于城市规划,日本没有沿用沙俄的原计划,而是由居民选择定居地点。这一自由定居的原则也适用于公园、广场、体育场、海滨浴场等处。到 1931 年时,日本已为大连建设投入了 156 000 000 日元(不包括港口工程及其附属设施),花费如下表所示:

道路、污水及调平	10 844 041 元
水厂	13 727 720 元
政府建筑	15 000 000 元
私人建筑	116 800 000 元
总计	156 371 761 元

(2) 大连港

大连港是远东唯一一个自由港,原先是名叫青泥洼(Chingniwa)的小渔村。72 年前,即 1860 年,英法联军临时占领该地,称其为维多利亚湾。1898 年沙俄租借大连,将其重新命名为达里尼(Dalny),直至 1905 年日本来此,改为大连。目前,港口拥有防波堤总计 3 522 米,海域面积约为 3 107 000 平方米。

其靠泊能力总计为 14 艘 8 000 至 10 000 吨级船舶,或 11 艘 4 000 至 6 000 吨级船舶及超过 7 艘 1 000 至 3 000 吨级船舶,或前述 32 艘所有船舶。除此之外,防波堤内外有宽阔水域用作锚地,能够容纳大型商船队伍。1908 年有 1 525 艘船舶进入港口,共计 1 930 947 吨;到 1930 年时,前述数字均有可观增长,为 4 337 艘船舶,共计 10 070 566 吨。到 1931 年 4 月,南满铁路公司为促进港口设施建设花费达 66 509 763 元。此外,在海湾对面的甘井子(Kanchingtzu)建成了基于最新铁路线设计的煤运码头,花费 9 278 450 元。

(3) 水厂

(a) 大连水厂

现今之关东租借地原属沙俄管辖时,大连水厂属于临时性质,仅以非常小的规模运营,每日最大供水量为 1 100 吨。隶属日本管辖后,大连城在人口和面积方面都取得了显著进展,改善水厂提上日程。该项工作的第一部分是改善旧水厂系统,继而是扩建,及至今日,可切实保证每日供水 24 600 吨。扩建工作的第四部分正在进行中。

(b) 旅顺港水厂

旅顺港隶属沙俄管辖时,寻找水资源、建设水库和抽水站等工作似乎已经开展了,但在该项工作完成之前,日俄战争爆发。此后,建设工作由关东厅接管,为完成建设,关东厅已花费 60 多万元。目前,旅顺港每日可为其市民供水 2 800 吨。

(c) 金州水厂

金州拥有 1.4 万人口[①],是租借地内仅次于旅顺港和大连的第三大城市。金州城内多数水井里的水含有大量盐,夏季时水位较低,公共卫生常受水中杂质影响。为此,关东厅于 1922 年开始建设水厂,至 1924 年完工,花费已超过

---

① 编者按:疑为 14 万之误。

10万元。

(d) 貔子窝(Pitzuwo)水厂

与金州类似,貔子窝的井水中也含有大量的盐,不适合饮用。此外,这里夏季水位很低,危及市民生活。市民常热切盼望建设自己的水厂。因此,关东厅于1930年投资9万元用于水厂建设,现已竣工,实现了水的自给自足。

(e) 关东租借地内更多水源的搜寻

关东厅认为有必要在其土地范围内制订明确计划,以获取更多水源用于饮用和其他目的。5年前,关东厅启动了一项调查,以期明了如何最合理、最经济地使用关东州内所有水库、河流、支流及泉水。

(f) 南满铁路区内各城市的水厂由南满铁路公司建设及管理,是效率高的新式水厂。

(4) 公共道路

意识到应当首先建设完成关东租借地内的各种交通方式,关东厅在财政允许的情况下,着手在租借地内建设道路并改善路况。与此同时,南满铁路公司也在租借地外和铁路区内开展同样的工作。租借地内鲜有名副其实的道路。现存唯一公路干线建于满族王朝时期,以旅顺港为起点,向北延伸,经金州穿过租借地。这条道路约有12英尺宽。除此之外,当然还有连接各个乡镇的乡道,但它们只是沿着斜坡、山脚或是穿过山谷的小路,路面狭窄崎岖。租借地内气候干燥,干涸的河床常被当作道路使用,但夏季多雨时,它们又会变成河流,只有役畜才能通行。

由于道路条件恶劣,运输两吨以下的货物必须使用5到8头役畜。赶车的中国人挥舞着长鞭,驱赶马、牛、骡子和驴,大声叫嚷,催促着这些沉默的役畜,这是中国乡村地区的特色场景之一。租借地的道路状况得到改善后,所需役畜的数量约为原来的一半。特别是那些缠过足但要走远路上学的女孩们,她们更能领会更好的道路状况带来的好处。当地的中国人自然很感激这方面的明显改善。

20年前住在旅顺港的美国传教士拜瑞(Rev. Byran)说,到此的沙俄人总是先建造他们的房子,然后才是道路,日本人则相反。人们认为他的话切中了要点。

现在,道路大体上是用碎石铺路。在一个交通繁忙的小镇,用于车辆运输的道路铺满了花岗岩块、坚硬的砖块、索利迪契特水泥,也会涂上沥青。沿着旅顺港到大连有一条碎石铺就的海边公路,有一趟公交车在这条公路上运行,乘客们能够欣赏到不断变化的风景,一边是森林茂密的群山,另一边则是透过著名的星浦公园(Hoshigaura)可见的青绿色海水。

租借地内的公共道路(1930年年末):

城市道路——315公里(或196英里)——大连7 910 111元,旅顺港1 197 781元

乡村道路——2 250公里(或1 398英里)——3 516 391元

总计——2 565公里(或1 594英里)——12 624 283元

上述道路中,更为重要的高速公路的细节如下所述:

高速公路	路宽	总长	建设费用	系统
旅顺港—大连	9~10.9米	35 705米	1 400 000金票	柏油碎石
大连—周水子(Cho-shui-tzu)	32.7米,其中17.2米未铺路	4 486米	299 900金票	碎石
周水子—金州	11~12米	23 166米	215 200金票	碎石
金州—普兰店	11~12米	42 877米	480 000金票	碎石
甘井子—大连	8米	4 714米	77 000金票	碎石
旅顺—周水子	8~13米	43 565米	431 664金票	建设中
总计			2 903 764金票	

(5)卫生设施

关东租借地内,有大量中国人、少量日本人以及其他外国人混合居住。尤其是在大连—长春南满铁路干线成为连接亚欧的世界旅行公路的纽带后,关东厅自觉有责任维持租借地内高标准的卫生健康。因此,公共卫生受到了充分重视,现代化医院以及其他卫生设施也得到了及时建设。但是,租借地向海一侧与外国相邻,经由海路与该国直接联系,且该国卫生状况鲜受关注,以致租借地常面临各种各样的流行病。因而,租借地采取了所有可能的保护措施,预防并抑制任何流行病或地方性疾病发生。

租借地内的官办医院、旅顺港及大连医院仍在运作,配备有精良人员及充足设备。此外还有大量私立医院。在农村地区,公共医师被安置在十三个不同地区,必要时施行医疗救治。此外,红十字会定期向乡镇派送巡回医疗队。

这些地区的流行病包括瘟疫、霍乱、伤寒、痢疾、天花、猩红热等。满洲内

部地区频繁出现瘟疫,自日本统治以来,1906年、1911年、1920年、1923年、1925年、1928年至1929年先后发生过瘟疫。其中,1911年的流行病为鼠疫,在北满及南满超过93万平方公里(或357 333平方英里)的土地上都出现了,夺走了5万多人的生命。租借地内,计有288名受害人(皆为中国人),直接用于预防疾病的开销为226万元,更不用说难以估量的经济损失。这是最近时段最让人害怕的"来访"。

其他流行病没有这么严重,但疾病暴发的有关报道在租借地内常引起恐慌。譬如霍乱,几乎每年都通过游轮经上海和华南进入。检疫当局尽最大努力,采取预防措施,以免霍乱发生。而痢疾、伤寒、猩红热、白喉等流行病每年都以小规模流行病的形式爆发,不过近年来的爆发频率要低得多。

关于天花的预防,关东厅定期进行疫苗接种,因此天花受害者的数量逐年减少。但是,大连是山东苦力迁徙时的登船离船之地,我们不能说大连的流行病已被消灭。不过,疫苗接种作为预防措施的功效已在中国人当中得到了更多的认可。我们可以猜测,一个身有痘印的满族青年是自租借地外进来的移民。

租借地内的边远地区,从前没有可用的医疗条件,驻守边远地区的日本警察开始应用急救治疗及药物。中国居民感激日本警察给予的医疗救助,我们听说过这样一件事,有个中国农民把他生病的驴带到了警察局,寻求兽医救助。

简言之,在将日本本国政府法律和当地中国习俗及惯用方式纳入考虑后,我们为租借地提供了医疗卫生设施,年花费为66.8万元。

政府每年的这项开支用于提高公共卫生水平,采取措施预防流行病,为欧亚旅行路线的重要通道——租借地提供卫生设施。由此,关东厅也顺带为邻近的满洲地区的公共卫生的改善做出了不少贡献。

为参考起见,附上如下各类医院及其位置清单:
① 医疗咨询及救治机构
官办旅顺医院
十三位公共医师,在没有医疗从业人员的乡镇驻守
两所疗病院,大连和旅顺各一所
两所妇人医院,大连和旅顺各一所
上述机构由关东厅直接管理
大连医院

大连医院金州分院

（基督教）圣爱医院

两所红十字会病院，大连和沈阳各一所

铁路区域主要中心各处医院由南满铁路公司维持

租借地内有七所私营医院，租借地外有十八所其他医院

医疗从业者数量：(a) 租借地内为 155 人，(b) 租借地外（南满铁路区域）为 87 人。

② 卫生实验设备

南满铁路公司卫生机构，大连

两所官办疗病院，大连和旅顺各一所

隶属警察署的医师、兽医及药剂师

(6) 中国人教育

自 1906 年起，关东厅对当地教育发展给予了大量关注，也取得了令人满意的进步。

目下，诸如大连和旅顺这样的城市设有学校，租借地内的边远地区也是如此。

这种教育普及不仅在文化上，而且在产业和通信手段上，都有利于民众的福祉。从中日关系的过去和现在看，对当地人实施教育的目标是——

① 推动满洲的文化发展；

② 促进共同理解和相互友好；

③ 共享为远东永久和平奠定基础的益处。

考虑到这些目标，关东厅自施行管理以来，承担责任，为初等教育、职业教育、师范教育及高等教育提供必要设施。

为参考起见，附上如下学校、课程、入学等情形的清单：

关东租借地内

① 初等教育

(a) 华人公学堂（由关东厅直接管理）

学校数量——11

修业年限——（初等科修业 4 年；高等科修业 2 年；补习科 1 年）

总入学数——9 860

(b) 乡村普通学堂（由各自治乡村管理，受关东厅经济支持）

学校数量——112

修业年限——(一般修业4年;补习科1年)

总入学数——26 282

由于儿童就学意愿的增长,关东租借地内的入学率也稳步增长。1906年,仅有0.26%的适龄儿童入学,但到1930年时,入学率已增长到27.66%。

依据1930年南京国民政府发布的报告,中国本土入学率最多的省份是浙江省,据说该省教育最为普及。浙江的入学率为25.58%,略低于租借地。旅顺及大连适龄儿童的入学率分别为29.18%、36.72%。即便是整个中国,也不会有更高的入学率了。

② 中等教育

(a) 旅顺高等公学校中学部

中等学校课程

师范学校课程

总入学数——443

(b) 大连商业学堂

提供实用商业教育

修业年限——3年

入学数——78

(c) 金州农业学堂

修业年限——3年

入学数——106

上述各校毕业生有资格进入旅顺工科大学(the Ryojun College of Engineering)或其他高等教育机构。

1931年财政年度,关东厅为当地教育支出计有113万金票。

南满铁路区内,南满铁路公司受委托发展教育,每年支出34万金票。该公司管理24所中小学(入学数超过6 300),以及同时面向中国人和日本人招生的南满医科大学(the Manchuria Medical College)。

我们无法提供日本统治以外地区的教育发展的相关数据,但可以有把握地说,这些地区设施极为匮乏,无法与租借地及南满铁路区相比。

(7) 公办博物馆及古遗迹保护

关东厅在旅顺新市(New Town)设有博物馆展出大量藏品,展现了不同历史时期的满洲、蒙古及汉族文明,涉及科学、美术等领域。

这些展品为该"国"研究科学、艺术及经济资源的学者们提供了宝贵的参考,分为风俗、动物、植物、矿物、考古及参考等 6 部分。从满洲、蒙古、中国内地①及日本收集藏品计有 85 000 件。此外,我们制定了特殊规章以保护史前遗址、古老坟墓、城堡和堡垒的遗存,以及包含炮弹、石头、陶器及遗骸的烽火台。在已发掘的遗迹中,我们认为具备参考价值的物件都被放在博物馆中用于展出。租借地内,旅顺东北方向 176 公里处的貔子窝附近发掘的古墓,经研究为汉代古墓,研究结果已公开。去年(1931 年),在旅顺向北 30 公里处的牧城驿,我们发现了一些汉代古墓。尽管已有两千多年,但墓室内的墙画仍然清晰可辨,是极好的样本。此外,我们在租借地内 14 个地方保存了对研究工作具有极大价值的古老遗址。

4. 财政

(1) 关东厅的财政

日本统治关东州已有 26 年,现今各类产业取得了不同程度的发展。

然而,随着租借地和南满铁路区的发展,政府开支逐渐增加,重要开支如下:卫生设施的提升、充足警力的配备、附加教育机构的建立、产业的激励与发展、交通服务的扩展与提升等。尽管政府的政策是从租借地收入中支付开支,目的是逐步或最终实现关东厅的财政独立,但到目前为止,收支平衡未能实现。日本政府国库提供补助以弥补赤字。近年来,这一补助已达 400 万元。1930 年财政年度,关东厅总开支超过 2 200 万元,日本政府补助了 400 万元。1907 年至 1931 年,过去的 25 年里,关东厅的开支合计达 2.69 亿元,日本政府补助总计 0.81 亿元,约占总开支的 30%。

1932 年财政年度(关东厅财政部)

开支预算(1932 年 5 月 13 日)——19 689 426 元

日本政府补助——4 000 000 元

过去的 25 个财政年度(1907—1931②)

总开支(已结清账目)——269 377 912 元

总补助(已结清账目)——80 887 709 元

---

① 编者按:原文如此,请读者加以鉴别。
② 原文注:1931 年开支为预估开支。

总补助对总开支的占比——30%

(2) 征税

关东租借地征税有三类税种,即"国税"、地方税和市税(municipal tax)。"国税"和地方税由关东厅征收,用作行政费用。前者包括土地税、所得税、盐税、酒税、烟草税和交易所税,后者包括营业税和杂种税。

1930年财政年度税收情况:

"国税"——4 268 653金票

地方税——2 057 395金票

合计——6 326 048金票

平均——每人6.73金票,每户42.00金票

日本人纳税——每人39.25金票,每户175.58金票

非日本人纳税(主要是中国人)——每人2.06金票,每户13.67金票

由上述数字可见,与日本人的纳税额相较,中国人的纳税额微不足道。

关于此前东北四省的征税情况,因为数据不足,我们几乎无法估计具体数字。但从各省近期的预算及关税申报表来看,据估计,"国税"和各省税为每人4.32银元(3金票),每户29.00银元(20金票),约是租借地内中国人纳税额的1.5倍。除了上述两种税外,还有一种税叫作县级税(prefectural tax),相当于关东厅的地方税。

所有税收组织在收税时都向纳税人索取了各种相关费用。而且,所征税款是间接税的主要组成部分,这使得底层民众的境况更加艰难。

此外,我们非常遗憾,前东四省政权发行了大量奉票或是无法兑换的纸币,事实上让民众承担了更多的税。10年前,100奉票可以兑换74.00金票,但现在,它已经贬值到只能兑换1.00金票,满洲的贫苦农民遭受了我们无法估量的财产损失,因而税款要比那些数字显示得还要多。

5. 中国人生活水平的提高

关东厅统治地区的日本人给当地居民带来了生活的便利,大连以及铁路沿线的各个中心地区都有了飞速的发展。因此,无论是当地原住民还是中国移民,都能接触到大量新兴职业。除了那些从事性质不一的贸易和产业的人员以及工人和苦力,有些人在关东厅和南满铁路公司服务,有些人维持同关东厅和南满铁路的间接关系以维持生计,这使得人口数量急剧增加,生活水平提高。中国人的生活水平非常低,平均10分银子就可满足一日所需。他们的劳

动能力构成了竞争,导致日本人的生活成本高出了几倍。在贸易和产业中也是如此。近年来,从使用新渔具的渔业到地毯和日本木屐的生产、修理行业,服务于日本顾客的日本工人曾经垄断的这些贸易,现今已由中国人接手。在裁缝和制鞋行业,大多数工人是中国人。

因此,面向中国人开放的产业在增加,他们的收入也在提高。关东地区的中国人享有更多的财富,他们的生活水平也相应提高了。以他们的白酒消费为例,1930年人均饮酒4.15升,日本人均饮酒29.58升。1930年,人均烟草消费为1.62元,而日本人均为9.14元。几年前,关东地区一位有影响力的中国居民去往上海、南京和其他长江沿岸的城市游历,回来后说:除了以前在郊区的城市,别的地方很难看到新的房屋,暗示中国农民的经济状况不佳。相反,在租借地内及南满铁路沿线,到处都可以看到逐年增加的新建筑。这些事实有力地证明了关东地区的居民们享有文化和经济上的独特优势。总而言之,如果我们将关东租借地现在的情形与俄国统治之时(1903年)——日俄战争前夕,亦为繁荣时期——相比较,从以下数字可见显著进步:

增长项目——增长倍数

耕地价值——96倍

中国人口(1932年)——27倍

谷物生产——9倍

林区——22.6倍

盐产量——7.6倍

捕鱼量——25.8倍

第二部分　警务管理

1. 组织及管辖权

租借地的管理和南满铁路的警务工作被认为是关东厅最重要的职能。如果没有充足警力的保护,满洲无法实现发展,更遑论实施门户开放和机会均等,满洲民众不时受到"红胡子"和土匪的骚扰,特别是边境或偏远地区。因此,关东厅组建市政组织和警察局作为管理治安的主要机构。

警察局局长受关东厅长官直接管辖,受命指导并监管当地行政人员、警务督察、警长以及负责管理警务和卫生事务的警察。

铁路区外,警务由领事馆警察署负责,近来处理紧急事务人手不足。为解决这一问题,关东厅授权日本政府驻守长春、铁岭、沈阳、辽阳、安东及营口的各领事除行使领事职能外,亦以"秘书"名义隶属关东厅。因此,铁路区所有警力同时也为相关领事馆服务。

2. 分布情况

租借地内有 8 处警察署,旅顺、大连、大连港、大连小岗子(Dairen shokoshi)、大连沙河口(Dairen Shakako)、金州、普兰店、貔子窝各有一处,还有 164 个警务岗亭。租借地外,即南满铁路区内,有 14 处警察署,瓦房店(wafangtien)、大石桥(Tashichiao)、本溪湖(Penhsihu)、公主岭、营口(yingkou)、辽阳、沈阳、铁岭(tiehling)、长春、安东、鞍山、抚顺、开原、四平街各一处,还有 238 个派出所。包括警察局长在内,共有 4 823 名警察。

当前警察分布(1932 年 4 月 1 日)如下表所示:

	关东租借地	南满铁路区(租借地外)	总计
局长(police director)	1		1
秘书	4		4
技术专家	2		2
治安官(police superintendents)	5	7	12
职员	3	4	7
督察(police inspector)	37	36	73
副翻译(sub-translators)	7	14	21
副技术专家(sub-technical experts)	13	1	14
副督察(police sub-inspectors)	63	83	146
日本警察	878	1 922	2 800
中国警察	415	1 259	1 674
独立工作人员(unattached staff)	22	12	34
临时工(temporary service)	18	17	35
总计	1 468	3 355	4 823

3. 警察系统的发展

自 26 年前建立以来,警察系统进行了几次行政改革。这些变革反映了满洲和蒙古的发展,关乎和平与秩序,关乎民众的经济、工业和文化生活。

20年前,警力总计为1 483人,维持费用为1 164 371金票。现在,警力总计为4 825人,维持费用为6 471 957金票。

因此,在维护和平与秩序方面,20年前的旧政权无法与当下的关东厅相比,中国境内的警察系统也无法与之相比。

4. 满洲公共安全的情况

自军阀张作霖建立东三省政府以来,军事政权之下邪恶盛行。匪患致使开支增加,加之重税,民众自觉无法忍受此种命运。随着银价变动,事态变化达到极端,很多民众选择加入土匪也就不奇怪了。政府弱势明显,又缺乏镇压土匪的决心,这只会促进土匪队伍的壮大。因此,南满铁路及其邻近地区近些年来总是面临土匪进攻的威胁。

此外,中日满洲乱局发生之时,张学良政府倒台,其政权下之军队和警力残余加入土匪,土匪势力得到加强,更加团结。南满铁路及其邻近地区土匪成灾,有不少土匪绺子,有些绺子甚至有成百上千人。

混乱无序的情形下,我们的管辖区不时遭到骚扰,这一点也不让人惊讶。

前政府倒台后,相对而言数量较少的日军承担起了镇压满洲和蒙古境内土匪的责任。即便如此,仍有大量土匪听从张学良及其部下指挥。在已经建立的满洲"新国家"的保护下,我们也无法指望满洲和蒙古境内能建立完全的和平与秩序。

此种情形盛行,关东厅完全清楚自身在维护公共安全方面的责任,为此从租借地乃至朝鲜地区调用警察以加强南满铁路地区的警力。起初,这仅是一项紧急措施,但随后,增援部队即被派出。

考虑到土匪力量的增强以及关东厅重建和平与安全的特殊使命,我们的警力还远远不够。

自去年九月始,敌对行动最先在沈阳爆发,警察伤亡人数总计为29人,其中9人死亡,20人受伤,到1932年4月10日,冲突已达到224次。

5. 满洲土匪("红胡子")

因其困苦情形,包括政治、经济以及贸易和交通方式,满洲向来是土匪的温床。

这些土匪,或称"红胡子",无论骑马还是步行,总是成群施加劫掠。抢劫、殴打、绑架、索要赎金、谋杀、叛乱,他们都非常了解。

一群土匪袭击一个村庄,劫走那里的人和牲畜,这很常见。

当前关于土匪历史起源的看法与其类型一样多,他们的队伍有时包括士兵、警察甚至平民。他们的主要目的是抢劫,但有时候,尤其是新政府建立之时,他们会针对政治采取排外运动的形式。

附件二:近期关东厅与中国当局协商的反日问题

保密

校样(proof edition)

关东厅

1932 年 5 月

1926 年以来,中国国民党和国民党政府公然奉行否定一切所谓不平等条约的固定政策,否定外国政府和外国人的各种正当条约权益。他们把这种政策称为"革命外交"。

张氏政府在满洲效仿此事,迫害散布于满洲各处的 100 万朝鲜人,最终目的是驱逐他们。为了实行该政策,他们正在向南满铁路公司施压,在周围修建了许多与南满铁路平行的铁路。

近来,一些有名的中国外交官在收回关东租借地的领土(包括繁荣的大连港和旅顺港)时使用了挑衅性的语言。日俄战争前,中国对日本怀有敌意,与俄国缔结了秘密的攻守同盟关系。战后,日本对中国一直保持宽容的态度,没有要求中国解释其与俄国的同盟关系,而是要求中国发表会维护满洲和平与秩序的声明。

这是日本在满洲实行和平与秩序政策的不可否认的证据,也为文化的进步和经济生活的发展奠定了坚实的基础。换句话说,日本在满洲实行政策的基础是实现团结互助的原则。前张氏政府忘了与我们的老交情,粉碎了我们通过相互合作争取团结的希望,并继续威胁日本居民的生活,以期最终将他们驱逐。

举个详细点的例子,1931 年 1 月 1 日,中国在没有任何警告的情况下提出了新进口关税税率,并立即实施。先是给日本商人造成了巨大的损失和痛苦,其后又出现了一系列侵犯日本权益的行为。简言之,他们从过去的消极政策转变为敌对政策。他们还非常清楚地表明了侮辱日本政府和人民的意图。正是在这种无法忍受的挑衅之下,日本人被迫放弃长期的忍耐,站起来彻底制止中国人的侮辱和暴行。

以下列举了中国反日政策的一些具体实例:

(1) 一月:实施新进口关税政策。

(2) 一月:区别对待日本小型船舶和渔船。

(3) 四月:大连海关双重征税。

(4) 五月:烟草进口税。

(5) 五月:修订出口关税。

(6) 六月:抚顺、烟台和本溪湖煤矿出口关税。

(7) 七月:外国陆运货物双重征税。

(8) 八月:欧亚间联运问题。

(9) 其他,例如南满铁路区的税收问题,已由沈阳代理总领事森岛先生解释过,不在此列举。

(1) 实施新进口关税政策

1930年12月29日,中国政府在没有任何通知的情况下提出了新进口关税税率,于1931年1月1日生效。

毫无征兆地修改关税已经足够糟糕,而中国采取这样的措施只能用荒唐来形容。中国以及其他外国的贸易商们可能会对此提出抗议,但相对而言数量较少,而且他们可能收到过有关新关税的提醒,所以他们的损失远不及未被事先通知的日本人。

(2) 区别对待日本小型船舶和渔船

1931年1月,中国以镇压为名,命令中国海关发出通知,不允许登记为100吨以下的蒸汽或机动船舶在中国港口和外国港口之间进行直接贸易,违者没收船只和货物。然而,广东三角洲港口与香港或澳门之间的贸易不受约束,且悬挂中国国旗的拖网渔船也属于例外,这表明新规定的主要目的是压制已注册的日本小型船舶的贸易。

如果我们以1930年的调查为例,这些船从1930年9月到1931年6月在公海从 wutao① 出发,离开金州,南下到基隆和台湾。

日本拖网渔船每年为上海提供的捕鱼量价值100万元,但上海及其附近大城市对深海捕鱼的需求逐年增加。因此,日本提供的捕鱼量只占需求的一

---

① 编者按:未找到对应的中文地名,故保留英文原文。

小部分,数量实在太小,不会造成鱼市价格波动。此外,拖网渔船在中国境内登陆时,已经缴纳了超过 30 万元的关税及其他费用。

基地设在青岛的拖网渔船有 42 艘,投入资金 100 多万元,渔民约 500 人。这些拖网渔船在从山东半岛到海州 300 英里的公海上作业,一年总捕捞量价值 70 万元,其中 90% 通过中国鱼贩供应给中国人。青岛基地除拖网渔船外有 40 艘机动船,安东基地有 26 艘。与拖网渔船相比,机动船作业的公海更靠近海岸。

投入的资本大部分是贫穷、勤劳的渔民积攒下来的小额资金,不能视作大规模投资。

因此,如果中国提出的措施得以实施,上述渔民的生计将被剥夺。只要是从人类的角度来看,这一点就不可忽视。

在关东租借地内,有 30 艘渔船注册为在山东(浙江以南)[①]和福建海峡作业。因此就上述建议措施的通知问题,关东厅通过日本驻华公使向中国政府提出强烈抗议。结果,中国政府推迟了该措施的实施。

(3) 大连海关双重征税

根据海关协定第 1 条规定的退税自主权,中国政府于 1931 年 4 月 1 日废除了所谓的退税制度。

此制度下,在中国某一通商口岸已缴纳关税的外国货物,再出口到第二通商口岸时免征关税,中国政府会签发免征证明。

这里应该指出的是,日本政府于 1905 年接管关东州(现关东租界地)的租借权后,立即确定政策,使大连成为自由港,并缔结了"关于在大连设立海关办事处的协定"。该协定一方面允许中国在大连港设立自己的海关,另一方面也清楚地表明了我们对自由港制度的尊重。

根据协定第九条,外国货物一旦进口到中国,再出口到大连,就可以享受原关税退税。这样一来,在关东租界地被消费的货物可以免税,而经由日本边境进入中国内地的货物只在大连征收一次进口税。换言之,曾经在中国某些通商口岸缴纳进口税的外国货物,再进口到大连或内地时,视同从国外直接进口。

就日本而言,人们充分认识到涉及一般通商条约时(《中日通商条约》第

---

① 编者按:原文如此,疑误。

13条),应当主张退税自主权(《中日海关协定》第3条),但大连海关已签订特别协定,不适用该原则。而中国政府认为,依照上述协定第9条,大连海关适用该原则,他们将关东租界地视为外国领土,基于租借地内设有大连海关,所有经由大连进口的外国货物,即使是在大连消费,也要纳税,而以前是免税的。此外,准备销往内地的货物被征收了两倍的税。因此,经由大连通过实时渠道进口到内地的外国货物几乎全部转移到了牛庄。南满铁路的收入因此每年减少超过65万金票。人们可以在多个方面感受到损失,尤其是大连转运业务的下降、进入大连的船只数量下降。如果我们接受中国视关东租界地为外国领土的观点,可能会对中国货物的进出口提出同样的要求。大连与牛庄的海关同属中国,但仍有所区别,运往租借地外满洲某地的外国再进口货物,经牛庄发出时,可免除二次征税,但不能通过大连海关。这种区别是不可理解的,因为就牛庄而言,在大连海关报关是最后而非最初的程序。

再者,从常理来看,严格来说,大连海关位于中国海关自治权区域内,因此,货物进口到大连时,自然意味着它们将进口到内地,从而消除了货物从大连运到关东租界地内的距离。然而,南京政府把关东租借地视为外国,并根据这一技术错误征收了双重进口税。如果我们屈服于这一主张,预计南满铁路的收入每年将减少近一千万元。这将对大连的贸易产生实质影响,对铁路造成毁灭性打击。我们认为,中国非法对大连口岸施加这种压力的动机是剥夺它的大部分合法利润。我们开始同中国政府谈判,直至1932年1月,此前一直顽固的中国终于被说服,承认日本主张的合理性,使运往内地的货物免税。

(4)烟草进口税

1931年1月26日,南京国民政府通过了一项统税法案,自当日起生效。同年5月,大连海关发出了征收该税的通知,但关东厅拒绝接受该通知。对进口烟草实行统税时,大连海关根据1930年公布的《进口关税条例》(import tariff regulation),规定所有进口关税以黄金征收。另一方面,安东和牛庄只征收了进口关税的五分之四,作为对货物价值征收的统税,货物由统税局以极低成本进行估价,并以白银收缴。其余五分之一则由海关作为进口税收取。因此,大连口岸被严格区分对待。

此外,经大连进口的烟草运至南满铁路区以外时,要再次征收统税,因此要征税两次。

关东厅通过大连海关向中国政府提出强烈抗议,作为回应,根据南京政府的指示，对大连口岸的区别对待被取消，自 1931 年 11 月 1 日起，牛庄和安东地区全额征收进口税。

(5) 修订出口关税

进口税的修改未经事先通知而实施，给日本商人造成了巨大的意外损失。有关修改部分出口关税的谣言正在流传，日本驻华公使再三向中国财政总长宋子文表示，被提议的修改一旦实行，将给日本商人带来严重后果，尤其是在满洲的商人。虽然宋子文再三声明不打算修改，但 1931 年 5 月 1 日，中国政府仍然发布了新税率条例，自当年 6 月 1 日起生效。这让许多牵涉其中的日本人感到沮丧。

(6) 抚顺、烟台和本溪湖煤矿出口关税

恢复关税自主权后，中国政府提高了出口关税，自 1931 年 6 月 1 日起生效。抚顺和烟台煤炭也实行了同样的关税上调措施。准确地说，运往国外的煤炭每吨征收 0.34 关银，而运往中国沿海港口的煤炭每吨征收 0.15 关银。但是，1931 年签署了一项有关抚顺和烟台煤炭出口规定的特别协定，每吨应支付 0.1 关银（本溪湖煤炭在同一协议下享有相同特权）。因此，不能对抚顺或烟台煤炭依法征收煤炭的一般出口关税。

中国方面显然违反了协议，关东厅并不赞同这项关税（如果支付的话，约 66 万金票），命令南满铁路公司拒绝缴纳新增加的税款。日本驻华公使与南京政府财政专员的谈判以及关东厅与大连海关的谈判都在进行，但这个问题仍然悬而未决。

(7) 外国陆运货物双重征税

1931 年 7 月 3 日，中国安东海关发布通知，规定 7 月 1 日起，凡自安东经铁路运输至哈尔滨、天津、秦皇岛和牛庄的外国货物，如已缴纳进口税，则发给"免税证明"，反之亦然。但大连不在上述通知范围内，因此，所有由前述海关进口到满洲的货物，经由大连运往上海或青岛，必须在目的港再次征收进口税。换言之，与经由牛庄进口相比，此类货物经由大连进口，需缴纳前者进口税的两倍。然而，中国大连海关于 7 月 16 日向关东厅申请准许发布通知，内容是只有在大连海关正式缴纳进口税且通过铁路运往哈尔滨的外国货物可获得免税证明。因此，根据上述通知，任何外国货物先进口至大连，继而经铁路转运至安东或天津，而后经海运至中国其他地区，则必须在目的港再次缴纳进口税。目前的制度旨在使大连口岸独立于中国大连海关进行海上双重征税。

(8) 欧亚间联运问题

迄今为止,欧洲和亚洲之间的货物联运问题已被多次讨论过。

1931年7月在东京举行的会议也讨论了这个问题,日本帝国铁路、南满铁路和欧洲大陆不同国家的几条铁路的代表参加了该会议。

原则上,在中国大连海关与哈尔滨海关(包括其分支机构)之间的过境货物运输,已经缴纳的进口关税实行退税制度,这被视为另一种形式的"保证金"。

但中国政府以收回自主权为借口,于1931年7月废除了上述制度,且其政策表明不允许货物在欧亚间自由过境。因此,在前述东京会议上,任何基于退税制度的讨论都是不可能实现的,仅有一项具备以下效力的决议通过:

① 会议期望南满铁路和中东铁路进一步努力,尽快采取措施以解决保证金问题。

② 该问题关系中国的海事海关,若近期不能得到解决,前述两条铁路将进行合作,竭尽所能,使经过大连和安东的运输不受任何影响(在通关特别措施确立之前,仅可通过伯力进行联运)。

3. 刘易斯致顾维钧的信件(1932年4月6日)

外交部
南京,1932年4月6日
关于满洲傀儡政府

顾维钧博士
中国顾问
国际联盟调查团

先生:

1931年10月,我应中国政府首脑蒋介石将军的个人要求,在外交部指示下前往满洲。

在沈阳时,曾有一位就职于一家大型现代中国银行的经理向我寻求意见。沈阳完全被日军占领,他所在的银行遭到查封,日军又坚持要他在重组计划中担任要职。为了摆脱他们的压迫,他在友人的庇护下换装出逃。这位杰出、经验丰富且受过英语教育的中国人,一直拒绝在日本人手下任职,拒绝对日军希望执行的措施负责,他认为这是对中国权利的背离。

他安排袁金铠先生来见我,这很不容易,因为他周围都是日本人。袁先生是东北政务委员会(the Northeast Political Council)副会长,在日本人的敦促和领导下,成为独立的奉天省政府的首脑。

去年10月14日,我们在沈阳一位朋友的家里见了面。我面前有那次会谈的记录。袁先生说,日本人敦促他领导一个独立于中国的政府,他们不允许有能力的张作相将军,也不允许张学良或是中国国民政府任命的任何人回到满洲任职。他说,日本人决心把满洲从中国分裂出去,他们非常团结而且强大。

他说:"满洲的日本军国主义者不会承认北平和南京,他们自称只跟满洲当地人打交道。"

袁先生说:"除了银行业和铁路业外,日本人正试图重组金融和工业机构,以便有新的官方手段来实现他们在满洲的意愿。"他说,日本人希望他去组建一个独立的政府,因为"中日之间可能会发生战争,满洲的独立运动将拯救满洲,因为它会受到日本的保护"。

袁先生说:"日军可能会在山海关及其边境封锁满洲。满洲有能力的中国官员除非屈从于日本人,否则会被铲除。"他还说:"日本人公开宣称不会尊重国联,并表示国联在满洲没有权力。"袁先生说:"我不会效仿朝鲜,和日本狼狈为奸。"

最后,我想说的是,袁先生因日本不断敦促而在其侵略下继续执政,直到被罢免。他是知名的中国学者,年事已高,举止平和。

这一事件可以说是诱导当地中国人独立于中国政府,在日军占领下执政的典型事件。这也表明,对满洲进行长期民事占领是一开始就有的计划,并非事后才想到。如上所述,去年九月占领沈阳后,日本人立刻开始与袁先生打交道。

谨启

罗伯特 E. 刘易斯(Robert E. Lewis)
南京外交部名誉顾问

4. 刘易斯致顾维钧的信件(1932年4月7日)

南京外交部
1932年4月7日
关于锦州轰炸

顾维钧
中国顾问
国际联盟调查团

先生：

　　昨日信函中曾提及我对满洲的正式访问，我想说的是1931年10月12日访问锦州的事。

　　民政当局(civil authorities)因9月18日晚开始的日本军事行动被赶出沈阳，随后试图在锦州重建总部。

　　我参观了锦州交通大学，这里曾是奉天临时省政府所在地。我同临时政府主席米春霖、在英国受教育的教育厅厅长祁公亮先生、财政厅厅长、警务处处长，还有卫戍部队总司令谈了话。米春霖是个很有能力的人。

　　10月8日，因日军的连环轰炸，大学主楼办公室处于混乱状态。我数了数，墙壁及窗户有18处被空中斜射机枪和炮弹的碎片击中，主楼前的院子里有两个或多个炮弹孔。办公室地板上仍然散落着这次袭击造成的玻璃碎片、灰泥和碎砖。日军使用了12架飞机，不仅袭击了锦州大学的政府中心，还攻击了悬挂红十字会旗帜的火车站和医院。一些连环炸弹落在镇上，一些落在新教教会学校附近。这次袭击导致一名俄国教授受伤身亡，还有一名正在巡逻的士兵死亡。这次袭击的目标不是驻军的军营，而是民政当局总部和上述其他房舍。对中国人来说，这次袭击毫无缘由，他们一无所知，直到飞机拉近，向建筑物俯冲并开火。

　　中国人没有还击。

　　随后，日本飞机从空中散发传单，谴责中国民政当局，并说应该铲除他们。在向外交部提交报告时，我附上了其中一份拙劣的陈述。

　　谨启

罗伯特 E. 刘易斯
外交部名誉顾问

5. 刘易斯致顾维钧的信件(1932年4月8日)

南京外交部
1932年4月8日
关于日本撤退到满洲铁路区域内

顾维钧博士
中国顾问
国际联盟调查团

先生：

我应中国政府要求，关注日本人是否按照国联9月30日的决议，于10月14日从1931年9月18日起占领的中国领土上撤军进入南满铁路区。

然而他们没有。

相反，日军继续狂热地加强对中国人的财产和机构的掠夺，并侵入奉天省和吉林省。

他们占领了中国东北矿务局(The Northeast Chinese Mining Administration)，导致约四千人失业。当时我与该机构驻沈阳的总经理谈了话，从他那里获得了一些具体信息。日军还扣押了中国的银行机构。

当时，日军扩大了对中国铁路的控制，后来又占领并继续改造中国在满洲广袤地区的公共建筑，为永久占领做准备。他们恐吓政府官员，不让他们工作，还向外界宣告，不允许中国国民政府的任何代表在东三省担任公职，也就是西方人所知的满洲。

满洲的中立者告诉我，日本占领前的公共秩序要比占领后好得多。

10月12日，我搭乘火车从锦州前往沈阳。在南满铁路区外数英里处，日军登上火车并开始搜查。随后，日军轰炸该铁路线，即通常所说的京奉铁路，导致火车晚点。临近沈阳时，与该条铁路线上运行的其他火车一样，该列火车因日方命令停在了离城四英里的皇姑屯。日本人不允许中国火车进入沈阳。

为占领远离南满铁路区的领土，10月14日，日军非但未撤军至南满铁路区内，反而经由京奉线自沈阳向西南方向派出三列军用列车。那儿是安静的农业区，在日本占领之前，中国政府不需要费多少力气维护秩序。

最后，就我在10月访问期间所能确定的中立者和满洲地区中国人的印象而言，大概是日军企图永久占领东北各省。

自10月以来，日本的占领仍在继续且有所扩大。他们对中国铁路、工业、矿业、银行、电力等公用事业以及民事和行政单位的掌控已经扩大，实际上已经完成。

谨启

罗伯特 E. 刘易斯
外交部名誉顾问

6. 花谷正演讲《如何建立"满洲新国"》
（1932年4月11日）

（Masa Hanaya① 少校及日本陆军参谋办公室军官）
东京，《钻石》，1932年4月11日

说明

1932年3月28日，东京的经济杂志《钻石》主办了一次私人会议，花谷正就如何建立"满洲新国"发表演讲，摘要如下。为遵照有关当局的警告，发表演讲时，《钻石》不得不删除其中各要点。演讲分为九个部分，分别是(1) 领土，(2) 民族，(3) 行政管理，(4) 军队，(5) 货币制度，(6) 关税，(7) 交通，(8) 工业和(9) 移民。

领土

"满洲新国"的领土包含四个省份：奉天、吉林、黑龙江（阿穆尔）和热河。关于西部边界，实际上没有什么东西可以标明边界，去过那里的人可能都能认识到这一点。

满洲可以从自身立场划分地图上的边界线，但将来"满洲新国"作为一个"国家"取得显著发展时，它可能会允许邻近的地区，如察哈尔、山西等并入满

---

① 编者按：原文是 Masa Hanaya，疑为 Tadashi Hanaya 之误，即参与策划九一八事变的花谷正。

洲,没有这样的分界线可能会被证明是相当有益的。与日本人或德国人不同,三千万满洲人现在并不急于精准地确定边界线。

民族

"满洲新国"内,所有居住在其领土范围内的人都被视为人民的一部分。满洲人基本上分为五个种族,即日本人、朝鲜人、汉族、满族和蒙古族。为了在"满洲新国"的理想中、在五个民族共同繁荣和幸福的基础上建立一个团结的"国家",任何不想归化的外国居民可以以外国人的身份在满洲居住,并得到有关当局的适当保护。任何根据本国宪法不被允许归化的外国人也可以在满洲居住,并得到应有的保护。任何不想归化为满洲人一分子的日本人可以不归化。

行政管理

中国前任皇帝溥仪先生是"满洲新国"的统治者。在他治下,与日本枢密院有类似职能的参议府(the Board of Councillor)将为他提供指导。有四个行政机关,即立法院、国务院、监察院和法院①。

立法院实行一院制。何时召开首次立法院会议是个问题。满洲这样一个人民文化、政治等方面素养还不发达的"国家",近期没有召开立法院会议的迫切需要。

国务院由总理领导,分为内政部、外交部、军政部、财政部、商务部、交通部和司法部七个"国务"部门,这些部门首长相当于日本各部长。值得注意的是,除上述七个"国务"部门外,还设有总务厅(the Bureau of Central Affairs),该机构有权规划新政策、编制预算及任免官员,其长官及下属各部门负责人皆为日本人。七个"国务"部门有义务按照总务厅制定的政策和预算执行各自的业务。事实上,总务厅是满洲行政的核心。

内政部下设教育厅。在"满洲新国",几乎所有中学以上的学校都要改成技术学校,专门教授实用科学。例如,农业学校的学生将实际从事田间耕作,而技术学校的学生则去往工厂,与普通工人一起工作。毕业后,他们可以很快被工厂、政府机关和其他机构聘用。在这种制度下,满洲既不会有闲人,也不会有失业人员。

其他"国务"部门和日本各国务部门类似。但应当注意,满洲的财政部和日本大藏省不同。满洲财政部无权编制预算,但有义务按照前述总务厅的指

---

① 编者按:这些行政机关都是伪政权下属机构。

示开展业务。商务部履行与日本农林省、商务省和拓殖省有关的职能。军政部负责维护满洲的和平与秩序。除七个"国务"部门和总务厅外，还有三个官方组织，包括与日本高级公务员审查委员会相对应的审查委员会（Examination Committee）、干部纪律委员会（Discipline Committee）以及专门处理蒙古有关各事务的兴安局（Ko-an-kyoku）。鉴于蒙古在种族和经济生活方面与吉林、热河等省截然不同，人们认为有必要成立兴安局。

监察院主要检查政府官员的行为。在中国和满洲，官吏通常会受到百姓的仰慕敬重。家财万贯的人也只有做官，才能受到仰慕敬重。这是中国的政府官员腐败的原因之一。实际上，对于政府官员来说，完全可以将监察院看作检察机关。监察院完全独立于国务院和其他政府机构。法院分为最高法院、上诉法院和地方法院。

行政管理

除奉天、吉林、黑龙江、热河四个行政区外，"满洲新国"将组建一个新的行政区，称为兴安区，由呼伦贝尔（Kolombail）、奉天省和热河省的部分地区组成。另一个新区被称为东省特别区，沙俄罗曼诺夫王朝时是中东铁路附属地的区域。"满洲新国"还将新建第三个区，称作"间岛"，许多朝鲜人现居此处。因此，"满洲新国"将由四省、三区组成。在"满洲新国"建立之前，该地区各省政府主席都独立于其他省份行事。换句话说，从实际意义上来讲，各主席都是统治者，因为他有自由……①

维持和平与秩序。这种维和力量是介于军队和警察的中间角色。将来，当土匪及其他不法分子被从满洲扫除出去时，维和力量就会解散。满洲目前约有 10 万土匪和其他不法分子，如果各省必须提供两个旅的维和力量，满洲将需要 8 000 万人左右。②

各省都将有自己的警察部队，都将成立警察局。约 15 年后，维和力量才会解散。在日本通过甲午战争获得的台湾那里，恢复该岛的和平与秩序花了大约 7 年的时间。日本完善其军队系统需要 15 年。

货币制度

未来，满洲将采用金本位制。自 1868 年明治维新后大约 30 年，日本采用

---

① 编者按：原档案一页模糊，无法识别，予以省略。
② 编者按：原文数字如此，有误，应该是 8 万。

了金本位制。"满洲新国"在采用金本位制的同时,也将与原奉天当局及其他各省当局发行的各种货币相统一。总的来说,满洲有九种货币,汇率变动每天多达四次。

即使是各省发行的百元纸币,估值也因其地区有很大差别。这就是过去几年日本在满洲的事业未取得显著发展的原因。作为采用金本位制的初步准备,一家"国家"中央银行将在满洲建立,发行以银币为基础的兑换券,收回流通中的各种货币。统一货币后,将实行金本位制。在满洲采取这样的程序,预计将花费大约15年时间。鉴于上述目标,满洲的金矿将由"满洲新国"当局直接开采。随即出现了一个问题,未来满洲是否有必要禁止黄金外流?目前为止,在某一季度对这一问题的研究表明,这种禁止是不必要的。满洲是出口"国",当下混乱的局面转变为正常状态时,外国资本将投资满洲的各种企业。

关税

为了建立和维持与其他国家的友好关系,"满洲新国"决定采用迄今为止由前中国当局执行的海关关税税率。将来,当所有行政机关都能正常工作时,将考虑修改关税的问题。当然,满洲领土范围内的所有海关都将由"满洲新国"管控。

海关位于大连、丹东、营口、龙井村(lungtsingtsun)、哈尔滨、满洲里、黑河(Hehho)和绥芬河(Pogranichnaya)。至于中国内地,"满洲新国"将在山海关设立海关。自前北京政府执政以来,海关税收一直被用作外国贷款的抵押。"满洲新国"将会采取适当措施,避免给外国或债权人带来麻烦,即使它应当没收海关收据。迄今为止,满洲的大连、营口及其他地区的海关官员皆由南京政府任命。这些官员中,有约150名包括日本人在内的外国人。除了那些想要辞职的人,多数海关官员将继续在新政权下就职。至于大连海关,需要注意的是,大连口岸在日本的行政管理权内。不久前,"满洲新国"通知南京国民政府,大连海关今后将由"满洲新国"管理。"满洲新国"也警告大连海关关长,将海关收据转至长春,而非依照旧例转至南京。盐税在营口、安东、长春、哈尔滨和龙井村征收。

交通

交通被分为铁路、海港、邮政、电报、电话、道路桥梁、空中航线、河流、沿海贸易等等。

铁路。(此处删除几段)①新铁路何时建成并运营尚不清楚。在南满,货运量一般以每年2%的速度增长。在北满,每年增长25%到30%。(此处删除几段)

海港。目前尚未决定吉林至通化铁路的南部终点站设于清津(Seishin),还是罗津(Rashin)或雄基(Yuki)。从日本的立场来看,罗津设为主要港口,雄基设为附属港口是有利的。南风吹来时,清津的海滩会受到极高海浪的冲刷,水位之深又阻碍防波堤的建造,实际上不适合设为港口。作为港口,罗津的条件要优于日本的门司(Moji)或下关(Shimonoseki),虽然它的居住区范围不大。作为海港,雄基暴露在东南风中,和清津一样存在缺陷。罗津是完美的海港,满洲的产品能以几乎相同的运价自罗津供给函馆(Hakodato)、小樽市(Otaru)、青森县(Aomori)、酒田(Sakata)、新潟(Niigata)、敦贺(Tsuruga)、下关、门司和长崎(Nagasaki)。到目前为止,满洲的产品仅通过大连港口供应到青森、小樽、函馆等地。未来若发生紧急情况,朝鲜海峡、津轻海峡、宗谷海峡或是北海道发生阻塞,日本本土和罗津以及雄基之间的海上交通将会是相当安全的。(此处删除几段)

邮政。满洲的邮政服务受"满洲新国"直接管理。鉴于目前其他列强尚未承认"满洲国","满洲新国"无法成为《万国邮政公约》(The International Postal Convention)的成员。

凡欲往欧洲及其他地区寄信者,可使用《万国邮政公约》成员国日本关东厅下设交通局发行的邮票。

电报和电话。满洲的电报和电话服务也由"满洲新国"运行。无线电报服务将采用短波系统,由"满洲新国"直接管理。

道路桥梁。(此处删除几段)冬天,满洲的路面会结5英尺深的冰。每年5月冰雪消融时,道路状况非常糟糕。道路建设是大问题,桥梁建设也是如此,都需要大量经费。桥梁建设工作的完成还需要很多年。

空中航线。(此处删除几段)紧急情况下,没有什么能比飞机更快地变成武器。将一艘普通汽船改装成巡洋舰大约需要三个月,而飞机可以在几个小时内被改装成航空器。这就是和平时期各大国都有私人航空服务的原因。(此处删除几段)

---

① 编者按:原文如此。后同。

河流及沿海贸易。满洲的主要河流有嫩江、松花江、黑龙江和辽河。可与天津、烟台、青岛等地进行沿海贸易。如果发现自己不能参与贸易,满洲人可将"国"籍改为日本籍,然后从事贸易。

工业

几乎所有重要工业,如电力、采矿、钢铁铸造等,都将由"满洲新国"管理。更确切地说,"满洲新国"允许私营企业从事上述产业,并在一定程度上控制这些企业。其他次要工业和贸易将保持自由。至于森林方面,为防止资本家不计后果地砍伐木材,"满洲新国"会对他们进行一定程度的管控。

移民

第一步,朝鲜人将被当作移民送往满洲……在"满洲新国"的统治下,朝鲜人将不受约束地从事自己的职业。(此处删除几段)

将来,满洲当前的混乱状况恢复正常时,中国内地被征以重税的中国人会大量移民满洲。从中国内地入境的中国人将受到限制。(此处删除几段)

至于日本到满洲的移民,许多官员会前往满洲为"满洲新国"服务,继而是铁路专家和职员。

不少中国人会被雇用为最低等级的铁路工人。最重要的是农业移民,他们也许能得到日本当局的补贴,将会明确区分土地属于"国家"还是个人。最有利的职位会被挑选出来分配给日本移民。一家向满洲输送日本移民的私人移民公司将会成立,同时可以获得约1亿日元的资金支持。

张学良、张作霖和其他被驱逐出满洲的中国领导人的土地都属于"国"有,这些土地会被"满洲新国"征用。一大片未开垦的土地和"国"有土地会被租给一家移民公司。南满地区和其他铁路线五英里范围内的各个地区将首先获得支持。哈尔滨、齐齐哈尔、宁古塔(Ninguta)、吉林、洮南、锦州等地将建立农业试验站。站点的筹建工作完成后,拓殖省将制订有利于移民的计划。满洲移民区的遴选任务,会委托给各州府机关和退役军人协会、帝国农家协会等其他社会组织。满洲的一个村庄将由300到500个家庭组成,其中包括一定数量的退役士兵、木匠、理发师、农民、医生等。为了防范土匪和其他不法分子的袭击,这些家庭周围将修建带有多个步枪孔的砖墙。关东军总部有大量从中国士兵和土匪手中缴获的步枪,会给每个家庭提供一支。

某个村庄遭到土匪袭击时,可向邻近村庄发射烟花作为信号。每个家庭可能有机会以极低利率获得约1 200日元的贷款,移民的旅费将由日本政府、朝鲜铁路和南满铁路承担。除长子外,农民家庭中其他较年轻的成员应当移居满洲。继而出现了这样一个问题,日本移民是否可以与满洲的中国人竞争?将日本东北、山阴(san-in)及其他地区的农民与满洲农民的生活进行比较,可以看出,日本农民很乐意移民到满洲。大部分日本士兵是穷人的儿子,日本通过这些穷人之子的流血占领了满洲。因此,开发满洲的资源,使士兵幸福富足,是日本义不容辞的责任。政府应采取适当的预防措施,防止政党和资本家在满洲扩大不正当的影响。这样一来,新的满洲将成长为日本的一个分支。

在上述演讲结束后,花谷少校就《钻石》的一名代表向他提出的问题作了如下发言:

"满洲新国"各部门的日本官员将从与日本政党没有任何关系的人中选出。"满洲新国"会特别注意发展满洲,这是为了日本、中国和其他国家民众的利益,而不是资本家。

"满洲新国"将提供外国贷款,满洲"中央政府"作为媒介将贷款获得的资金移交给各种私人机构。所谓的重工业将由私营公司经营,它们可能会奉命向"满洲新国"当局支付特许权使用费。将来,满洲可能会采用自由贸易体系。其海关政策旨在为"国家"获取税收,而非保护"国"内产业。行政开支由间接税负担,自治机关的开支由直接税负担。向满洲输送移民的计划尚未制订。1935年以后,大批移民将被派往满洲。

当前的重要问题之一是如何变更南满铁路公司的现有体制。实际上,日本通过士兵们的流血获得了南满铁路,但只有南满铁路的股东和职员从铁路运营中获益了,士兵和其他阶层的日本人一无所获。日俄战争结束后不久,南满铁路开始运营,政府本应发放贷款,并向农业社区提供部分政府拥有的铁路股份。这样,日俄战争的起因就具备了重大意义。"满洲新国"是否会得到其他列强的承认不是大问题。例如,苏联未得到美国承认,但没有任何不便。

"外蒙古共和国"尚未得到任何大国承认。除日本外,没有其他列强会在不久的将来承认"满洲新国"。

7. 佚名人的备忘录(日期不详)

以下是一个简短的备忘录,说明了满洲目前的一些情况,包括自1931年9月18日以来发生的及最近刚发生的一些事情。

日本人和南满铁路公司想完全控制满洲所有的中国铁路,这一点可以从过去三四个月内发生在以下中国铁路上的事情看出:

(1) 沈阳—海龙铁路:该铁路由中国人使用中国人的资金建设,其股份一半归沿线农民、商人、商会所有,另一半归省政府所有。该铁路是满洲运营得最好的中国铁路之一,其收入在过去四年里增长了近50%。它没有贷款,与南满铁路没有任何关系,不与南满铁路并行,路线也不会危及日本利益。但在1931年9月18日后,日本关东军向该铁路委派了约20名日本顾问。这些顾问拥有管控铁路的实权,没有他们的允许,什么事都不能做,所有指示和命令都带有他们的姓名。会议由日本人召集和主持;未经顾问同意,不得付款;所有支票都需盖上四个印章,其中两个是日本人的。简言之,日本人已经完全控制了该铁路,中国职员只能是下级职员。举个例子就能明白,车务处有三个"顾问",他们的办公桌上总有堆积如山的文件需要处理,但中国车务处长的办公桌上什么都没有,他被迫整天看报消磨时间,顾问们甚至连车务处的事务都不征求他的意见。铁路公司其他各处也是如此。过去,日本人视沈海铁路为阻碍他们在经济上控制满洲的眼中钉,去年9月占领沈阳后不久,他们立即接管了沈海铁路的控制权。没有借口,也不会有借口,唯一的例外是,他们不希望看到中国铁路发展成为日本人自己都无法竞争的机构。

(2) 吉林—海龙铁路:该铁路也是由吉林省修建和出资的中国铁路,与南满铁路无关。但目前已有日本南满铁路指派的一名"代表"驻扎在长春,负责这条线路。大约一个月前,车务、工程和会计三处处长被换成日本人,日本处长不接受中国总办的命令,而是接受日本代表的命令。这完全破坏了铁路的管理,他们这样做没有任何理由,纯粹是为了扣押。

(3) 齐齐哈尔—克山铁路和呼兰—海伦铁路:这些是由中国拥有、建造和出资的铁路,属于黑龙江省。它们在北满,与日本人没有任何关系。去年冬天占领齐齐哈尔市后,日军向齐齐哈尔—克山铁路委派了顾问,事无巨细都由这些顾问决定。他们为了可以对呼海线和齐克线提出某些要求,还劝诱这些线路从南满铁路贷款。

(4) 沈阳—山海关铁路:所谓的沈阳—山海关线实际上以前是北京—沈阳铁路的一部分,是中国政府向英国借款修建的一条铁路。日军一直利用该铁路线运送军队,沿线有士兵驻扎,直到山海关。每站设有日本站长(station masters)管理交通。铁路局增加了日本职工,他们在铁路重大问题上拥有全部发言权，中国人只能当傀儡。

（5）四平街—洮南铁路：该铁路由中国政府向南满铁路借款修建。根据协议，由日本人担任总会计和总工程师，其余是中国人。从去年二月开始，日本人接管各处，取代各处长。中国被迫签署协议，接下来50年该铁路将由南满铁路接管，这意味着日本会完全吞并它。事情发展到这一步，所有的印刷品和书面材料都是日文，中文只作为次要解释被放在括号里。

（6）洮南—昂昂溪铁路：该铁路由中国政府向南满铁路借贷部分款项修建。该铁路上日本顾问的委派有明确安排，但他们未被允许干涉铁路管理。从去年秋天开始，很多日本工程师和助理被派到该铁路线上，在管理局和整条线上担任中国工程师和各处长的"主管"。事实上，他们成了中国人的"老板"。

（7）吉林—长春铁路和吉林—通化铁路：这些也是中国政府修建的铁路线，建设期间向南满铁路借贷。日本人现在完全控制了这条线。各处长和工程师都是日本人，下属是中国人。实际上这条线现在已经成了南满铁路的一部分。

控制满洲所有中国铁路一直是日本人的梦想，现在，他们的梦想实现了。过去的四五年里，中国铁路因其运营方式在交通系统方面取得了长足的进步，南满铁路却没能保持自己的利润纪录。但从现在起，日本人不用再担心来自中国铁路的任何竞争。不过，满洲如此富庶广袤，南满铁路无法满足所有的货运和交通所需，日本人不可能阻止中国人修建自己的铁路线。满洲所有铁路都已满负荷运行，我们发现还有更多的货运和交通需求。日本人对铁路并行线等的反对，纯粹出于对中国铁路的嫉妒。满洲所有地区南下的货运，可能需要南满铁路10倍的里程和大连港口10倍的设施。为什么日本人要反对中国人修建自己的铁路线？

部分中国工业企业

日军关闭了沈阳矿务局（the Mukden Mining Administration），控制了所有矿场，它们大多关乎私人利益。日军这么做是不想看到中国煤矿和抚顺的日本煤矿构成竞争。

沈阳的电灯厂被日本人关闭了，行政部门现在由日本人领导，从抚顺的日本发电厂获取电力。

长春、四平街、通辽等地的中国发电厂已被日方下令关闭，这些城市必须从日本人的发电厂和输电线路中获取电力。洮南发电厂是私营性质，从德国购入了一些更大的新装置用于扩建,当地的日本人不允许他们安装。日本人还控制着以前属于中国的齐齐哈尔和哈尔滨的发电厂。

沈阳有一家中国搪瓷铁器厂,生产质量上乘的搪瓷器皿以满足当地市场需求。占领沈阳后,日本人关闭了该厂,日本制造没有了竞争。

有一家中国牙粉制造商和一家中国肥皂制造商供应充足,可满足当地需求。日本人总是嫉妒他们。因此,去年9月事变后,日本人关闭了这两家工厂并逮捕工厂经理,指控他们反日。两位经理可能还在狱中,也可能已经遭到杀害。

"新国家"?

所谓"满洲国"这个"新国家",也许被描述成一个日本人的"国家"、一个为日本人效劳的"国家"、一个由日本关东军统治的"国家"、一个由本庄将军独断专行的"国家"比较合适。各部总务司司长都是日本人,完全控制着所属各部,中国人仅是挂名总长。事实上,中国人没有行动和言论的自由,至少99%的新政府官员被迫违背自己的意愿继续留任。顾博士在随调查团来满洲之前受到的"礼遇",当然不是中国人的意愿,是的,远非如此!调查团可能会遇到自称是满洲人、想脱离中国内地而独立的人群在游行。他们只是愚昧无知,受到日军雇佣前来示威。事情开始有了专业性质。是的,所有的新海报、标语、旗帜甚至"新国家"的宪法都是日本人的作品。从亨利·溥仪先生到最底层的苦力,中国人没有任何自由。我敢说,这个"国家"所有的中国官员都能讲出完全不同的故事,只要可以确保他们以后不会受到生命威胁。

简言之,日本人得偿所愿,对这个"新国家"的建立感到欣慰,但与此同时,中国人在一切事务上失去了自由。日本人作为征服者出场,中国人则被视为被征服者。日本不允许关内的中国报纸进入满洲,日本特工会在邮局进行审查。中国学校的新教科书已经在日本人的监督下出版了,任何与南京国民政府、国民党以及孙中山的主张有关的内容都被删除了。日本人想以这种方式培养年轻的中国人,让这些中国孩子不再了解与中华民族的关系,这里的中国人在精神上被囚禁了。

门户开放政策?

满洲的大门现在对谁打开?过去的6年里,满洲自欧美国家进口增长了近40%。那时的门户开放确实针对所有国家。现在,日本占领满洲,有关门户开放政策的不同看法开始出现。外国商号纷纷关闭,完全被挤出了行业。

作者本人知道有几家英国和德国公司无法在满洲进一步开展业务，要么已经关闭，要么正在紧缩开支。很快，所有的外国公司就会被迫关闭或紧缩开支。另一边，日本人却如潮水般涌来。所有铁路、商店、政府机关的日本"顾问""董事""长官"等，都影响着日本人的每一笔买卖。但对外国人的生意来说，更糟糕的事情就快发生了。为了说得更清楚，举一两个例子。

  沈阳有条铁路以九成的价格为电话机招标，德国西门子中国分公司和美国自动电话公司提供了报价。最后，铁路方面决定采用西门子提供的机型。当购料科科长就供货条款进行谈判时，西门子也期待着订单。但一家日本制造商私下向日本顾问提出报价，在没有咨询该中国科长的情况下立刻拿到了订单，中国科长随后被指示为该日本公司制订适当的订单。西门子和美国自动电话公司的抗议无效，就这一点而言，他们的生意结束了。

  另一个例子涉及火车票和固定车票的购买。中国科长决定从一家价格更低的中国公司那里购买。同样提出报价的日本公司非常生气，立即向铁路警察局的日本顾问投诉。该顾问随即下令逮捕中国科长，并当着其他中国部门负责人的面粗暴地对待他。随后，该科长被指控为反日分子，在狱中待了一个多月，缴纳罚款后才被释放，并被铁路方面解雇了。只是因为没有从日本公司采购，他就失业了。

  在另一条铁路上，一名中国承包商没能拿到约七万美元的完工款项。日本顾问不同意付款，他一开始就想把合同交给日本承包商。报账已经过去了六个多月，事情还未解决。所有铁路和商店的中国工程师都不敢在工作中指定某些有名的西方制造商或材料，他们害怕被指控为反日分子从而有生命危险。现在在满洲，各行各业的中国人都没有人身自由和安全。

  从上述几个例子可以看出，满洲对外界是封锁的，仅对日本开放。他们在日内瓦和东京声称会继续在满洲实行门户开放政策，是的，但是对谁呢？

  调查团出现在满洲，每一个中国人都暗暗高兴。我祈祷诸位知道，调查团的使命和背后的力量掌握着三千万民众的命运，他们和他们孩子的人身自由与生命安全都正遭受着威胁。满洲三千万民众对调查团和国联满怀信任和信心，正义会得到维护，现代历史上最黑暗的一页不会被改写和粉饰，他们很欣慰。满洲的三千万人正虔诚地注视着日内瓦的光明，他们知道光明不会也必然不能失败！

  （以上书面声明来自一个为外国社交圈所熟知、去过满洲很多地方的人，他在满洲住了5年。声明主要根据个人经历写成,所表达的观点当然能代表满洲绝大多数中国人。)

8. 调查团驻哈尔滨期间希尼博士的几次会谈记录
(1932年5月)

1. 5月12日下午6:30——满族代表

受访者是满族家庭。他说,清王朝把他的家人和其他人分散到中国各地,但他们在很大程度上没有被汉人同化。中国内地还生活着大约10万这样的满族人。他在中东铁路经济局工作了8年,有多次旅行的经历,很清楚事变之前满洲政府的状况有多糟糕。他提到了一个约60万成员的蒙古满洲协会。他认为,约有500万满族人分布在满洲北部,约200万蒙古人在内蒙古和外蒙古共同生活,其中约29万人在巴尔虎(Barga)地区。

他和他的朋友同情"满洲国"政府,视溥仪为传统帝王而加以尊重。他们觉得与在中华民国生活相比,在溥仪治下的独立的满洲"国家"生活能获得更好的条件。"满洲国"的民众极为守旧,譬如,他们受到民国执政者的压迫时,也像从前一样保留着皇室。他们享有很大的自治权,在中国领土上生活的所有种族都可以在满洲享有同样的权利,拥有同样的成功的机会。

辛亥革命以来,很多中国人涌入满洲。当时的统治者都是"红胡子",所谓安福俱乐部的成员抢走了最好的职位。该俱乐部由同情日本人的中国官员组成,张作霖是成员之一,帮助民众摆脱政府统治。民众们受够了军事阴谋,渴望和平与秩序。他相信,"新国家"会信守承诺,让满洲重获繁荣,民众忠于政府。他深知,日本当前的帮助对"新政府"的维持来说非常必要,中国官员与日本顾问并存的制度也与这一目标相匹配。他相信日本没有帝国主义的图谋,也希望满洲能尽快成为国联成员以维护自身独立。前述协会的小册子会正式提交给调查团。

齐齐哈尔和吉林省的边界地区还在使用满语。察哈尔(Shahar)地区还有部落使用满族文字通信。当然,满族文字在一定程度上和蒙古文字类同。

2. 一个中国人

受访者强调了张氏父子的不同之处,前者对"国家"实施强有力的控制,后者没有经验,不惹麻烦,但又想亲力亲为。九一八事变爆发时,沈阳所有人都失去了理智,但实际上没有反日运动。

执政的日本人奉行将中国知识分子赶出满洲的政策。日本人强迫他们住在朝鲜,穿朝鲜服饰,未经许可不得离开朝鲜,在某些情况下采取了更为残忍的手段。前财政厅厅长 Chang Chen-wei① 几个月前受日本人邀请,前往沈阳大和旅馆参加晚宴,此后没有人再见过他。受访者知道吉林和哈尔滨有几起类似的案件。例如,曾任中国最大报纸总编辑的王先生也在哈尔滨失踪了。那些受过教育的中国人被清除了,日本人毫不担心中国底层民众对"满洲国"的任何反对。中国底层民众一直都很无知,不明白"新国家"意味着什么。

日本人对调查团的政策是:在整个中东铁路地区散布桥梁爆炸和大股土匪的相关谣言,造成极度混乱的印象。事实上,日本人是为了吓唬调查团而编造了这些故事。实际情况是,原吉林部队已经撤退,不会干扰调查团的活动。这是自然的事,毕竟中国民众把所有希望都寄托在调查团身上了。

由于长期战乱,哈尔滨以东地区形势十分严峻。马、牛和家禽早就没了,人们面临饥荒的威胁。

中东铁路的长官没有实权,所有事情由未经正式提名的日本顾问完成。苏联人收回了所有能撤走的车辆,用在满洲的资金购置小麦以供出口。

调查团离开后的那段时间,受访者及其友人都很害怕,日本人的压迫比以往任何时候都要残酷。因此,他们希望调查团能有一两名成员留在哈尔滨。他们还提供了良好服务,在调查团安顿下来、编写最终报告时提供了资料。最好的办法是调查团正式要求日本人提供二十名哈尔滨商人的名单,选定其中两三人日后主动拜访调查团,并就调查团离开后的事态进行报告。

3. 丁超将军的一位私人朋友

受访者想与调查团的一名成员会面以挽救丁超将军的声誉,他被误认为"土匪"。事变爆发前,丁将军曾指挥 3 个旅保护中东铁路东区。他很清楚自己的军队不够强大,无法独自抗日。但他想说,还有人可以随时为国捐躯。当下的军事形势对中国东三省守军来说极为不利,他们被迫退至东部边境,必要时需撤退到俄国境内。

"满洲国"不受欢迎,与日本人举行就职典礼的方式有关。在举例时,他提

---

① 编者按:九一八事变之前担任黑龙江省财政厅厅长的是庞作屏,奉天省财政厅厅长是张振鹭。Chang Chen-wei 所指具体人物未能考证。

到哈尔滨的妓女被打扮成日本学生，在官方就职仪式上参加民众游行。商业公司也被迫派遣2到3名职员参加典礼，并根据公司盈利情形缴纳1到3美元不等的费用。

如果溥仪是自愿来的，满洲人会欢迎他，但受访者知道溥仪希望忠于中国。中华民国允许他生活在废帝们遭到杀害的地方，他认为应当对此心存感激。溥仪非常聪明，受过良好的中文教育，甚至懂些英语知识。

满洲的汉人主要来自山东、直隶和中国内地其他省份。他们孤身前来，不少人希望晚年再回归故土。这个"国家"几乎没有满人了。甚至连熙洽这样从前倡导对日合作的满人也被日本人厌恶，日本人希望掌控一切。

前政府时期，纸币的滥用确实造成了不满的气氛。另一方面，有关特别军事任务的传言被夸大了。张学良时期的统治方法已经开始改变，军事主义政策也逐渐受到限制。

在回答一个特殊问题时，他说，日本人征用私人财产的现象在沈阳非常普遍。在哈尔滨，他只知道一个案例，那位业主离开哈尔滨去了北平。

9. 国联调查团秘书长哈斯致顾维钧的函
（1932年5月20日）

调查团
哈尔滨
1932年5月20日

尊敬的顾维钧先生：

兹随函附上两份问卷，涉及信息或可供调查团针对满洲中国移民及农业问题进行参考。

我们当然希望接收中国当局认为可以提供的相关主题的信息。

谨启

秘书长
调查团

10. 国联调查团秘书长哈斯致盐崎的函
（1932年5月20日）

调查团
哈尔滨
1932年5月20日

尊敬的盐崎先生：

兹随函附上有关中国移民及农业问题的两份调查问卷，所提供的资料可能对调查团有用。

这些问卷可以交给南满铁路公司。我们当然希望接收南满铁路公司认为可以提供的相关主题的信息。

谨启

秘书长
调查团

11. 国联调查团秘书长哈斯致于先生的函
（1932年5月20日）

调查团
哈尔滨
1932年5月20日

尊敬的于先生：

兹随函附上一份调查表，一式两份，其中包括一些对调查团可能有用的关于满洲中国移民问题的资料。

其中一份可以交给长春有关部门，另一份可以交给中东铁路公司理事长。我们当然希望接收长春当局和中东铁路公司认为可以提供的相关主题的信息。

谨启

秘书长
调查团

12. 开脱盉葛林诺(A. De Kat Angelino)关于同鲍观澄会谈的备忘录(1932年5月18日)

保密

哈尔滨　1932年5月18日

1932年5月18日,我在哈尔滨市①办公室见到了鲍市长,希望了解1926年市政机构的一些变化,如自治会(the Assembly)和参事会(the Council)成员的选举,自治会、参事会和市长的关系,市政机构在立法和税收领域的权力,市政收入的来源,支出的主要项目,公用事业等,但收效甚微。鲍市长显然不能也不愿意讨论这些问题,他更愿意长篇大论地叙述1917年至1926年这一特殊地区发生的事件。如果能提供确切的数据,这些叙述是有用的,但因其含糊不清,几乎没有用处。

随后,我就自治会和参事会向鲍市长提问,发现他对此没有充分的了解。我只能得出这样的结论:因为确实无法给出详细描述,他一直转移话题。他声称对我有关市政局的想法很感兴趣,并询问了关于市政局和警察局之间关系的问题。

最后,鲍市长希望就长春方面在考虑的东省特别区政府制度变化作出私下解释。他说,调查团与张长官②谈话时,李顿提到了这个问题。当时张长官在,鲍市长有些尴尬,不能很好地解释,他们正在考虑废除东省特别区,将之并入黑龙江和吉林两省。尽管哈尔滨市不断扩大,但哈尔滨仍是规模较小的特区。哈尔滨市市长将直接隶属于"总理",事实上,现在的大哈尔滨市(还不存在)鲍市长只接受"总理"的命令,但他仍以哈尔滨市政局市长的身份受张长官管理。张长官当时在场,他没法解释清楚这些细节。他显然对这一事实非常懊恼,因为他的地位的重要性可能没有得到充分的理解。例如,鲍市长(哈尔滨市)现在要向他的顶头上司提交计划和法规草案,我们应该清楚这个顶头上

---

① 编者按:原文为the Greater Harbin。后同。
② 编者按:指张景惠。

司是"总理",他不需要向张长官汇报。鲍市长认为这件事很重要,希望我将此事告知调查团各位成员,但我们要保密。

此外,他还向调查团提交了哈尔滨市的两张地图,准备提交一些印刷材料,其中载有哈尔滨市政局的详细资料以及哈尔滨自治条例和市政局的组织机构。他还向我提供了迄今为止出版的《"满洲国"政府公报》的副本(1—4期)。其中包括1932年3月1日以来颁布的法律以及高级官员的任免。我留下了两份问卷,一份给哈尔滨市政局,另一份给特别区公署,后者由鲍市长交给张长官。鲍市长承诺会尽最大努力提供要求的所有资料,但他相信,很多材料可以从他打算立即交给调查团的文件和报告中找到。

开脱盎葛林诺

13. 关于现任哈尔滨市市长鲍观澄的一些具体信息
（1932年5月17日）

他是1932年1月开始崭露头角的政治领袖,在日本占领哈尔滨之前担任市长一职,是日本人的工具。

他希望自己受到爱戴,拥有主导地位,所以他喜欢会议、演讲等公共活动。例如(白里安①去世时),他给法国政府发电报,竭力表现自己。

鲍先生是当过兵的年轻人,据说他曾被判处8年监禁,但2年后就获释了。来哈尔滨之前,他和日本代表团一起工作,哈尔滨市政当局的日本顾问(富山?)②以前是他的上司。鲍观澄会讲日语和英语,他现在没什么钱,但在用中国人的方式挣钱,似乎已经收到了张克诚(Chang Ko Cheng,音译)的房子。

按中国人的惯例,上司会把下属的薪资扣下一成,这很常见。鲍观澄在市议会的职员中开始实行这一惯例,理由是旧吉林政府正变革为新政府而需要用钱。

作出决定后的次日,他在职员面前发表了长篇演说,表示他愿意接受自愿

---

① 编者按:阿里斯蒂德·白里安(Aristide Briand,1862年3月28日—1932年3月7日),多次出任法国总理。

② 编者按:原文如此。

的礼物,只是为了领情——职员们对他作为新政府市长的真挚感情。

特警处处长王瑞华(Wang Yu Hwa),由张学良任命,与其前任相比,他搜刮民脂民膏更甚,哈尔滨民众深受其苦。受命任职后,他就暴露本性,提高通行证的费用,对街道上的招牌征收特别警察税,向无力支付通行证费用的人收取罚款,不断要求持证摄影师义务拍照等。

苏维埃组织为了让组织不被破坏,能够安排会议,给了他很多钱。他为了从报社拿走大笔钱威胁要关闭所有报社。整个哈尔滨的中国人、外国人都不欢迎他。

一月的前几天,他组织了针对中央大街(the Kitayskaya)民众的突袭行动,以及和兴里(Ho Shin Li,音译)商号事件。

日军占领哈尔滨前夕,鲍观澄被迫辞职。但应张景惠主席的要求,"鉴于他在哈尔滨被旧吉林军队切断时所作的巨大贡献",他又受到了任命。

14. 关于中东铁路公司现任理事长李绍庚的一些具体信息

李绍庚是中东铁路公司现任理事长。

他的职业生涯始于吉林铁路交涉总局的翻译,月薪 75 哈大洋。他在一个俄国家庭接受教育,毕业于哈尔滨俄国商务学堂。由于他的能力出众和俄语知识丰富,很快就做了秘书,之后成为主任[①],最后成为外交科长。[②]

后来他担任教育局局长[③],随后进入中东铁路董事会,又晋升为该会副理事长。不久前他毕业于哈尔滨法学院(the Harbin College of Jurisprudence)。

他现在很富裕。无论是满洲的苏联人、中国人还是日本人,他都懂得怎么跟他们打交道。1929 年 12 月的最后几天,他前往伯力,与蔡运升一起参与中苏冲突后的谈判。中苏协定签订后,蔡运升声望骤失,李绍庚反而功成身退,影响力更大了。据说他当时从苏联那里得到了一大笔钱。

他借着在中东铁路董事会任职的便利也得到了一大笔钱,董事会有关中

---

① 编者按:指东省特别区市政管理局主任。
② 编者按:指吉林铁路交涉总局外交科长。
③ 编者按:指东省特别区教育局局长。

苏管理的决策都是让步政策:与中方达成的妥协多数以现金方式与成员个人进行。而且他们的薪水很高,这是纯粹浪费钱。

15. 国联调查团与各白俄组织代表的会谈记录
（1932 年 5 月 17 日）

地点:英国驻哈尔滨领事馆
出席人员:
调查团成员
派斯塔柯夫、爱斯托(Astor)、助佛兰
以科洛科利尼科夫(Kolokolnikoff)①为发言人的白俄人

科洛科利尼科夫主席②:团长先生及调查团各代表,我们满洲的俄国移民欢迎至高和至为重要的公共组织莅临……

俄国移民在此处于何种地位,取决于中苏政府之间的关系。前述双方为努力达成协议,总会牺牲俄国移民最基本的权利和最重要的需求。可以从一项关于 1924 年以来中苏协议的研究中看出这一点。我们约有 15 万人,与 1.5 亿苏维埃共和国人民为敌,因此深受诸多限制、镇压和迫害。1917 年布尔什维克主义在俄国出现,地方当局逐渐废除了中俄签订的条约,俄国人从中获得的权利也就被废止了。我们失去了所有保护,沦为没有最普遍公民权利的贱民,这里的行政当局和官员自上而下搜刮我们的钱财,我们毫无还手之力。所有人都可以对俄国移民为所欲为。我们恳请您提请世界公共舆论注意事实:满洲和苏俄之间有绵延数千英里的边界地带,犯罪活动已经成体系而有组织。几乎每天都有试图越过边境的俄国人被绑架、被谋杀,还有很多其他形式的不公正和迫害。人类的良知无法接受这些罪行,应当公之于世。

我们希望"满洲国"能像其他文明国家一样,给予俄国人政治避难的权利。现在,俄国移民极为贫困,需要物质援助,最起码是农业贷款,这样我们可以靠农业谋生,或是进入那些迄今为止我们几乎无法参与的行业。过去,俄国人常

---

① 编者按:原文是 Kolokolnikoff,疑为 Kolokolnikov 之误。
② 编者按:哈尔滨当地某白俄难民救济委员会主席。

常迅速向其他陷入困境的国家伸出援助之手。我们可以想到在□□发生的地震。我们应当记住，俄国移民是国际社会的一部分，会在他人急需时提供帮助。这里的俄国移民会永远感激中国民众和满洲当地民众，感谢他们为有幸越过边境的人提供庇护。直到最近几年，俄国移民与当地居民一直保持着友好合作的关系，但自去年9月事件发生后，局势因为苏联代表们成体系而积极的活动变得极为危险，我们很多人受到威胁，要么被杀害，要么被驱逐出境，甚至还有特别放逐清单被制定。现在，危险似乎结束了，如果"满洲国"成功执行它所宣布的全民平等原则，我们的地位也许能得到提升。民众生活状况得到改善，俄国移民的处境也会有所好转。俄国移民希望，根据这项庄严的声明，我们很快能获得最基本的权利，比如在"满洲国"内旅行和参与经济活动的自由，以及事实上的与当地其他人口平等的公民权利。我们希望"新国家"能确保平民尤其是俄国移民及时从战区撤离，补偿他们的损失，为难民提供救济，直到他们找到工作。与此同时，承担前政府所有义务的人道主义"新国家"如果能补偿俄国移民在1929年冲突中遭受的多达300万美元的损失，这不失为正义的举动。我们同样相信，"新政府"会重新考虑那些涉及未经充分理由而被没收的财产的诉讼，这些财产主要是俄国私营公司和个人的不动产。我们希望，也愿意相信新政府会保护原中东铁路公司所有员工的合法权益，也会确保铁路公司向员工支付欠薪。

  向调查团提交的报告中详细说明了俄国移民的情况以及诸多需求。我们用了不同的编写方式和策划来准备这些报告，希望它们能更充分地反映这一地区局势的复杂性。请允许我们表示，希望调查团能认真审议我们的材料……俄国移民理应因为这场战斗得到文明世界的关注和帮助，我们必须活下去，为将来的战斗保存力量，但我们目前正濒临崩溃。

  我们非常清楚地认识到，如果新政府在初期无法抵御敌对势力，又没有文明世界的支持，满洲必然落入共产党之手，俄国移民和文明世界的其他国家都无法进入满洲。

  希尼：可以提个问题吗？据说满洲允许移民进入，他们在这儿找到了庇护。任何情况下移民都能获准进入满洲，是真的吗？我们听说有些情况下他们会被拒绝入境并被遣送回俄国。

  主席：事实上，抵达中国境内却又因苏联代表的要求而被遣送回国的俄国难民非常多。我们提交的报告对这些案例都作了非常详细的记述。

希尼：主席说白俄人有时会处在危险中，还有人制定了放逐清单。那是什么时候？清单又是谁制定的？

主席：日军进入哈尔滨前不久，苏联领事列了一份约40人的名单交给中国当局，这些人被带到刑事局(criminal investigation bureau)，询问住址、职业等。苏联领事进一步要求将他们驱逐出哈尔滨。(回答问题)他没说这些人会被驱逐到哪儿。

希尼：主席说希望得到商业活动的自由和自主。你们受到法律限制？

主席：这儿有些地方完全禁止俄国人进入。为了进入其他地区，俄国人必须获得特别签证和特别许可证，这要花很长时间，所有的商务旅行等等就变得不可能了。签证费用大约20到25美元，要六七天才能拿到。备忘录里也提供了关于这一点的详细信息。

希尼：在哈尔滨也有限制吗？

主席：是的。比如，在齐齐哈尔生活的人没有特殊签证就不能进入哈尔滨。

希尼：在哈尔滨生活的人是否受到了商业或其他方面的限制？

主席：在哈尔滨生活的人只能从事某些行业，很多事是不让他们做的。比如，不许他们驾驶渡轮横渡松花江，因为这会造成和小船的竞争，也不许他们采矿。1931年1月到7月1日，124名难民进入绥芬河，他们当中有54人被遣返回苏俄，其中14人只能步行。

麦考益：我想知道，自俄国革命爆发，你们这个俄国社群来到这里后，是否曾经通过譬如红十字会这样的援助组织或是国联开展的活动获得国际援助或国际社会的关注。

主席：我要向哈尔滨的领事们表示感谢，他们总会帮助那些有需要的人，借助个人对中国当局的影响做了很多事。我想我们在与苏联的冲突中也得到了美国人民的大力帮助，前任英国领事也给予了特别帮助。国联代表基诺(Kino)先生在这里，他收到了委员会的很多报告，但也无能为力。

麦考益：有没有白俄人持有国联护照？如果没有，他们现在持有什么护照？

主席：他们没有国联护照，用的是中国当局每年签发的护照。这对所有人来说都是非常沉重的税款，每个护照大约要花10美元。如果想要旅行，就算去长春也得有护照。护照每年更新一次。

希尼：有一定数量规模的难民被送到了南美和其他国家，我想了解这方面的内容，您能说说吗？

主席：不少难民曾经是德国在俄国的殖民者，他们逃到了中国境内。一开始，哈尔滨的德国殖民区不想承担这些难民出狱的费用和麻烦，但委员会主席同意保释，也采取了必要的措施。后来，他们从德国方面拿到了钱，被送到南美。国联代表基诺先生在协助这些德国难民获取签证、火车票等方面提供了很大的帮助。这些德国人大约一百年前进入俄国，他们不想拿俄国护照，说想成为德国人，因为他们知道这里的俄国移民非常脆弱无助。最后，在美国的德国人帮助了他们。

李顿：我们非常同情你们社群成员的困难处境。如有可能，我们希望为你们提供帮助。我们从各种渠道听过你们社群成员遭受迫害的消息，希望有机会就这些情况提出一些问题，和你们讨论未来的可能性。我们的理解是，你们的处境如此困难，主要是因为：与其他生活在祖国以外的外国国民不同，贵国政府并非你们的保护人，反而是主要迫害者。从这个角度出发，我想问几个问题，你们的痛苦源于这样的事实：在某种意义上，贵国政府一直在驱赶你们，你们的生活所在地满洲的政府却在利用你们没有外部保护者这一点。您首先要求我们将你们的情况公之于世，也许需要的一切都包含在你们要提交的备忘录中，但我还没看到。我想问几个问题，如果报告有所涉及，现在可以不讨论。首先，您说满洲的边界沿线是一个犯罪地区。没说错的话，您还提到这里几乎每天都有谋杀事件发生。您提到的备忘录中包含这些事实吗？

主席：是的。

李顿：那我不必再问了。您说直到最近你们一直得到中国人的友好援助。过去您和满洲的中国政府保持着友好关系，您对此没有什么可抱怨的，是吗？

主席：我们必须把小工匠、商人、农民等这些确实与我们保持非常友好关系的人本身和中国当局区分开来。过去我们受到当局迫害，主要和中国政府在这里的特殊组织有关。他们高价卖出重要官职，买官的人实际上成了这个职位的主人，有关官员任命的法律只是文书。但去年9月旧政府与新政府抗争的事件发生后，形势更让人痛苦。旧政府希望得到苏联当局的援助，尽一切可能迎合取悦，然而苏联当局只想迫害住在这里的俄国人。

李顿：最糟糕的时候是去年9月一直到日军抵达？您有没有在那份声明里举例说明这几个月里你们遭受的痛苦？

主席：是的，备忘录里提到了。我可以补充一点，那段时间，委员会的成员和我都不能待在自己家里，有消息说我们会被逮捕。

李顿：我想，你们的各个协会都能收集到你们社群成员遭到迫害的事——您时不时就会知道？

主席：是的。

李顿：最好能以书面形式提供你们希望我们了解的已经被证实的一些事。当然，同一性质的不同事件不需要详细描述。如果详细描述和鉴定某个案件，同时说明有许多同类案件得到了核实，那么数字就是真相，但我们希望你们的陈述不只是流言或报道，而是真实情况。

主席：我不会不揣冒昧，用流言蜚语占据您的时间。我们提供的所有事实都经过了充分验证，包括地点、日期和证人的姓名。我们不仅处理这些暴行，还处理褫夺公权、商业限制、与官员的纠纷等问题。

李顿：接下来聊聊将来。我知道你们社群非常关心此地任何新形式的政府的建立。日军到了以后，情势已经好多了，我可以这么理解吗？

主席：移民的处境有了明显的好转，他们有了一定程度的人身安全保障，可以在街上走动，在家里过夜。我很清楚新政府的处境有多困难，所有改善都得循序渐进，但希望情况能更好。目前，在那些没有日军的地方，俄国人像生活在地狱里，他们不得不逃到有日军的地方。作为救济委员会的主席，我现在快被这些逃出来的人的求救声压垮了。1932年4月28日，委员会从车站收到电报说："哈尔滨，致军队指挥官、领事和救济委员会，我们遭到了劫掠和屠杀，请救救我们——石头河子（Shotohetze）的居民（？）①。"他们是吉林和反吉林势力斗争的受害者。

李顿：中国官员的态度有好转吗？

主席：是的，日军来了以后，中国当局的态度和行为都有了明显的好转。

李顿：我想问一个重要的原则问题。我很清楚，作为移民，你们想要的是在生活的国家获得避难权。贵会是否考虑过迁到别处，或是改善这里的条件？

主席：我们确实考虑过这一点，事实上，有些人已经移居他国了，但旅费对大多数人来说过于高昂而无力承担。德国殖民者得到了美籍德国人的帮助，但我们没钱这么做。再者，我们不知道有哪个国家会欢迎我们，甚至允许我们

---

① 编者按：原文如此。

进入。南美洲倒是可以，但川资过高。而且，我们依旧相信，只要世界上其他国家在商业和政治上孤立苏俄，苏联政权就会垮台，我们就能回归故土。

李顿：但现在的情况还是这样：你们离俄国很近，无法避开苏联政府的迫害。我理解川资和住所方面的难处，但您刚才提到了你们生活在此获得的帮助。在讨论之前，我想知道，您是否制订过求取帮助以去往其他地区的通盘计划？

主席：我不能代表所有人，但我相信，资金到位的话，会有人乐意搬到澳大利亚、加拿大、南美洲或是任何可能接纳他们的地方，也会有人愿意留在这里，这儿很适合务农，俄国人很有可能会把这里开拓为殖民地。就像已经证实的那样，俄国人在得到保护时会做得很好。有些俄国人在这儿附近定居，开始耕作，可一旦他们做成一些事，土地税就会提高到原来的五倍。很多人习惯了这里的气候，觉得非常舒适，我相信他们会坚守在这里。他们希望居住在离祖国很近的地方，再者，他们觉得自己帮助建立了这个二十年前几乎都是荒地的"国家"，对这儿有感情。还有些人，虽然在这里遇到了困难，但他们宁愿待在已知的罪恶之地，也不愿搬去要面对未知的新国家。

李顿：这就是我们提出问题的原因。我们关心的是如何帮助改善满洲地区的政治状况，使和平成为可能。这意味着要与中俄建立友好关系，在与俄国发展友谊的过程中，我们必然会看到以牺牲诸位为代价的诱惑出现。

主席：我完全明白您的意思……

李顿：但情况如此，我们无法挣脱。如此情势，你们希望能为你们的民众构建怎样的环境？当然，首先是庇护或避难的权利。其次，您刚才谈到了援助需求，特别是以农业信贷的形式，您是否预期满洲政府会提供援助，或者期望有什么来源提供援助？

主席：这儿的俄国银行可以向农民提供贷款和信贷，它们运作得相当好，但1924年布尔什维克开始出现，他们采取强硬措施摧毁银行，俄亚银行几乎破产了。我希望"满洲国"能够抵制苏联特工，银行机构在这里能更正常地存在，并发放贷款。

李顿：那么，您想要的不是贷款，而是能让这些提供贷款的银行机构蓬勃发展的条件？

主席：是的。当然，我愿意接收救济的方面很多，比如教育，我知道国联对教育一直很感兴趣。不过我期望不高，能正常生活就好。

李顿：我明白了。您在开场白中提到的两点，我还有些问题。这两点涉及了你们社群的需求或者期望，其中一点是贵国公民从战区的撤离。您能解释一下吗？

主席：例如，整个铁路东段都受制于旧政府的军队，他们靠牺牲平民维持生计，劫掠不休。我想说的是，政府也许可以采取措施，把这些平民从战区转移出去，比如说正在打仗的地方。

李顿：那么，我想，结束战争状态是我们能为你们做的最好的事。最后一个问题涉及1929年战争中所受损失的赔偿。您希望从谁那里获得补偿？

主席："满洲国"政府。1929年动乱期间，一万多名俄国人被迫离开家园，失去了拥有的一切。我认为"满洲国"承担了前政府的所有义务，应当对此负责。俄国人在红军那儿吃了苦头，但主要还是受到中国军队的影响。

李顿：争端各方是否会承认是自己的过错，我很怀疑。期望"满洲国"政府赔偿你们在几年前中苏冲突中遭受的损失，这看起来很乐观。

希尼：在哈尔滨和整个满洲，有多少俄国移民？

主席：哈尔滨大约有7.5万俄国人，因为警察已经签发了3.7万本护照，只有18岁以上的人需要护照。整个满洲大约有15万。这些数字仅指移民。我不知道这里苏联公民的确切人数，但我认为苏联公民的数量和移民一样多，也可能少一点。

麦考益：我能理解，这里比较典型的俄国人群体更喜欢现在的情况：政府是"满洲国"，有日军驻扎以维持和平与秩序。假如将来，这里的主权回到中国手里，存在类似的和平与秩序保障，你们更愿意生活在哪个主权之下？是有日军的"满洲国"政府，还是有正常生命和财产保障的中国政府？

主席：我不太明白这个问题。只要最低限度的公民自由能得到保障，那就都可以。我认为，日军的存在有助于抵抗苏联，比中国人单打独斗更有效。（派斯塔柯夫）我愿意在任何能保障个人权利的政府的统治下生活。我认为，如果中国人得到日本人或是国际社会的帮助，个人权利在这儿就可能得到保障。

马柯迪：您指的是日本人帮助下的"满洲国"还是国际援助下的中国人？

主席：我不了解中国的政府。我有机会认识的只是一些对西方思想很感兴趣的年轻学生，但非常不幸，他们很容易受到共产主义和布尔什维克主义思想的荼毒。我个人觉得，孤军奋战的中国很难达到理想的状态。谈到国际援助,我认为日本也应该被包括在内。

李顿:很感谢您给我们这个机会同您见面,听取了您陈述的事实,我们很有兴趣,也会研究您准备的声明。希望通过我们的努力,这里的条件能得到改善,你们社群和其他人也能从中获益。

主席:我希望再谈谈贷款的问题。我们已经向国联代表基诺先生和各种美国组织申请了经济援助,也已经申请了一笔 10 万 U. S. Cg.①的贷款,组织了一个农村公社,不过到目前为止还没有结果。

李顿:我认为,显然没有一家银行、政府或其他机构会在这种情况下向在这个"国家"生活的人提供贷款。我们急于补救的是战争带来的副作用和弊端,是你们正在遭受的苦难。我们是和平委员会,正努力找出终结此地战事的方法。如果我们足够幸运取得成功,也许有机会获得贷款和信贷以及文明生活的环境,但只要战争还在继续,任何来源的贷款和信贷都是没有希望的。当然,我说希望我们的访问能有些成效时,我想的也是这一点:以和平取代战争。您向我们提及了真实的苦难、贫困和需求,还说如果有的话,你们在很多方面愿意接受救济。麦考益将军让我告诉您,纯粹从个人身份来说,他完全乐意处理这些相关问题,可以通过美国的组织或个人的救济工作来解决。您知道,美国很多慈善家渴望并乐于解除他人的痛苦。

主席:作为当地救济委员会的负责人,我很高兴调查团成员能来看看我们正在庇护的人。

16. 国联调查团与东省特别区长官张景惠将军的会谈记录(1932 年 5 月 16 日)

哈尔滨,1932 年 5 月 16 日下午 3:30
出席人员:
调查团全体成员
秘书长哈斯

张景惠将军

---

① 编者按:未查明是何单位,保留英文原文。

鲍观澄市长

开脱盎葛林诺先生
勃来克斯雷先生
希爱慕上校
莫思先生
万考芝先生
派斯塔柯夫先生

吉田大使
渡大佐
丕平先生(M. Pépin)①
若干日本官员

就哈尔滨特别区(Harbin Special District)②的行政管理问题进行一定问询后,鲍市长说,已经为此准备了一份打印好的备忘录提交给调查团。

李顿:您是否希望我们提问,或者将军有什么要告诉我们的?

张景惠:听您安排。

李顿:我知道您是哈尔滨特别区的长官,是吗?

张景惠:是的。

李顿:我想听您谈谈特别区的建设过程和历史。随后我们会就特别区的管理、您的权力等向您提问。

张景惠:中东铁路区是各国民众聚集的重要场所。铁路区建成后,根据《中俄解决悬案大纲协定》成立了这一行政机构。

李顿:那么,自铁路建成之时起,这里就是我们所说的中东铁路区域?

张景惠:是的。

李顿:我想那时候它还不叫"特别区",对吗?

张景惠:是在奉天与俄国当局签署协议之后。

---

① 编者按:丕平(Eugène Pépin,ペパン),法国人,日本外务省的法律顾问。
② 编者按:即东省特别区。

李顿：1927年？

张景惠：不，1924年。

李顿：从那时起它就被称为哈尔滨特别区了吗？

张景惠：东省特别区。1924年后……（他继续明确铁路区的定义）①

李顿：我们问的是，1924年以前它叫什么？当时它有名字吗？

张景惠：中东铁路之附属区域。

李顿：自1924年以来有地区长官吗？也就是您现在担任的职务。

张景惠：当时有道台(Tao t'ai)，是负责管理这个地区的官员。

李顿：您能告诉我们具体时期吗？这个行政区刚建成的时候，有道台做长官。什么时候没有了道台这个职务？

张景惠：道台是皇权时代的官号。1924年后，改成了军务督办公署(Garrison Commission)。

李顿：我明白了。1924年后，他被称为军务督办。一直到什么时候？

张景惠：军务督办公署成立的时候，特别区行政公署(the Office of Civil Administration of the Special District)也成立了。在我之前，有三个人坐过这个位子。②

李顿：那叫行政公署？

张景惠：是的。

李顿：行政长官一直是中国人吗？

张景惠：是的。

李顿：什么时候更名为现在的东省特别区长官？是最近吗？

张景惠：除了两个被删掉的汉字"行政"外，其他都一样。

李顿：那么现在是职责相同，但头衔不同？

张景惠：三月改的。

李顿：权力不变吗？

张景惠：是的。

李顿：政府更迭之前，您在这个位子上坐了多久？

---

① 编者按：原文如此。

② 编者按：东省特别区行政长官一职设立后，朱庆澜、王树翰、于冲汉、张焕相、张景惠等先后担任，此处"三个人"有误。

张景惠：现在是第四年了。

李顿：能否将公署的职能和权力告知我们？几天前，我们询问市长的时候，他说警察也是特别区长官的下属，是吗？

张景惠：是的。

李顿：特别区长官还拥有哪些行政权力？

张景惠：特别区的所有行政机构都归我管理：地方市政当局、铁路区市政当局、教育当局等。我管理东省特别区整个铁路区。

李顿：我大概明白了。不过，谈到哈尔滨，您和市长如何划分职责？

鲍观澄：上个月以前，哈尔滨和城郊管理的市政当局都由我领导，但哈尔滨市委员会(?)①是另一个办公室。

李顿：一会儿我们来谈这个。我想知道市长和长官之间如何划分行政管理职权？

鲍观澄：哈尔滨市政局和铁路区管理局一直受长官管理。

张景惠：目前没有划分职权，市政局仍由我管控。

李顿：请允许我再进一步探讨，暂且不谈哈尔滨市。到目前为止，整个哈尔滨市政管理皆为长官统属，还是只有哈尔滨铁路区的行政管理如此？

鲍观澄：只有铁路区。

李顿：哈尔滨的铁路区包括哪些地区？

鲍观澄：中国城(China Town)，目前属于吉林省管辖。②

李顿：您所说的中国城以外的一切都属于哈尔滨市吗？

鲍观澄：是的。

李顿：这样的话，就是说中国城外的整个哈尔滨都受长官管辖。所以就哈尔滨本身而言，市长没有参与行政？我看不出市长还有什么事要做……

鲍观澄：我们接收特别区行政长官的正式命令。我想这样说比较清楚：哈尔滨市新办公室刚组建40天，我们仍在筹备阶段。在那个办公室里，哈尔滨特别区以及河对岸的城镇会继续存在。规章制度和细则还在讨论中。

李顿：我不妨以上海为例。上海有公共租界和法租界，在大上海市市长的管理下有一个中国城。现在，讲回哈尔滨。您告诉我有一个中东铁路区，由特

---

① 编者按：(?)为原文所有。后同。
② 编者按：指道外(傅家甸)，由吉林滨江县管辖。

别区长官管理。

如果类比的话,是不是相当于租界?此外,还有个中国城,您告诉我它在省政府的管辖下。您是中国城的市长吗?

鲍观澄:哈尔滨市没有市长,我被称为市长。

李顿:我想我现在明白了。到目前为止还没有市长,过去我一直想把市长放进来讨论,但其实他根本不存在。

麦考益:哪个官员作为省政府的代表管理这个中国城?

鲍观澄:他们不称他为市长,而称他为县长(Magistrate)。

李顿:我想我们现在准备好谈谈哈尔滨市,了解这些变化。根据新计划,长官的职位是什么?

张景惠:我们还没讨论这个问题,还没决定。

李顿:我想听听过去行政管理的情况。现任政府也在长官的领导下吗?

张景惠:是的。

李顿:以及所有的市政服务,如日夜巡守、街道清扫等,都在他的管理下吗?

张景惠:市政局在鲍先生的控制之下,以及所有与民政有关的更重要的问题……他负责哈尔滨市政局,但指令必须由……

李顿:鲍先生是第一任市长,是吗?

鲍观澄:我是第四任。

李顿:那我错了。

鲍观澄:在我之前有过三位市长[①],我可以给您一些印刷材料,说得更清楚。

我要告诉您,张景惠将军是"满洲国"建立过程中最重要的人物。他曾任参议府议长。

张景惠:在我的领导下,有官员负责管理各行政部门,比如【东省特别区】市政管理局……他们由鲍先生管理。铁路区的每个车站都有一个分局长,受局长管理。因此,市长不单是哈尔滨【特别市】的市长,也是特别区的局长。不过市长受到长官的管辖。

李顿:我问了些问题,就是为了弄清楚过去的行政管理形式以及市长和长

---

① 编者按:前三位市长指储镇、何玉芳、宋文郁。

官的不同职责，以便能够了解将来会发生什么变化，如果有的话。我很乐意把它写下来，毫无疑问，它会很清楚。现在请允许我们继续，听听张将军在最近的事件中扮演了什么角色？我知道他在创建"满洲国"政府的过程中起了重要作用，我想知道他采取了什么步骤。

鲍观澄：铁路区和俄国城（Russian Town）以前由俄国的市政局管辖。中国政府试图接管市政局，但未能成功，所以他们任命了一名民政官员接管俄国人的所有行政工作。这就是他们在这里任命民事行政官的原因。国民政府试图接管地亩管理局、警察和市管局。后来他们任命了一位市长……（困惑）……我认为任命民政官员（张将军的职位）已经有九年的历史了。但他们接管市政局才六年。① 阁下明白了吗？

李顿：是的，感谢。我明白了，张将军担任这一职务已经四年了，现在就是第四年。

在他任职的最后一年里，这儿发生了非常重要的变化。他可否告知开始讨论成立新的统一政府的时间，他如何知晓并参与其中，以及他所能告知的在此过程中发生的事情？

张景惠：在满洲建立独立国家，这个想法要向前追溯。辛亥革命后，太后退位，建立共和国，中国自此再无宁日，战事不歇，生灵涂炭。东三省的民众一直努力争取一个更为稳定的政府。他们利用了第一次机会建立"新国家"。如阁下所知，执政是我们的前皇帝。满洲人民一直盼望着他能重返帝位，但从未有过机会。九一八事变后，为维护和平与秩序，保护此地民众的生命财产安全，我与其他几个在外省担任要职的人举行了会议，讨论成立新的行政委员会（Executive Council）②，取代原东北政务委员会。该委员会基于民众意愿成立，管理和维护三省的和平与秩序。因为大多数人是满人和蒙古人，早就存了少年皇帝复位的心思，所以他们又利用了这次机会，"新国家"最终通过行政委

---

① 编者按：东省特别区首位行政长官朱庆澜于1922年11月任职，哈尔滨特别市首位市长储镇于1926年9月任职。

② 编者按：即东北最高行政委员会。1932年2月16日，关东军召集臧式毅、熙洽、张景惠、马占山等召开"建国会议"第一次会议，决定成立东北最高行政委员会。18日，东北最高行政委员会发表声明宣布"东北省区完全独立"。2月25日，东北最高行政委员会决议新成立的国家国号为"满洲国"。3月1日"满洲国"正式成立，东北最高行政委员会随即撤销。

员会成立了。

李顿：您怎么称呼这个委员会？

张景惠：行政委员会。

李顿：它是什么时候成立的？

张景惠：1932年2月18日。

李顿：您说这个委员会是为了实现民众的意愿而成立的。怎么知道民众的意愿是什么？

张景惠：民众选出的不同团体的代表在沈阳集会。

李顿：委员会是由民众代表组成的？这些代表如何当选？

张景惠：委员会有七名成员。

李顿：我理解您说的，他们通过派往委员会的代表确定了民众的意愿。所以我想知道民众如何被代表，代表们又如何代表民众意愿。

张景惠：因为没有投票机制(?)，民众(被要求?)基于地区和阶层选出代表，组成社团在沈阳集会。他们由各个地区的机构提名，前往沈阳选举出委员会。

李顿：您说的这个行政委员会由七个人组成？

张景惠：是的。

李顿：您告诉我，他们代表了三千万民众？

张景惠：是的。这七名成员是由三千万人提名组成的行政委员会，他们请现任的执政回来。

李顿：我明白他们开始时做了什么，但我想把问题追溯到起源。您说没有投票机制，那这七个人怎么当选？您说过有不同的民众组织，农业、劳动和教育，您叫他们什么？

张景惠：公会（Guilds）。

李顿：这七名成员各代表一个公会吗？

张景惠：不是。（解释过于混乱，无法记录。）

李顿：据我所知，这些公会没有为这件事专门选举代表。公会因为其他事项在此之前就选出了代表。不过，有没有哪一个公会为了选举新政府的代表而召开公会大会？

莫思：公会已经有代表了。

李顿：我也这么觉得，已有的代表不是为这次的事专门选的。那么，这一倡议一定是由各个公会的代表以公会的名义提出的。这些公会代表第一次开会是什么时候？

张景惠：他们在沈阳的时候，当时我生病了，在哈尔滨。

李顿：所以在沈阳的那次会议才是一切的开始，对吗？

张景惠：是的，那是第一次会议。

李顿：然后执政收到请求并最终接受，政府组建起来并宣告成立。我想知道张长官在其中扮演的角色。当时他是这个地区的行政长官。他是参与了这次初步谈判，还是他们在政府成立后请他继续担任目前的职务？

张景惠：阁下不介意的话，我就多谈点，您也能了解整个情况。我可能要往前追溯到事变发生的时候。在此之前，满洲真正掌权的是那三位将军。事变发生时，他们都不在，行政无人负责，政治事务多有疏漏。应黑龙江民众和各机构代表的请求，我接任省政府主席一职。

李顿：您是说当时的长官不在？

张景惠：是的。——他在北平？——是的。我被任命为黑龙江省主席。后来会议在沈阳举行。

李顿：您是黑龙江在沈阳的代表吗？

鲍观澄①：我是以特别区行政长官和黑龙江省主席的身份去的。9月19日后，各省长官都逃走了，省政府空无一人。当时，各地方组织在各省组建了维持和平与秩序的委员会，随后人民选举了奉天省主席（……②先生，他仍然担任这一职务）。黑龙江和平与秩序维持委员会推举了张将军。所以各个委员会的成员就去了沈阳，召开联席会议。

李顿：我们会谈到的。

张景惠：我在这次的会议上被选为委员长。七名委员举行会议，决定推戴现在的执政。

李顿：您说委员会是在您的主持下？

马柯迪伯爵：请问在沈阳举行的第一次会议是什么时候？

张景惠：【1932年】2月19日。七名委员意见达成一致后，就与现在的行政接洽，一切准备就绪。

---

① 编者按：原文为Pao，结合下文，应为张景惠。

② 编者按：原文为空白，指臧式毅。

李顿:然后您从沈阳回哈尔滨继续任职?

张景惠:我先在长春待了差不多一个星期,然后回了哈尔滨。

李顿:新政府成立后,有没有请您继续任职?

张景惠:有。

李顿:我知道您帮助组建了现政府,我想知道您是否在该政府担任现在的职务。我看情况就是这样。①

张景惠:"新国家"成立后,我被任命为参议府议长,一直待在长春。到目前为止,这个地方(?)的行政管理没有变化。听说阁下与同人要来哈尔滨访问,我特地回来。我自觉有义务来此维护秩序,与诸位会面。

李顿:您办公室的所有官员还跟您在一起吗?现在还是他们吗?

张景惠:还是他们。

李顿:只有长官不在,您说长官们都跑了。只有长官们这么做吗?

张景惠:……

李顿:麻烦您再说一遍。我知道各省长官已经跑了。

鲍观澄:各省的高官基本上都跟着长官走了,但特别区没有一个人跑走。

李顿:您是说,省主席在北平,只剩下张将军。黑龙江省有诸多变故,但特别区没有?

张景惠:是的。

李顿:您的官职是有任期的,还是由政府决定?

鲍观澄:没有固定任期。

李顿:我想现在我们已经弄清楚了。哈斯博士,您有什么问题要问吗?

哈斯:我可能对特别区的总体安全问题比较感兴趣。

李顿:据我所知,张将军负责整个铁路地区的保护工作,铁路警察归您管理。在过去的6个月里,您是否觉得很难与您的职员一起维持铁路的和平与秩序?

张景惠:最近很少发生动乱。中东铁路目前可以通到齐齐哈尔。

李顿:您的铁路警察跟之前一样,还是有变化?

张景惠:还是他们。

哈斯:9月之前的情况跟现在差不多?当时安全有保障吗?

---

① 编者按:原文存在删除痕迹。

张景惠:9月18日之前,铁路线上偶尔有些干扰。

李顿:但总的来说,铁路警察已经充分履行保护职责了?

张景惠:护路军当然足以保护交通运输,但因为有其他情况(强盗等),时不时会有点小麻烦。

李顿:非常感谢,也很抱歉花了这么长时间,问了这么多问题。

17. 莫思与小店主及工人谈话的备忘录(1932年5月)

莫思先生在长春和哈尔滨与小店主及工人进行了几次谈话。他们对"满洲国"一点都不热情,建立对莫思的信任后,他们就开始诉说对日本人的痛苦情感和对未来的担忧。

长春的一位钱商(money-changer)说,中国总会在某个朝代终结后出现一段持续数年的动荡时期。在其看来,汉人王朝总会接替异族王朝,例如,元朝之后是汉人的明朝。民众现在唯有耐心等待,直至天降汉人皇帝接替清王朝。他嘲笑了"满洲国"和溥仪。他说,民众要耐心等待老天来救,上天会帮助这些汉人子民。

在哈尔滨,中东铁路护路军的一名士兵就日本人表达了最强烈的观点:"请帮我们把他们赶出去。"

一名钱商说:"日本这个民族非常凶残,还想让我们变成朝鲜人那样。"

一名码头苦力说,有32个苦力因为拒绝为日军工作而被推入松花江中遭到射杀。很显然,他相信这个故事。

短时间内,有4名服务了五到九年不等且前景良好的邮政职员从哈尔滨市邮局辞职。听说其中三个人在莫斯科,显然他们是被召集到那儿的。

还有些钱的中国人正送家人离开。离开此地前往中国关内的人,必须先拿到哈尔滨商店的"担保"。很多中国人认为,在日本顾问的煽动下,长春很快会通过一项法律,对所有进入"满洲国"的中国人征收100美元的人头税。据说这是某个计划的一部分,旨在禁止未在"满洲国"定居的人进入"满洲国",为朝鲜来的临时工在"满洲国"开辟市场。

莫思先生没有听到中国非官方人士对"满洲国"和日本人的任何支持。

乔治·辛克莱·莫思

18. 莫思先生与哈尔滨一位中国商人的会谈记录
（1932年5月15日）

1932年5月15日

这位商人先就他的几位中国商界朋友的缺席表示歉意,他曾许诺会带他们来英式住宅见莫思。他对这些朋友的态度很失望。他们直言,来到此处可能会被间谍监视,风险很大。所有中国人都清楚,他们会因与调查团成员私下谈话而被怀疑。他们不觉得调查团能帮到他们。这些中国人就像家里来了强盗而打电话报警的人,国联自觉是世界警察,除了谈话,别的什么也没做,甚至派了一两个警察旁观强盗抢劫。这种情况下,大喊大叫只会让强盗更凶残。

莫思先生指出,这个类比是错的,国联大概只能审查而无权执行。民众受到教导以强化国联的力量,这也是各国的希望。他引用了一个中国经典故事:有个人掉进深井里,大声叫着他的朋友。朋友不肯跳进井里淹死自己,而是叫邻居来,找了绳子把他从深井里拉出来,以此来证明友谊……

这位商人说,警察的严厉态度让哈尔滨的中国人很害怕。他们没有自由,不敢发表意见。大规模的交易全然消失,税收没有减少。他预估夏天会发生激烈的战斗,军事开支不会减少,税收会更严重。地方货币不断贬值,农民的贫困状况令人震惊,当局没有采取任何救济穷人的措施。在离哈尔滨很近的村子里,人们以2美元的价格把孩子卖掉。镇上很多财产抵押给了日本人。日本人的所有贸易都通过他们自己的银行和铁路以及与南满铁路合作的遍布各地的日本国际货运代理公司进行,这些银行为日本人提供优惠的利率,这些货运代理公司则给日本公司提供大量的秘密回扣。还有大规模的日本走私,外国商人没有生存空间。日本人认为,他们可以通过军事进行执法治安,维持秩序的政府会受到民众和店主欢迎。这一点适用于任何中国军队和政党,只要它们能给民众带来相对公平的政府。但这一点不适用于"满洲国",民众坚信"满洲国"只是日本人的借口,他们非常焦虑,担心自己会步朝鲜人的后尘。如果任由事态发展,就会发生大规模的游击战,迫使日本人将大部分军队集结到满洲。"满洲国"的中国士兵不可依靠,如果放任不管,他们就会和马占山的军队称兄道弟。还有"满洲国"士兵在日本人的刺刀和机枪逼迫下采取行动的很多故事。

农民被日本人征用赶赴前线参与运输事务,常常戴着手铐和铁链。他有个可靠的朋友曾经在鞍山铁矿看到一大堆手铐,现在那儿的主要工作是制作手铐,这在当地引起了不少传言。他个人认为,这说明在农作物长高或是准备对苏维埃开战之前会有一场激战……

乔治·辛克莱·莫思

19. 莫思先生在哈尔滨的非正式会谈记录
(1932 年 5 月 14 日)

我收到了一份有中国人姓名和地址的名单,他们希望和调查团成员面谈。随后我得知,他们好几天没有传来音讯,也许不会再联系我了。我拜访了其中十个人,其中有人去了沈阳,有人生病了,最后我只见到了两个人。他们说收到了匿名警告,接近调查团会给他们带来危险,这显然是日本人那边的警告。他们相信了,非常不安。(英国公司的中国买办告诉我,没有日本人的介绍,就没有中国人敢接近在哈尔滨的调查团。)

有一位德高望重的中国绅士,他在清朝和后来的哈尔滨政府中都担任要职。他说他老了,仅有的心愿是远离政治,所以不会去拜访我们的老熟人顾维钧博士。他没有离开哈尔滨,他的大家族在满洲定居,有大量地产。在他看来,农民和小商人所求的只有安全。他们一开始支持新的"满洲国",但预期的和平与安全没有到来,他们开始怀疑。如果日军撤退,"满洲国"会立即崩溃。不只是每个部门有日本顾问,实际上日本人在关键职位上承担了直接的行政责任。他是满人,但他说满人现在和汉人混居一处,没有种族差异,所以,民众对执政没什么热情。他觉得现在的执政是个好心的年轻人,总理以及执政身边的两三个人都是好心的人。但他们都完全没有行政经验,他们是理论家和文人,没有力量抵抗日本。品行良好的官员,能走的几乎都走了,填补他们空缺的要么是骑墙派,要么是为了饭碗而遵从日本主人意愿的无耻之徒。新政府官员的平均道德水平显然比他们前任的低水平还要低,这很可悲,却又是事实,这在军中比在文职机关中更明显。纪律最好的官兵,有的撤退到中国关内了,有的变成了对抗"新国家"的非正规军,剩下的就是最差的官兵。新军队的不法行为和征税让农民遭受了前所未有的苦难:他们抢走食物、铺盖和家畜,暴行层出不穷,没有赔偿。很明显,这里没人会想到长久,也没人能管住这些散兵游勇，让他们为自己的恶行负责。"新国家"公开发表的政策和法律很好，但法院对官员无能为力，尤其是有点权势的军官。他认为道德败坏的情况会变得更糟。人们心绪不安，他自己决心远离政治，这对任何一个有身份的人来说都是危险的。

另一个会谈持续时间很短。受访者显然很害怕，主要想确定有没有间谍跟着我。他说如果他被怀疑向调查团投诉的话，会被标记在搞破坏。他是一家重要的英国企业的买办，大体上证实了上一个会谈中提到的观点。他深信，由于南满铁路实行秘密回扣制度，日本以外的对外贸易很快就会消失。他认为游击战会使国家长期处于动乱状态，日本人必须加强对这个"国家"的控制，否则就得撤离。中国人对"满洲国"没有热情，也不希望张学良和他手下的官员回来。至少80%的民众希望中国官员在位，剩下的人则与"新国家"或铁路有利害关系。他认为，如果有机会，"满洲国"军队很有可能会转头与日本对抗。他对外国商业的未来感到非常悲观，并倾向于认为，不久之后日本人不仅会取代中国的高官，还会通过给予日本企业在银行和货运方面的优惠税率来消灭包括中国在内的所有商业竞争对手。他还认为日本人会在满洲大规模地安置朝鲜人。

20. 派尔脱致克莫德的信件（1932年4月7日）

副本
哈尔滨
1932年5月12日

英国驻日大使馆商务秘书克莫德先生：

很高兴收到麦克雷（Macrae）先生4月15日及4月25日带有附件的两封信。

我得知麦克雷先生在动身度假之前，已经告知您他对我的帮助，还给我寄了一些日本报刊的文章。很高兴注意到，您会继续给我寄送类似的文章。

谨事先致谢，期待调查团返回日本时我亲自与您会面，也许是在6月。

(Sd) 派尔脱

21. 国联调查团与中东铁路公司理事长李绍庚的会谈报告(1932年5月12日)

哈尔滨,1932年5月12日,下午3点

出席人员:

李顿及调查团全体成员

希爱慕上校

哈斯先生

李绍庚先生

吉田先生

大桥先生

盐崎先生

泰勒(Taylor)先生

吉富先生

沈先生(翻译)

李先生:在开始之前,我想先表达我极度喜悦的心情,诸位事务繁忙,却能到访多处。非常感谢诸位对本机构的兴趣。

李顿:非常感谢您的善意之辞。您统辖的铁路是满洲非常重要的事业,我们认为与铁路管理有关的很多问题直接关系到我们的调查。因此,非常感谢您给我们这个机会了解一些第一手的资料。

我已经准备了一份问题清单作为会谈的基础,不过清单里的很多问题是技术性的,您可能希望有时间考虑一下。如果不能现在提供回答,我们很乐意您之后以书面形式给出答复。

李先生:我很乐意。我现在可以回答总体情况的相关问题,技术或统计方面的问题需要一点准备,稍晚一定会提供答复。

李顿:感谢。

第一个问题要求您就1920年以来中东铁路的重组问题进行陈述,我觉得用书面回答可能更好。我了解到铁路当时进行了重组,如果您能谈谈这次重组的各阶段发展,中苏之间达成的安排,并就两国之间已解决及未解决的问题列出清单,我们会很高兴。

李先生:您会明白回答这些问题需要进行一定量的研究,毕竟有12年的时间跨度。最初的几年,我没有参与铁路工作,虽然我了解重组的一些情况,但没有积极参与问题中的相关事项。所以我更想对第一个问题作书面答复。

李顿:部分铁路由中国拥有并管理,部分铁路由苏联拥有并管理,我们可以这样理解吗?

李先生:1924年,中国政府与苏联政府、沈阳当局与苏联当局达成协议,此后铁路归两国拥有并管理。但"满洲国"政府成立后,原属中国的部分现在由"满洲国"政府接管。

李顿:我明白了,双方各有五名理事,是吗?

李先生:是的。

李顿:双方理事人数相等,假如出现分歧,有解决机制吗?如果董事会成员意见不一致怎么办?

李先生:除董事会外,尚有监事会(Board of Auditors)。如果理事之间未达成一致意见,问题将由董事会和监事会联席会议解决,如果仍未达成一致,则将问题提交给中俄政府。

李顿:监事会有多少名成员?

李先生:五人。苏俄三人,中国两人。

李顿:所以联席会议的人数是不均等的,有争议的问题会由多数人解决吗?

李先生:根据《中苏解决悬案大纲协定》以及《奉俄协定》的规定,某些特殊问题即使是多数人的决定,也由联席会议解决。不过,到目前为止还没有机会召开这样的联席会议。

李顿:事实上,这样的争议和分歧从未出现过?

李先生:实际上已经出现了某些问题,也已提交给各自的政府,但大多数情况下只是暂时拖延,没有采取任何方法解决。

李顿:好吧,如果董事会一点困难也没有,他们就不是人类了!总会有意见分歧!不过,如果中俄理事之间的争议问题已经提交给政府,后续阶段是什么?两国政府之间是否进行外交讨论?

李先生:您指的是以前还是现在?

李顿:我听说以前有过出现这种分歧的情况,这些问题都提交给了中俄政府,有什么解决办法?

李先生:两国政府通过外交渠道解决这些问题。

李顿:所以事实上真的解决了吗?

李先生:重要事项的相关问题最近才提交给两国政府。如您所知,在莫斯科举行了一次中俄会议,会上提出了许多重要问题。但到目前为止还没有做出任何决定。

董事会没有把目前出现的一些小问题提交给两国政府,而是在理事长的帮助下尽力斡旋,避免把它们提交给两国政府。

关于"满洲国",理事长希望在适当的时机在"满洲国"政府和苏俄之间安排某种外交途径,以便以外交方式解决这类问题。

李顿:我知道,只要不承认"满洲国"政府,"满洲国"和苏联之间就不可能存在外交关系,所以董事会必须尽最大努力。至于是否有这类问题悬而未决,我们将参考对第一个问题的书面答复。

我希望第二个问题也有一份书面答复。第三个问题关于财政,比较长。我们了解到铁路收入由中俄双方平分,是吗?

李先生:确实如此。

李顿:平分的规则是怎么来的?有具体的执行协定吗?

李先生:《奉俄协定》对此作了规定。

李顿:我们被告知目前中东铁路给中方或"满洲国"政府的只有10%,是这样吗?如果是的话,能告诉我们原因吗?

李先生:您可能被误导了,这个问题不是利润分配,而是存款分配。大部分存款在俄国银行,中国银行有百分之一。

李顿:我不明白您说的存款分配是什么意思?

李先生:存款分配与利润分配区别很大,只有通过董事会决议,才能实行存款分配。在目前变化的条件下,董事会决定将较大比例的存款存入苏联的银行以确保安全,不应将之视为收入分配。

李顿:收入?谁来决定存款比例的变更?

李先生:这是铁路局长在没有得到"满洲国"政府完全同意的情况下决定的,他解释说是为了保护铁路的财产。但直到现在理事长还在关注这个问题,要求"满洲国"政府下达命令,将俄国银行的盈余转入中国银行。

莫思:局长之所以做出这样的决定,是因为当时的政治形势,他认为中国的银行不太安全。

李顿：这么说这也是未经董事会批准的？

李先生："满洲国"政府不同意，理事们也都不同意，而且理事长现在准备在董事会上就此事进行请示。

李顿：这种存款分配对收入有什么影响？两国的利润按这个比例分配？对收入分配有什么影响？

李先生：我认为这对收入分配没有任何影响。当然，不平等的存款分配是不对的，收入分配只在董事会做出决议后生效。资金实际存入银行后，收入根据决议的条款支付。不过我承认，不平等的利润分配是不正确的。

李顿：分配的净收益是多少？什么时候分配？

李先生：收入分配没有明确的时间规定，只能根据相关政府的要求进行调节，董事会应两国政府的要求分配收入。

李顿：过去是否每年分配一次？

李先生：不，这不是一个年度的事情，经营状况每年都在变化。

李顿：上一次利润分配是什么时候？

李先生：前年，莫德惠（Motawe）先生担任理事长的时候。

李顿：亏损是否也要分摊？

李先生：是的。

李顿：以前发生过吗？

李先生：是的。上一次是三年前，铁道部门在两国银行安排了对半贷款。

李顿：我想，投资资金的利息也在共同所有人之间进行分配？投资资金的利息分配作了哪些规定？

李先生：在这一点上，中东铁路不能被当作各方出一定数额资金的纯粹的商业企业。从这条铁路的历史可见，中俄分别提供了土地和资金，中国没有提供实际的资金。

李顿：这就是我要问的。两国之间如何划分铁路的利息？我的意思是计算投资利息的依据是什么。

李先生：根据协议，利息分配实际上也是五五分成。

李顿：这是否意味着，一方提供资金总额，另一方提供土地的资金价值，合二为一后，总利息按五五分成？

李先生：如果遵循利息分配原则，答案是肯定的。

李顿：这是惯例吗？

李先生：是的，平等的利息分配。

李顿（希爱慕）：无论资金多少，中国人都视其特许权与俄国资金的价值等同吗？我唯一能确定的是《奉天协议》①规定了存款的分配，我们能拿到这份协议的副本吗？我仍然不确定利润分配是什么意思，是否可以理解为，每个月收入存入时，其中一半存入中国银行，另一半存入俄国银行，像"冻结的资产"一样保存到年底，资产负债表编制完毕时，就能发现是亏损还是盈利？能给我们一份解释这一点的协议副本吗？

李先生：可以。

李顿：那么这就包括在铁路的总负债中了。我们能否知道铁路的负债总额，无论是投资资金还是贷款？目前负债总额是多少？

李先生：目前铁路没有债务，有时候不得不向银行贷款，但已经还清了。

李顿：债务总额仅仅是投资资金和中国给予的特许权吗？

李先生：是的。

李顿：也许书面声明会给我们一个数字？

希爱慕：资金只来自苏联方面，所以可能没有这个数字，不会出现这个问题。没有利息需要支付。

李先生：您希望知道实际的资金负债额是多少吗？

希爱慕：我想，满洲在这条铁路上拥有一半的权益，我们必须了解这一半的权益在资金方面意味着什么。调查团可能会感兴趣的是这在公司账面上的成本是多少。

李顿：我们知道中国声称拥有这条铁路一半的权益，我们想知道作为铁路利润计算基础的总价值的数额。换句话说：中东铁路账面上给予中国权益的现值。在现在的公司账簿中，铁路必定有给定的资金价值，我们想知道现在铁路在公司账簿中的价值是多少。

李先生：我将给你们一份书面声明，说明账目上的资金总额。现在不行。我要说一下，这个数字迄今为止都没有得到中国方面的同意，因为这是由俄国方面给出的。

李顿：有铁路警卫吗？

---

① 编者按：原文是 the Mukden agreement，疑误，应指《奉俄协定》。

李先生：有。

李顿：他们工资由谁支付？

李先生：军事警卫的费用由政府支付，警察的费用由铁路方面支付。

李顿：双方政府都提供一批军事警卫？

李先生：是的，有两种出资形式。在所需的林区执勤的警卫由铁路方面支付费用。在另一种情况下，铁路警卫过去在铁路医院享有免费医疗，但由于条件改变，铁路方面为铁路警卫修建了一所专门医院，并负责医院的维护。

李顿：所有的铁路警卫都由政府支付费用，铁路方面为林站的铁路警卫出资，为医院做出了特殊贡献？

李先生：是的。

希爱慕：消防需要额外的森林警卫吗？

李先生：不仅如此，那里有很多土匪，警卫也要保护住在那儿的铁路员工。

李顿：我想要第三个问题最后一个项目的书面回答。

李先生：好。

希爱慕：直到1931年3月的数据？

李先生：是的。

李顿：人员的问题。我们想知道被解雇的前俄国职员的职位。有很多人吗？他们为什么被解雇？

李先生：由于经济萧条，公司收入自1930年开始下降，被迫裁员。在过去的两年里，有5 500人被解雇。当然，其中很多人是俄国人。

李顿：我们听说这些被解雇的俄国员工中很多人没有拿到受雇期间的互助储金，这是真的吗？原因是什么？

李先生：这是真的，但我想谈谈这件事的来龙去脉。

根据铁路条例，在被解雇两周后，职员可获得自己的所有储金以及应得的薪水等，但在涉及5 500人时，我们很难在两周内支付所涉款项，这对预算造成了极大的干扰。所以很多人没能按照规定拿到钱。不少被解雇的员工会留在这里，他们没有工作，董事会必须想办法让他们生活下去，所以决定把欠他们的款项在四年内分六个月分期支付。换句话说，小额款项可能在一年内全部还清。数额如果较大，最多需要四年。应付给他们的任何款项的余额由铁路公司向被解职员工发行的期票组成，他们可以在银行、商店等处折价议付。铁路公司已安排支付所有逾期款项的利息。

部分被辞退的员工认为四年还款期太长,要求重新考虑此事。最后董事会将还款期缩短为三年。

大多数被解职员工接受了这一决定,4 000多人已经拿到了公司开出的期票。还有几百人不满意,要求立刻一次性付清所欠全部款项。

他们一直在示威,甚至闯入董事会会议室,毁坏财产。此事已及时呈交政府,政府当局批准该公司分期还款,如再有骚乱,警方将予以制止。

希爱慕:我理解理事长说的,由于普遍的经济萧条,有必要解雇大量员工。我们从阁下的顾问们那里听说,这些职员已经被其他人取代了,尤其是高级职员,所以经济方面的论证似乎需要进一步阐述。如果需要的话,我可以举出一些例子。

李先生:如果你们的消息没问题的话,那么现在被解雇的人数应该和以前差不多。不过我很乐意提供一份报表,说明这里以及沿线地区两年前和现在雇用的人数。两年前有2万员工,现在大约有1.5万人,两年内减少了5 000人。当然也有一些人员替换,作为商业企业,铁路方面有权根据员工的能力更换人员。

李顿:我们并不是说被解雇的5 500人都被替换了。只是说一定数量的人遭到解雇,并问一下免职的唯一原因是否是经济原因。您的回答是承认了这些人只是在正常的管理过程中被免职,每个案例都有个人理由可以证明免职是正当的?

李先生:涉及功过是非的第二类免职只包括少数人。

莫思:理事长说,铁路是商业企业,这些人没有权利认为自己终身受雇。根据合同,他们按照能力受雇,铁路方面保留解雇他们的权利。

希爱慕:被解雇的人数相对于5 500人而言比较少?还是说,去年被免职的高级职员相对于今年被免职的高级职员而言比较少?

李先生:相对于5 500人而言是少的,相对于高级职员来说是多的。

李顿:去年被解雇的高级职员人数所占比例是否比前几年同一时期要高?

李先生:过去两年中被免职的高级职员人数高于前一个时期的类似年份。

莫思:我想他也说过高级职员被免职的原因之一是他们很容易违约。

李顿:据我所知,过去两年被免职的高级职员比例比以往高。有什么原因吗?

李先生:仅仅是因为胜任或者不胜任,很平常的商业考虑。

希爱慕：这种解雇或免职是否需要理事长批准和签字？

李顿：这些解雇由局长自行负责，还是要经董事批准？

李先生：月薪低于300金卢布(gold Rouble)的员工可以由各处长自行决定解雇，但月薪高于300金卢布的员工必须上报董事会。

希爱慕：关于偿还互助储金，铁路方面称因为经济状况被迫解雇5 500名员工，也无法在短时间内筹到所需资金。但据我们了解，这笔钱不是铁路的，而是职员存放在信托里的。这是他们自己的钱，现在不能使用，除非有一项安排让他们每年都能拿到一定数额的钱。我认为我们应该在这一点上有些启发。

李先生：关于偿还互助储金的问题，您可以理解为，这笔钱分三类：第一类是职员自己的存款，如报告所称，存款从他们每月的工资中扣除；第二类是由公司每年支付一个月薪水的退职津贴；第三类是职员不能办公、根据诊疗结果按百分比确定的所谓的补助金。第一类实际上是职员的钱，第二、三类则是公司给他们的钱。

一开始，铁路方面希望先把钱付给他们，虽然我没有计算出确切的数字，但我很肯定已经有两三千人拿回了他们的存款。因此，这类职员反对提议的新安排，他们想分一杯羹。

李顿：储金由三种不同的定期缴款组成，一部分来自职工私人的薪水，还有公司提供的退职津贴和补助金，无论这些款项由工人还是铁路缴纳，是否在任何情况下都被投放到专门投资的基金中，以信托形式持有，达到它的设计目的？这绝不是铁路收入的一部分。如果我是对的，这种情况下，无论有多少人要求，它都应该用于需要它的目的吧。

李先生：中东铁路只有一个会计处，储金通过恤金处(the Pension Department)送到会计处，恤金处将储金各部分记入单独账簿和账户。退职津贴以及补助金在某些时候从铁路方面拨给恤金处。三个账户都要通过恤金处。

克劳德将军：铁路公司与其职员之间有一份合同，规定他们在离职时应得到这笔款项。如果职员违反合同，放弃账户，他们应得的钱款可能存在问题，但既然是铁路公司违反合同，职员为什么无权得到应得钱款？

李先生：我们不能同意说铁路与职员之间有签订合同，而且员工加入铁路时明确了解铁路方面存在此类规定。铁路的规章制度可能会因铁路的变化而发生改变。铁路方面也相应地根据铁路的变化而进行变更。因此，这些问题的唯一解决办法是通过法院,如果是一两个人的问题,情况有所不同。但处理这个问题的方法肯定是我解释的这样。

李顿:我想问一下,自1931年9月以来,人事变动情况如何?以及自那时起,铁路的五名中国理事或者管理人员中的中国成员发生了哪些变化?如果有的话。

李先生:关于董事会,自去年9月起,甚至在前理事长①离任之前,我与沈瑞麟(Chen)博士和邵麟(Tsao)博士一起担任代理理事长。后来,李被任命为理事长,而沈被任命为首席理事,新上任的理事有三位:范其光(Fan)、伊立春(Yen)、金荣桂(Ching)。

李顿:这五位中国理事,有三位自1931年9月起被撤换——一位是因为理事长退休,一位辞职,还有一位被撤换?

李先生:刘泽荣博士辞职了。邵麟被替换,或者是被免职了。

李顿:理事长退休的原因是什么?

李先生:他辞职了。

李顿:理事长辞职,另一名理事辞职,三名理事被替换。政府任命理事职务的条件是什么?理事是随意任职,还是有任期年限?

李先生:没有,可以自己辞职,也可以被免职。

李顿:中方管理人员是否也有变动?

李先生:没有,自从去年9月以来,副局长(Assistant Manager)一直没有变动。

李顿:中方管理人员没有变动?

李先生:"管理人员"这个词包括什么?除副局长外,还包括其他官员吗?

希爱慕:位居高层的中国处长。

李先生:各处处长中存在辞职和被辞退两种变动。

李顿:苏俄和中国职员目前的比例是多少?

李先生:我可以给您大概的数字,不包括工人(更高的职位)的职员中,俄国人比中国人多200人,中国工人比俄国多500人。

李顿:机车车辆。自9月18日以来,有多少属于中东铁路的运货车和机车被苏联带入俄国领土并留在那里?

---

① 编者按:指莫德惠。

李先生:大概有60辆机车还在俄国,约有3000到4000辆汽车。

麦考益将军:有明确的型号吗?美国车?

李先生:都是美国车型。

麦考益将军:它们最初由西伯利亚铁路接收?由该铁路租借和退还?

李先生:这些机车是在美国的俄国旧政权订购并在这里组装的,但俄国政权更迭时,它们被存放在这里。

李顿:中东铁路支付过费用吗?

李先生:这需要调查,机车在这里组装,会产生一定费用。

李顿:有没有通过法院或外交渠道就机车车辆作过表示?

李先生:没有。

李顿:关税政策。答复可以是书面的。

李先生:好的。

李顿:有人告诉我们,到符拉迪沃斯托克(海参崴)的货物经中东铁路运输缴纳的关税比经长春和南满铁路要低。是这样吗?有什么原因呢?

李先生:关税涵盖了各种商品,我现在无法给您实际的数字。

李顿:过去五年铁路关税有变化吗?如果有,到什么程度?

李先生:我将以书面形式给您答复。

李顿:我们知道您有一个调查局。近年来北满经济发展如何?新的地区是否面向种植、原料开采、人口流动进行开放?包括过去和现在的情况。这个问题的答复可以是书面形式。

李先生:好的。

李顿:最后一个问题,这也可以书面答复。

李先生:好的。

22. 国联调查团向驻哈尔滨日本第十师团长提出的问题

1. 当前形势

(1) 哈尔滨及周边地区

(2) 北满东北地区

(3) 齐齐哈尔地区(仅隶属师团地区)

2. 驻守同一地区的"满洲国"军队:数量和组织

是否有该师团军官奉派担任"满洲国"军队顾问或指导员，如果没有，是否有其他日本顾问隶属"满洲国"军队？

3. 该师团是否与该地区法律及秩序的维持有关？将军对当地警察部队的数量和工作效率有什么看法？

4. 该地区内敌对力量：数量、位置和军事价值（正规军及非正规军）。

5. 关于苏俄及其近期军事行动的情报：最有可能的事态发展是什么？

23. 杨格接收吉林市日本居留民会会长提交的请愿书（1932年5月7日）

中国官员对吉林地区日本人的压迫和歧视，由吉林市日本居留民会会长K. 堀井（K. Horri）先生呈递

（1932年5月7日）

吉林

吉林市日本居留民会（the Japanese Residents' Association of Kirin City）成员约有一千名日本人，他们大多20年前来到这一地区，主要对林业、运输业、火柴生产及相关行业有兴趣。居住在平民区（civinity）①的早些年里，他们的条件相当优越。近年来，由于中国官员的"压迫"，他们的生活逐渐变差。这样的"压迫"主要以压迫性征税的形式呈现，这也违背了日中之间的"条约"。当被问及"条约"指什么时，堀井先生解释说，有关中东铁路修建的最初的中俄协定规定，不应对用于中东铁路枕木而砍伐的木材征税（日本后来在《朴茨茅斯条约》中规定适用这一条款，南满铁路也包括在内）。然而……日本木材商人或被迫缴纳税款，或被迫放弃事业。特别是从1927年到1930年，总计缴纳54万日元。当被问到有谁缴纳了税款、是一个还是多个木材公司时，堀井先生回复说，这是个大概的总数，包括一个大的伐木公司，也包括几个私人经营者。

关于进口商品的非法征税事项，堀井先生声称，由日本进口的商品一旦支付海关关税，即可免除进一步的征税，但是，尽管条约中有这一条文，中国当局

---

① 编者按：原文如此。

仍然强迫出售商品的商人缴纳消费税,即其销售总额的 2.4%。虽然这一项税目是公认的一般税收,也会向中国商人征收,无论是进口商品还是当地商品,都会在销售总额基础上征收,但这完全成了针对出售日本进口商品的日本人的歧视。堀井先生说,他们的异议并非基于歧视,而是中国人违反了"条约"。然而,这种歧视致使中国商人有各种方法与当地的中国官员达成私下安排,比如说贿赂他们。因此,堀井先生估计,中国商人所支付的"消费税"仅是日本商人的 10%。出口方面也存在压迫的情况。堀井先生说,有一个"臭名昭著"的例子,关于官方的东三省银行(归张学良少帅私有)在收购大豆用以出口的事件中扮演的角色。日本商人与农民签订合同,收购作物,但是东三省银行阻碍了公平竞争。他们利用天然优势,先用膨胀的"奉票"(该银行的纸币)以更高的价格收购。奉票由东三省银行发行,他们为达目的操纵奉票的发行。

在旧政权下,还有对当地中国官员的秘密指令:禁止中国人向日本人出租房屋。比如,吉林"中国城(Chinese city)"的南铁分部就存在这样的情况,因为地方官员的压迫,该分部被迫关门,搬到了"商业区"。

在通化(吉林—通化铁路上),几个日本居民被勒令从这座城市搬走。他们拒绝离开,中国当局便拘押了他们的中国房东。因此,房东们被迫要求日本租客离开,日本租客不得不离开。

大约十年前,堀井先生自己也曾租赁大片土地,让朝鲜人在那片土地上居住并耕种。但是三年之后,中国官员迫使他结束了全部事业。

堀井先生说,中国人的教科书里包含了大量反日的内容。当被问及为什么书里会有这些内容时,他回复说,这是实现国民政府的一项政策,张学良采纳了这项政策。堀井先生给杨格博士留下了他以吉林日本居留民会会长身份提交给调查团的请愿书副本。

沃尔脱·杨格

附言:该日文请愿书由日本顾问办公室吉富先生翻译并提交给秘书处。

24. 斯隆、欧文、麦克沃特及格林斯的观点(1932 年 5 月)

爱尔兰传教会(the Irish Mission)斯隆(Sloan)博士、欧文(Irwin)博士(女性)、麦克沃特(Macwhirter)先生,以及基督教青年会(YMCA)格林斯(Clines)先生的观点

摘要

日本军事当局在没有充分理由的情况下，对吉林进行军事占领，建立傀儡政府并加以控制。"满洲国"政府受到中国各阶级的反对。

张学良政府

从学校的建立和新道路的修建可以明显看出，该政府有所进步。当时对该政府没有特别怨愤。

国民党在吉林的势力一直不大。

新政府

（a）成立

由日本军事当局设立，现任省主席实际上在日本人的监督下被迫就任，还遭到人身威胁。问及这种说辞的权威性时，有人提供了来源于中国的很充分的资料。几乎所有重要的办公室都有日本顾问。

（b）中国人对"满洲国"的态度

麦克沃特先生说"每个中国人都强烈反对它"。他在接受询问时说，他的宗教管辖权延伸到满洲这一地区，遇到了许多来自不同地区各行各业的中国人，包括农民。他坚称每个中国人在情感上都积极反对"满洲国"政府。斯隆先生赞成这个观点，他在医院里见到了农民、官员、士兵、学生等各个阶层的中国人，都反对现政权。他举了一些例子，但没有指名道姓。

格林斯先生大体上同意这一说法，但他补充，很多贫穷的中国人非常关心吃饱的问题，不会因为政府人员是谁而烦恼。

欧文博士支持其他人的基本立场，但表示，她所在医院的中国妇女不谈政治。

在讨论中，有人质疑"满洲国"官员是否真正支持政府。作为答复，有些官员曾在秘密谈话中坦率表示他们反对政府。但他们要谋生，要有人担任公职，在某种程度上，人们也许觉得可以通过担任公职来为社会服务。一个显著的例子是最近离开政府部门的三个警察分队。据说，中国人普遍猜测日本人会把满洲变成另一个朝鲜。

（c）政府的特征

总的来说，日本士兵表现良好。

他们高度赞扬了日本领事，他们似乎觉得领事可能并不完全赞同日军的所有行动。

专断行为

现在比张学良时期多了很多。举个例子,诸如警察这样的下层官员会在街上问汉人属于哪个国家,回答"中国"的人会被扇耳光。

恐怖主义

中国人遭到恐吓,没有人敢去见调查团,觉得这对他们来说很危险。我们最先访问的那家女子医院有个中国男子,不敢和我们一起走一小段路去医生家。

对未来的看法

有人问,是否可以认为日本无法在5年、10年或20年内建立和平与安全的秩序,并获得人民的支持。普遍的观点是日本无法做到,游击战将无限期继续下去。

日中关系

在9月18日之前,吉林的日本人和中国人没有往来,他们之间没有合作。例如,一个日本理发师从来不会有中国顾客。在这种"Y"式的模式下,格林斯先生发现自己不能参加任何中日聚会,他很遗憾。

在9月18日之后,生活在城市各个地区的日本人没有受到干扰,但有强烈的感受。许多有国外留学背景的中国人和一些有钱人离开了吉林。

朝鲜人

曾受到中国人的恶劣对待,但现在情况发生了逆转。朝鲜人今年只支付了以前租金的一部分,并声明明年他们不会支付租金,以后会让中国人向他们支付租金,因为满洲部分地区曾经属于他们(朝鲜)。他们正在接管中国人的房屋,警察不敢干涉他们。

教育

在当前的政权下,欧洲人以及接受美国教育的中国人都将被接受日本教育的中国人取代。

在学校里,中国的民族主义教学正在被一种更为保守的倾向取代。课本内容被删减,排外尤其是反日的章节被删除。

排外主义

确实,学校课本上的某些章节是排外的,但是据说中国人对除日本人以外的所有外国人都持完全友好的态度。

25. 怀德县农业协会代表的演讲译文（1932年5月2日）

怀德（Hwaite）县农业协会代表1932年5月2日在公主岭向调查团成员发表的书面演讲的译文

我们以县农业协会官员的身份向国联调查团成员表示敬意

先生们：

诸位为完成调查任务，怀着光荣的精神不远万里来到满洲，我们农民万分感谢，向你们致以诚挚的敬意和最热烈的欢迎。

我们借此机会向诸位讲述这片土地遭受的匪患之苦，希望诸位能在这件事上帮助我们。

辽河自北向南灌溉怀德县西部地区，总有盗匪藏匿在茂密林中。西北部土地贫瘠，民众贫困，数年来收成欠佳，数千人饱受饥荒之苦。

近年来，奉天省政府最为奢靡，无数负担多由农民承受。富人渐变穷人，商品价格上涨，粮食价格下跌。经济压力如此之大，以致县中几乎所有农民都已破产，歇业人数日益增加。此外，自去年始，土匪蜂拥而至，横行全县，他们强奸、毁坏、焚烧、杀戮，为所欲为。民生涂炭，老人和穷人倒下了，稍有力气的人就处在极大的危险中。父母妻儿离散，兄弟不复相见，他们的魂魄会变成什么？

从未有过这样的不幸。我们农民想哭，却再也没有眼泪。我们希望提出申诉，却没有法院。我们热切地盼望有个政府将我们从危险中解救出来。在这个关头，"新国家"兴起并着眼于解决民众的困难。"新政权"宣告成立，一个良好的政府得以运行。征税减少，民众的负担减轻了。

至于经济状况，当局给我们发放了大量粮种，这样我们能够春耕秋收，这就像远处滴下的甘霖。希望在新的黎明中重生，我们祈求"新政府"永远当权，无论贫富都将共享繁荣。

这是农民的共同愿望，我们带着怀德县农业协会的良好祝愿，真诚地向您表达这一愿望。

26. 抚顺地区农业协会致国联调查团声明的译文
（1932年6月1日）

1932年6月1日抚顺地区农业协会（the Agricultural Association of Fushun District）在抚顺煤矿向李顿调查团提交的声明译文

我们农民对越洋访问"满洲国"的国联调查团深表感谢。很高兴可以迎接你们。

我们代表抚顺全区农民郑重陈述事实。烦请诸位慎重考虑，方式如有不妥，敬请谅解。

近年来，我们的经济情况变得令人担忧。所有制成品的成本上涨，种田不能创收，我们生活非常困难。

抚顺是人口密集的矿区，耕作范围有限，本身就很困难。各种税收是令人无法承受的负担。更不幸的是，自"变革"以来（1931年9月18日至19日），强盗和"土匪"蜂拥而至，农庄里的很多房子都是空的（毫不夸张地说有十分之九）。粮食被抢走，牛被赶走。到了春天，农民们吃不饱穿不暖，春耕毫无希望。我们处于绝望之中，没有补偿，苦难注定永无止境。

但幸运的是，"新国家"当局再三发表声明，承诺废除各种沉重税目，恢复民众的生活。

我们听说"新政府"已经开始减免各种税款，正在进行上百种改革。我们认为，一场新的革命正在到来，农业能够得到重建，我们会有更好的收成。

调查团诸位成员为完成崇高使命，有着对整个世界的敏锐认识和深刻智慧。我们以最大的敬意拥护你们，衷心希望诸位能考虑我们的声明，这是我们最诚挚的祈祷。

抚顺地区农业协会

S32 系列

1. 张学良在欢迎国联调查团成员晚宴上的致辞
（1932年4月11日）

1932年4月11日，张学良在北平怀仁堂欢迎国联调查团成员晚宴上的致辞

李顿勋爵、国联调查团的各位成员：

今天我向你们表示衷心的欢迎，这给了我巨大的快乐。我欢迎你们，因为你们在这里是代表一个世界性组织，该组织建立于国际合作和公平竞争的原则上；过去十二年间，该组织在促进和平与安全上取得重大成就。特别是正当中国人民因目前的国家灾难而深切悲痛之时，我们的人民为你们的到来而欣喜，因为他们知道诸友邦和国联正在尽最大之力通过和平手段以及两国之间公开、公正与光荣的关系来解决中日冲突，他们知道你们使命的达成将意味着远东和平的重建，我们都知道此为世界和平所必需。

几乎没有必要强调，中国人民像所有其他文明国家一样坚信和平的重要性与战争的徒劳性。正是基于此，我们最是深深地憎恨日本在我们东北省份和诸如上海这样的沿海地区从事的军事侵略和恣意破坏。纵观去年九月以来发生事件的整个过程，中国始终追求一项严格遵守《国联盟约》所规定义务的政策；但不幸的是，日本无视国联理事会的多次决议，在中国蓄意实施军事挑衅和侵略的政策。中国受国际和平、良好意愿与对国家安全的自然渴望而非其他动机之驱使，行动仅仅是基于严格的自卫，且多次提醒作为《非战公约》签字国和国联成员国的日本尊重《非战公约》和《国联盟约》规定的义务。尽管我期望我国政府代表和你们讨论关于中日冲突的法律和政治问题，我还是希望

诸位注意到一些基本点并给予公正的考虑。

第一,在历史上、政治上和经济上,东三省均为中国的一部分。东北居民代表了许多种族血统历史渊源的大融合,他们都是中华民国的自由公民。经济上,东北是中国国民经济不可分割的一部分。政治上,几个世纪以来,它已在中国的发展中发挥了重要作用。今天,对四亿五千万我国人民来说,东北是我们祖国的一个必要部分,正如山东、江苏或广东一般。试图将满洲描述为一个区别于中国的独立单元的任何观点,或者全凭武力在东北建立一个非法的傀儡政府的任何计划,都包藏领土侵略的野心,也含有违反主权独立、领土和行政完整原则的意图,而这一原则为1922年在华盛顿签署的《九国公约》所确立之宗旨。

第二,我们国家正在经历一场巨大的变革。外国观察家轻易就能发现这个国家正在发生显著而真实的变化,有社会上、经济上的变化,也有政治上的变化。广而言之,这些变化是一种新平衡的结构性再调整的必然结果,这种新平衡自觉地和不自觉地处于建立的过程中,系作为一个国家实体的中国人民和他们明确参与现代世界更大体系所引起的新形势之间的平衡。

我们认为,中国的现代化将成为二十世纪一个重大事件。正如十九世纪见证了德国、意大利和日本的崛起一样,二十世纪将见证现代中国的崛起。但是,在任何巨大的社会和政治变革前夜,必然会有一些动荡和混乱。目睹了工业革命之后欧洲、1789年之后法国、独立战争和内战之后美国所引发的可怕性混乱,今天作为一个正在发生变化的中国遵从同样的历史规律,正如英国、法国和美国一样;不能指望中国在一夜之间就建立完美的政治秩序。这项任务之重可由如下事实而得到进一步的阐明,即中国的国土大于欧洲加日本帝国之全部;根据我们的最新估计,中国的人口与欧洲的全部人口一样多;民族主义运动已同时包含政治革命、工业革命、社会革命和文艺革命。

我们希望中国的朋友和列国政府不要忽视这些巨大的变化。我们确信的是,存在于它们中的开拓精神在现代世界是一种新力量,这种新力量将会进一步加强世界团结和世界和平。一些日本政治家正在公开指责中国并不统一,或者指责中国不是一个现代意义上的国家。在我们看来,这是出于政治考虑蓄意企图蒙蔽外部世界,使之看不到存在于中国的真正力量。

第三,中日冲突的真正原因在于中国的经济和社会进步,以及中国即将实现的政治统一,而不是中国的任何恶政或社会停滞。多年来,特别是1915年以来，日本已明确抱有支配和从中国分离东三省的野心。在谋划这种分离时，日本一贯将发展东三省的铁路作为实施其计划的主要工具，并尽其最大努力妨碍我们发展交通和开发自然资源。铁路问题已经是中日争端第一位和主要的原因，尽管在我们履行对人民、对政府以及对希望帮助我们开发领土的其他国家的义务时，东三省民众认为我们有义务投入精力建立适当的通信和交通手段。据报，贵团长李顿勋爵在南京发表的一次演讲中，提到在中国这片广袤的土地上因缺乏铁路和其他交通手段而造成不可避免的困苦。来自东三省的我们太清楚这个问题了，在过去三十年或者三十五年间，我们已经努力改善我们的交通，以便联合农村，保护边界，为民众谋经济福利。事实上，自从中华民国建立之后，东三省就已经在社会和经济建设上取得巨大的进步，建立了更多的道路和铁路，开设了更多的学校和文化机构，开办了更多的工厂，开垦了更多的土地。近些年，来自中国本部（China proper）[①]的移民每年超过一百万，民众经济富庶。尽管日本试图取得东北的经济支配权，但该地区的经济和社会发展主要是中国自己努力的成果。

政治上，纵然日本多次警告东三省当局不要牵涉进中国其他区域的政治中，东三省参与中国的政治发展和统一已经是真实而彻底的。正是这种工业和文化的进步，加上即将实现的政治统一，特别是我与中央政府共同努力促进中国统一的政策，以及中央政府通过任命我为中华民国陆海空三军副总司令来给予东北以巨大政治重视的政策，激起了日本的反对，日本最终越走越远，以军队非法占领东三省。

最后，我很高兴地说，你们来到被扰乱的现场，这会在一定程度上帮助中国人民与和平爱好者保持他们对公理最终战胜强权、和平与正义最终战胜刀剑的希望和信心。我们都希望，为了国联本身的未来，为了世界的安宁，尤其是为了中国和日本的福祉，通过你们明智的建议和公正的精神，中日两国之间的争端不仅可获得解决，而且可获得公平的解决；因为只有通过公平的解决，两国之间的和平才能得到有效维护。我相信，就中国政府和中国人民而言，可以依靠调查团和国联理事会基于公正精神所建议的解决方案。若远东和平在

---

① 编者按：中国本部（China proper）是 16 世纪在欧洲文献中出现的族性地理概念，后为日本经常性使用，试图借此"弱化"中国边疆（尤其是中国东北）属于中国领域，该概念属于侵犯中国领土主权的用词。请读者注意鉴别。后同。

完善的国际公平与正义的坚实基础上得到巩固,我保证素以热爱和平为古老传统的中华民族,作为现代世界的一支新生力量,迟早会在很大程度上帮助建立一个更好的世界秩序。在你们调查的过程中,我将十分乐意帮助你们搜集信息,坦率而真诚地讨论你们感兴趣的任何问题。希尼博士是你们代表团的一名成员,在基于自身丰富经历而写就的一本著作中,他写过一句最恰当的话,我恳求在这个时候引用之。在他的著作《德国殖民的过去与将来》(German Colonization on Past and Future)中,希尼博士在最后一章以相当暗示性的真理做出结论:

谎言可能会暂时抵制,但它无法成功克服真理和正义的不可抗拒的要求,也无法挫败一个伟大的、有教养的、勤劳的、爱好和平的民族的生存意志及成长与繁荣的权利。

让我们都举起酒杯,祝你们健康、幸福,也希望你们的伟大使命能获得成功。

2. 国联调查团的会见计划(1932年4月12日)

4月12日确定会见计划

4月13日:

上午10时—11时,东北军参谋长荣臻将军;北大营指挥官王以哲将军

上午11时—11时30分,东北大学教职员;东北难民代表

上午11时30分,阿尔伯特·隆德雷斯(Albert Londres)先生

下午3时,吉田伊三郎先生

下午3时30分,顾维钧先生

下午4时,张学良少帅

4月14日:

上午10时—11时,满蒙王公

上午11时,日本代表团

4月15日:

上午10时—10时45分,东北的公共团体

上午10时45分—11时45分,文化团体,包括胡适博士

上午11时45分—12时15分,北平各大学教职员

下午12时15分—12时45分,新闻界领导,提供关于满洲的信息

3. 清华大学学生自治会代表委员会致国联调查团的说帖(1932年4月12日)

清华大学
中国北平
1932年4月12日

国联调查团

诸位先生：

我们是清华大学学生自治会代表委员会，代表清华大学的800名学生，荣幸地向肩负维护世界和平与正义这一艰巨而又最光荣使命的你们表示最衷心的欢迎。同时，你们既已从欧洲来到这个国家，我们希望抓住这一机会向你们提供我们关于目前中日争端的看法。

自你们抵达这个国家以来，你们已经去过上海、南京、汉口、天津，而现在你们是在北平。我们坚信，你们已经充分注意到我们的人民由于长江流域前所未有的洪水而遭遇的不同寻常且令人难以容忍的灾难，以及日本在其持续挑战世界和平与正义的过程中所加之于我们的可怕破坏。迄今为止，日本军国主义置现代文明而不顾，通过向世界谎称"中国是一个无组织的国家"，游刃有余地掩盖其在这个国家的暴行。我们也相信，在你们行经上海和南京途中，你们肯定观察到我们在上海的同胞是如何与我们的政府在抵抗侵略者上进行合作的，我们的同胞是如何使我们自己在政府的指导下参与救济工作的。确信了这些事实，且你们广泛了解到这个国家的状况，你们还会受到日本带有偏见的宣传的误导吗？

中国是一个领土大于欧洲、人口占世界近四分之一的国家，在其为重建而奋斗的过程中必然会遇到许多困难，因为她现在正在经历一场三重性质的巨大变革(政治的、经济的，以及社会的变革)，这无疑是文明社会之历史所曾目睹过的最艰巨的任务。但是，这个国家的年轻一代有着强大的自信，坚定地相信这个国家的现况与1806年的德国和1871年的法国没有丝毫不同。每一名年轻的中国学生都被赋予"德意志兄弟会"(German Burschenschaft)的激情和"青年意大利"(Young Italy)的精神，所以，我们正在努力培养为重建这一巨大任务所需要的能力。

我们长久以来就作为一个热爱和平、崇尚正义的民族而闻名,正因为这一点,日本非法、强力占领我们领土不可或缺部分的这一行动找不到其他的解释,除了日本想要威胁世界和平之外。中国人民从日本最近的侵略伊始就已经决定宁死不辱,愿意以我们的最后一滴血来洗刷我们祖国的耻辱。然而,我们的政府对维护和平与正义的义务十分敏感,已经多次敦促我们要冷静和有耐心,并正式把争端委托给国际联盟,一个致力于"世界和平"和"人间善意"的组织。但是,我们恳请你们注意一个事实,即我们的政府采取这样一种态度完全是基于一个前提,即她相信国际联盟能且会维护世界和平与正义。但令人遗憾的是,自从去年9月18日以来,国际联盟做出的努力未能使成员国的领土免遭侵略,实现侵略军队的撤退。这种失败看起来可能是由于国际联盟组织上的一些缺陷,但是这一事实证明有影响力的成员国让国际联盟在履行职责上已经有所踌躇。换言之,我们不得不怀疑国际联盟是否意识到它自己的地位和责任。因此,我们政府对国际联盟的态度自然而然地和不可避免地就要受到这样一种盛行心态的影响。如果国际联盟不能让自身无可怀疑,接下来可能会出现什么结果就不需要智者来言说了。此外,国际联盟现在正面临自其建立以来所处理过的最为严重的问题,因为这是它首次着手处理涉及一个大国的非欧洲问题,对其能力的这一严峻考验不仅将决定我们对国际联盟的态度,还将决定全世界所有民众对它的态度,因此所有民众现在都在热切期待国际联盟为和平与正义战斗到底。故此,我们不得不郑重提醒你们,中国损失一小块领土就必然意味着国际联盟威望的损失。我们希望在你们提交国联理事会的报告中包含这一点。

另一个可能的复杂因素是,资本主义和共产主义是现在席卷世界的两大相互冲突的潮流,而中国恰好已走到十字路口。中国可能是这两股潮流的战场或缓冲区,并且能够决定它们的命运。考虑到我们广大人民采取的态度,目前摆在中国面前的两种方式中,中国会采取哪一种完全取决于满洲问题的最终解决。如果国际联盟仍然继续走没有实际价值且犹豫不决的老路,陷入绝望的中国人就一定会不计一切代价采取适合于达成我们目标的任何措施,不管对世界未来会有什么后果。除此之外,从我们中国年轻人的角度来看,假如满洲问题的解决未完全符合公平与正义,我们决不能轻易忘记我们与侵略成性的日本之间的痛苦经历。不难想象,这样一种心态将如何影响远东和平,以及由之而来的整个世界的和平。

我们想向你们说明的还有另外一点,即我们民众的排外主义仅仅是过去的事情。例如,所有来自友好国家的商品被正常进口至中国,在市场上自由销售。我们针对日本的经济抵制只是日本侵略的结果而非原因,我们没有其他手段来抵抗这种侵略。事实上,虽然这种抵制必将意味着我们巨大的痛苦和牺牲,但凭良心我们不能把通过辛苦劳动挣得的钱贡献给日本,从而使日本能够在更大规模上毁灭我们,因为我们从来不会自杀。如果你们能站在我们的立场上评价我们,那么你们就会毫无困难地彻底理解这样的反应仅仅是一种人性的表达。我们真正想要告诉你们的是,中国人将会永远紧紧抓住抵制日货这一武器,除非日本放弃侵略中国的政策。

关于你们被委托且为之而来到远东的重大使命,我们觉得有必要请你们密切关注其中一个最重要的事实。自从日本占领满洲以后,该地区的一切事情都已为日本军国主义所安排以满足日本的目的,毫无疑问,整个形势将至少表面上有利于日本。你们在满洲的活动也可能会处于日本的控制之下。因此,我们期望你们在满洲实施调查任务时记住调查团的初衷,深入调查案件的真相。因为这次使命的成果不仅是中国关心的事情,也是全世界关心的事情,我们希望你们可以免受欺骗,在努力维护世界和平与正义的过程中自始至终都秉持公正而不带偏见的态度。

最后,我们想要向你们陈述关于解决满洲问题的最低希望:

1. 在谈判开始前,必须完成日本军队的撤退;
2. 上海事件仅仅是中日满洲争端的后续,因此应该与满洲问题一并解决;
3. 我们永不承认日本在非法占领的中国领土上造成的任何局势;
4. 我们愿意接受不损害中国领土和行政完整的任何协议;
5. 日本必须对由其侵略所引起的一切损失负责。

我们期望你们将要制作的报告会是公平、公正和合理的,且合乎《国联盟约》《九国公约》和《凯洛格公约》之精神。

我们以和平与正义的名义希望你们取得成功。

清华大学学生自治会代表委员会
(带印章)[1]

---

[1] 编者按:落款处有清华大学学生自治会印章,图从略。

4. 吴怀义代递袁金铠等六人致国联调查团信件（日期不详）[①]

国联调查团
北平

诸位先生：

我们末尾签名者有幸委托吴怀义先生为代表呈递这份关于日本自其非法占领东三省以来所犯暴行之真正事实的报告，并谦逊地请求你们依据正义解决这一问题。

我们是中华民国的公民，除非在此关键时刻有人伸出援助之手，不然我们就会进退两难。我们可能会被错误地理解，认为我们的行为与侵略者一样，但事实上，我们正在向我们亲爱的满洲人民提供我们的服务。我们这么做，部分是由于敌人的强迫，部分是受白雪般的良心之促使，因为在目前未为我们的国家和同胞做任何益事就死于非命尚为时过早。正是为了3000万民众，我们才忍辱偷生。

满洲很快就会因你们的莅临而感到荣幸，我们谨此申明将不遗余力地介绍去年9月18日事变的真正事实，以便向全世界提供公正的意见。

我们代表东北三省的所有人民，请诸位在从事调查期间牢记如下各点：

1. 官员和民众都承认非法的"满洲国"，这是在日本压力之下才说出来的话，除非他们这样做，否则他们的生命随时都处在危险当中。

2. 日本野蛮行径的残迹在你们到达之前就已经全部被清除掉了，我们从权威人士那里了解到，大量朝鲜人被日本雇来伪装成中国人围绕在你们周围，动用一切可能的手段阻碍你们的调查活动。

3. 自从日本占领东三省以来，遭到屠杀的中国人数量总计超过10万人；仅沈阳市的数量就超过3万人，此外有200名四洮铁路员工被有组织地活埋。

4. 为减少占领地区内民众的牺牲，一些中国军队假意暂时投于日本的旗帜之下，一俟你们抵达沈阳，他们就会拿起武器，站到当地守军一边。

[①] 编者按：推测日期应该是1932年4月。

5. 日本人正在密切监视我们，他们对待我们不仅像对待被剥夺自由的囚犯一样，而且可以随时宣判死刑，如阎廷瑞（前财政总长）先生、张魁恩先生以及其他人一样。

6. 日本士兵和警察正被派至各县以收缴民众的枪支，因此民众别无选择，只能出逃，成为义勇军的一员以自卫，展开抵抗。

7. 日本警察正被派至各县强征农产品，称这是为即将到来的世界战争而采取的预备措施。与市场价格相比，收购价格不到二十分之一。鉴于收成不佳，商人们担心食物供应可能会出现短缺，已经开始组织"救世军"（Salvation Army）。

8. 日本已经完成他们渴望已久的移民计划，结果就是大约30万日本和朝鲜移民涌入满洲。在日本军国主义的帮助下，这些新来者正在成为许多土地的非法所有者或地主。

9. 自从日本占领东三省之后，教育机构实际上已陷入停顿，例外的是极少数女子小学和中学，为应对贵调查团的视察，它们在日本当局的要求下还在运转，而高等学校则全部关闭。

10. 东北各省的交通设施已经遭到极大规模的破坏。铁路（除南满铁路外）、电报和电话未能幸免。

11. 为了检查，日本当局在铁路沿线一些重要站点设立检查所。在彻底检查之后，中国乘客总是会被问一个问题："中国和日本，哪个国家好？"若回答是赞成前者，就会立即遭到逮捕。不允许提及日本的事情，一旦发现就意味着逮捕甚至死亡。

12. 我们东三省人民正盼望着你们的到来，如同久旱逢甘霖。我们都身处地狱的边缘，在撒旦的手中挣扎着活命。

最后，我们恳请你们了解，自从日本占领满洲以后，不仅属于中国人的土地被夺走，而且数以千计的无辜中国公民在日本军国主义的刺刀下牺牲。我们相信你们会同意我们的观点，即当今人类中这样残忍而泯灭人性的行为应当受到严惩，且不应该容许出现在像日本这样自诩现代文明的国家。

在向你们致以最衷心的欢迎之时，我们代表东三省全体居民，坚信上述问题将会根据正义与人道，获得公正与和平的解决。

此致

吴怀义

袁金铠

张景惠
于汉冲
丁鉴修
阚铎
马占山

5. 满族人刘良慰男等致国联调查团信件
（1932年4月14日）

北平，1932年4月14日
李顿勋爵阁下和国联调查团的成员

亲爱的先生：

　　我们——末尾签名者，代表满族人的后裔，恳请告诉你们，据我们所知，我们之中没有一个人真正地想要独立。所谓的"满洲国"仅仅是日本的专门设计，以实现他们的领土野心。溥仪先生在天津遭到绑架，被迫做了傀儡，今天他绝不是一个自由人。进一步而言，我们想提请你们注意一个事实，即满族人早已融入中国血统，你会发现他们什么也没有遗传下来。你们可能有兴趣知道，即便是溥仪也不会写满文、说满语，虽然他可能知道几个字。

　　所谓的"自决"仅仅是"日本的决定"的一种伪装。日本军国主义者决定实现他们的野心，而日本外交官必须使他们的行为合理化，为他们寻找借口，这已成为一个既成事实。

　　作为满族后裔，我们可以向你们保证，就我们的自决而言，我们决定作为中华民国的公民而活，作为中华民国的公民而死。如果你们允许的话，为提供更多信息，我们想在几天后亲自向你们提交一份简短的备忘录。

刘良慰男
金陟佳
乌逢桂
维吉
安文溥
孙恩元

6. 国联调查团与国民政府汪精卫等人的会谈记录
（1932年6月20日）

北平外交大楼，1932年6月20日，上午9时30分
出席人员：调查团代表，秘书长，专家，顾问和秘书；
　　　　　汪精卫、宋子文、罗文干诸先生，译员和职员

汪：关于你们昨天提出的满洲问题之进一步讨论，我很乐意听取你们的看法。

李顿：昨天我们就已经在考虑是否可以采取些措施在接下来的两个月里停止在满洲的敌对行为，我们在顾博士去南京之前跟他讨论了这个问题，我知道他在南京时跟你们讨论了这个问题。这个问题留到今天，所以我们也许可以从这个问题开始。

汪：根据去年9月30日国联理事会的决议，日本军队将要撤退至铁路区域。可以根据该决议并且在该决议的基础上做出停止敌对行为的某种安排。去年12月10日国联理事会通过的另一项决议表达了同样的意思。中国十分愿意跟日本讨论这个问题，但所谓的"满洲国"不能成为参加任何讨论的一方。

李顿：如果在这个时候建议邀请日本以撤退其军队至铁路区域为基础开展停战协商，那么我认为这不是切实可行的政治主张，眼下不值得讨论此事。因为很显然目前日本不会考虑这个建议。我想知道的是：首先，中国政府是否希望现在与日本举行关于满洲停战的谈判？其次，你们是否希望国联让我们调查团代表你们向日本政府提出这个问题并且在这一点上担当中间人？然后，如果这两个问题的答案都是肯定的话，我想准确知道中国政府意欲提出什么建议，以及中国政府准备在什么条件下与日本进行谈判。

汪：我们询问你们关于日本是否会履行9月30日和12月10日国联决议的看法。我们已等了几个月且日本未曾履行其作出的撤军至铁路区域的承诺，看起来国际联盟已经用尽它的一切和平手段，因此中国政府被迫做最坏的准备。

李顿：我可以就此说句话吗？当我说我认为在9月30日决议的基础上讨

论停战并不现实之时,我并不是接受日本军队绝不会撤退的立场。我的意思和我反复提及的是,在该调查团报告书发表之前就考虑建议撤退日本军队是不切合实际的,事实上也是完全无用的,如果在此基础上开始谈判,日本不会比第一项建议走得更远。其次,关于决议,若是我错了就必须被纠正,但我不认为日本曾经给予撤退军队的任何承诺。我认为他们所做的是,国联一通过决议就问日本该怎么做,日本回答说,她将在条件允许时撤军;1931年12月,日本提出保留,表示只要土匪的状况需要军队进行镇压,日本军队就应该留在满洲。

但是,这一点不重要。你们说国联已经用尽了它的和平手段。无论从哪方面看来,我都必须提醒你们,调查团是目前国联为达成和平解决而正在使用的手段的一部分,因此在我们结束工作之前,认为国联谋略用尽是不准确的。现在我们正在讨论的是,中国政府是否想要我们做些事情,以便在报告书发表前的几个月里暂时缓和局势。我想知道的是,中国政府是否想要我们参与谈判以及在什么条件下谈判。

汪:欲解决满洲问题,只有两种方法:一种是凭借武力,一种是通过国联所代表的和平手段。当然,没有人想诉诸第一种方法,除非和平谈判的一切手段已经用尽,但有必要询问这种停战的目的是什么。是否通过提供讨论维护中国领土完整的手段而得到补偿?若是如此,当然就会留下讨论的空间,但如果停战只是为暂时的和平,那就很难想象通过这样一种谈判可以满足任何有用的目的。

李顿:首先,我们不是在讨论满洲问题的解决。其次,停战的建议并不出自我们。它出自顾博士,我问他刚才你们向我提出的问题的目的是什么,条件将会是什么。他跟我进行了非常充分的讨论,我向他指出,在我们看来会有很多实际的困难;我认为他非常巧妙地成功应付了我的许多论点。当时我保持同情但不确信。现在我想知道的是,在与顾博士讨论了之后,你们是否还想再次提出这一建议,然后把它推荐给我们。但是,这不是我们自己提出的建议。如果我可以用上海来类比,尽管我不承认它们的情况完全相同,我知道这项建议的目的是停止敌对行为,正如在我们到达后上海立即就实现了停止敌对行为一样。如你们所知,很多个月之后才会出现一份协议,即便如此,这份协议也谈不上是解决。但继之而来的是一种安排,通过这一安排,第二阶段的撤军已经在进行。我不承认两种状况具有可比性,但我们正在讨论的仅仅是第一阶段,即双方之间达成一份协议,在等待解决之际,双方军队应该避免敌对行为。仅此而已。我不知道,也非常怀疑这是否切实可行,如果你们期待的话,我愿意探索这种可能性。

汪:我们不反对安排停战的想法,但必须弄清楚的是,这个建议并不是出自我们一方。上海的局势与满洲的局势十分不同,上海事件军事阶段的结束导致日本军队从该地区撤退,但在满洲,整个地区仍处于日本的军事占领之下。只要日本继续对满洲进行军事占领,中国政府就有庄严的义务做好收复失地的一切准备,若要安排停战,我想知道这一停战的结果会是什么。我所考虑的是这样的停战是否也会导致日本军队从满洲撤退。

罗:这个所谓的停战不同于上海的停战,因为在上海先有敌对行为的停止,然后是军队的撤退,但在这个案例中停战仅仅是一个停止敌对行为的问题,而不是撤军的问题。而且在上海,在停止敌对行为之后,没有更多的问题要讨论,但在满洲则有很多重要问题要考虑。最后,我们认为中国从事的抵抗是绝对合法的。你们必须明白我们为什么拥有这种权利。所以,汪先生的看法是,没有撤军的停止敌对行为对中国可能有些用处,但作为一种临时措施,我们认为这对我们来说是困难的。

宋:我可以再稍进一步说明汪先生的想法吗?这一停战将会牵涉什么?我们想对此进行更多的探讨。我也想探讨一下这一点,因为现在似乎不值得进一步讨论。

李顿:我也想对此进行探讨,因为现在似乎不值得进一步讨论。我们可以讨论的任何停战都会涉及日本继续占领,如果你们不准备讨论任何涉及日本继续军事占领的停止敌对行为,我认为什么也做不了。在北满仍然有一些独立的中国非正规军,他们正在开展对日游击战。不存在这些军队能够把日本赶出去的希望或前景,他们仅可以挑战日军在那里的地位。我们唯一可以讨论的是,关于在今后几个月内,在满洲的日本军队不要攻击这些非正规军,并且后者不要攻击日军的安排是否可行或者可取。这就是所牵涉的一切。

麦考益:我认为我们应该弄清楚,停止敌对行为既不意味着日本军队的撤退,也不意味着可以凭借这些军队永久占领这个地区。它仅仅意味着暂时停止战斗。

李顿:首要问题是停战的性质是什么,目的是什么。我想对此予以补充。当我说日本的占领将继续下去的时候,指的是在停战期间,而非永久。其次,关于目标。这样的停战所要实现的目标是阻止两军造成进一步的生命损失，把当地居民从战争带来的牺牲中拯救出来。这不会影响最终的问题。

汪：我们自己能开一个五分钟的短会吗？

（暂停）

顾：我们已经要求几分钟的暂停，以便我们自己之间就如下问题进行磋商：这是不是向调查团通报政府最近作出的决定的最佳时机，这也是政府成员此次访问北京的额外目的。看起来最好还是坦率地告诉调查团，国府代表来到这里，除了会见调查团之外，还为与地方当局磋商，旨在采取积极措施以有效抵抗日本军队在满洲的继续侵略。这就是为什么他们对于在这时提出停战问题的可取性非常犹豫。但在刚才与你们交换意见之后，汪院长说如果调查团方面想要向日本提出这一问题，以开启关于日本军队和中国非正规军在满洲停止敌对行为的讨论，他完全赞成这一步骤。

李顿：我知道这就意味着中国政府不想主动提出诸如停止敌对行为一样的任何措施，但是中国政府欢迎我们提出这个问题，并充当双方之间的中间人，如果我们能以令人满意的条件确保停止敌对行为，中国政府将不胜感激。坦率地说，我们对以此方式做些有效的事情不抱希望，因为向中国提出的原因会对日本产生相反的效果。除非我们可以找到某种理由，基于这种理由停止敌对行为将会使双方受益，否则不会有意义。我尚未跟我的同事们讨论过这一点，但是我应该说，如果我们要提出停战问题，我们就必须知道你们愿意开始这样的讨论所需要的条件。据你们刚才所言，我知道一个条件是，这仅仅是日本和中国之间的讨论，如果"满洲国"成为一方，你们就不能再往前走了。我说的对吗？

顾：那是提到过的条件之一。

李顿：你们能告诉我们其他的条件吗？

汪：迄今为止，日本未曾遵守国联理事会会议通过的决议，所以我们不能完全确定日本是否会接受调查团提出的建议，在这个话题有某种确定性前，中国的军事准备会继续下去。

李顿：这不完全是对我问题的答复。如果我们要向日本政府提出任何建议，那么我们想知道中国政府会接受什么建议。我正在询问的是，中方是否会提出其他条件，作为讨论此事的初步要求。

汪：你们可以把这作为召开所建议的停战会议的另一个条件。当你们谈到停战会议的时候，它并不仅仅意味着双方停止敌对行为。我们想要明确提出撤退日本军队这个问题。我们十分重视这一点，因为我们想知道一些非常明确的事情，比如基于这次会议，日本会撤退其军队至某一特定区域。这是我们想要就这一停战会议强调的第一点。我们坚持这一点应该被包括进来的原因是，如果只是讨论停止敌对行为而没有军队的撤退，那就无异于说日本军队有权待在满洲。如果是这样的话，我们就无法面对整个国家，因为领土完整的原则显然受到侵犯。其次，如果我们允许日本军队留在满洲，就会违反关于撤军的国联决议，因此撤退军队将会是在停战会议上要考虑的第一点。

李顿：那将会扩大会议的范围，我认为讨论它一点用都没有。假如你们扩大范围，你们就回到去年9月国联讨论时持有的同一立场，那时候中国说："直到日本军队撤退，我们才能从事谈判。"而日本说："我们不能撤退。"如你们所知，这是找不到解决问题的出路的。如果中国只能在日本军队撤退的条件下讨论停战，那么日本肯定不会进一步考虑这个建议，正如军队不撤退，你们也不会进一步讨论一样。那就没有讨论的可能。

汪：我非常赞同你们的想法。我想说的是，我们在这一停战会议上无法实现让日本军队从满洲撤退这一目标，但在会议上至少可以决定某些措施，凭此可以令日本军队的撤退成为可能，不是在会议期间而是在会议之后；某些明确的措施将会促进撤军。我记得在国联大会和理事会的会议上，日本曾经提出满足基本原则作为撤军条件这一问题。在停战会议上，我们想知道日本是否打算提出某些问题，正如她在国联大会上提出的一样，因为中国想准确知道日本撤军的条件是什么。不是中国想让日本撤军，而是中国想知道日本对于撤军问题必须遵循的程序有什么想法。

李顿：你们还有什么其他想提的条件吗？

汪：虽然日本政府尚未采取任何明确举措，但日本国会已经通过一项承认"满洲国"的决议。昨天，宋子文先生也收到一份电报报告，称"满洲国"当局已占领大连海关，"满洲国"当局目的是夺取这一机构。我的看法是，此类问题可在停战会议上提出来。

李顿：我认为进一步探求这些没有任何用处，因为从我们与日本的会谈中知道，提议召开一次关于比单纯的停止敌对行为更大问题的会议是没有用的，因为他们的回答将会是，在任何情况下他们都不会讨论这样的更大问题。

宋：难道停战不是不仅意味着停止军事敌对行动，而且意味着如国联所建议的那样停止进一步的准备工作吗？即使是在有限的上海停战中，双方都同意在某些条件下避免进一步的战斗。但是，日本政府还没有确切表达在满洲避免采取进一步行动的条件。这是在谈论停战时需要考虑的问题。

李顿：当然，我们完全同意这将会是最值得做的，如果我们看到取得任何成果的希望，我们就会亲自为此提出建议。我想说的是，目前这是行不通的，因为我确信日本在报告书发表前没有心情做任何事情。日本有可能准备讨论的仅仅是停止敌对行动。我对此不抱希望，但这是我唯一想要告诉你们的事情。

汪：你们想从中国政府处知道我们愿意召开停战会议的条件，正是因为这个想法，我提出一些中国政府在考虑的条件。至于日本政府所想为何，我们当然是不知道的，但无论如何我们期待考虑一些实在的东西，如撤退日本军队的问题或者暂停"满洲国"政府。其他问题随后提出来。

李顿：我不知道我们是否可以把这件事做得更好。如果我们从一个很大的问题跳到一个很小的问题，而这个很小的问题是一个纯粹的程序问题，那么这次讨论产生的问题就关涉我们将来的计划。昨天晚些时候我们的计划经历了很大的修改，因为在昨晚结束时，我们收到来自日本顾问（Assessor）办公室的消息，来自东京的一封电报称7月7日前日本政府不能与我们开始任何事务讨论，但如果我们能坚持我们的计划，花两周的时间游览日本的美景，那将是非常愉快的。调查团尚未集会讨论此事，但十分清楚的是，这一变化是由于日本政府尚未组建完整这一事实。他们未确定外务大臣人选，去日本将是无用的，除非日本完成组阁。因此，对我们自己来说，不管有多么不便，调查团好像别无选择，只能等待。昨天，我们考虑明天出发，然后等我们回来后到南京同你们会谈，之后安心完成调查团的工作。

因此，我想提出来的问题是，当我们去日本的时候，你们的顾问顾博士是否应该和他的工作人员一起陪同我们。从报纸上的警告可以清楚地看出，顾维钧陪同我们前往日本将会有些困难。出于保护的考虑，他会受到严密的护卫，为保护调查团本身起见，我们也应该得到非常小心的护卫。现在如果我认为中国代表陪同我们是一个关涉生命的重要性问题，若是我们在日本要做的工作绝对需要他在场的话，我应该请他接受那种不愉快的经历，我们自己也应该这样做。然而，依我们之见，这并不像满洲的情况一样具有明显的必要性，因为我们将要做的工作类型只涉及与日本政府的讨论，如果有必要向中国政府发送通信的话，中国公使馆就在东京。由于日本不是中国领土的一部分，似乎没有必要仅仅因为我们可能想发送一封电报给中国政府而带上全体工作人员。另一方面，对调查团来说绝对必要的重要工作还没有完成。因此，我向顾博士建议，如果这项工作可以在我们从日本回来进入最后阶段时完成，对调查团将非常有价值。我们已经知道，顾维钧在日本期间不可能做这种工作。因此我倾向于顾维钧留在北平，为调查团准备材料，这将会推进调查团的工作。但是，我想听听你们的看法。当然，这只是一个程序问题。

汪：当吉田先生陪同调查团到南京的时候，人人都完全清楚看到中国政府待他十分体贴和有礼。而当顾博士考虑前往满洲的时候，中国政府就接到报告，称他在满洲将不会受到欢迎。但满洲是中国领土的一部分，哪怕目前满洲被日本军队占领，并已经扶植很多傀儡来管理。中国政府依然鼓励顾博士去满洲。他一到达满洲，我们就被告知顾博士会被施加各种限制，中国政府当然特别不快。现在，当我们谈到顾博士前往日本这个问题时，我们是在处理一个完全不同的问题。我们是在跟一个主权国家打交道，当它表示不期望顾博士去日本时，中国政府当然不能对此情形做任何事情。但是，在顾博士不去日本这个问题上，中国政府非常想让调查团向日本表达中国政府的这个想法，以便我们可以公开此事。我们想让民众知道日本政府关于顾博士赴日的准确态度。

李顿：我没有作此建议，请不要暗示日本人不会给予顾博士所有的礼遇，但我认为，把私下向你们表达的意见当作官方观点来考虑是相当合理的。我认为，我们可以给你们一份关于我们认为什么可取的正式声明，但这不是基于日本已经表达了对顾博士的敌意这样的理由，而是我们认为，顾博士与其陪我们去日本，还不如完成他在陪同我们去满洲时无法完成的顾问工作，这更符合我们的工作利益。正如我刚才所言，调查团内部还没有讨论过这个事情，我认为调查团内部应该讨论此事，以及你们刚刚给我们的严重声明。我想有机会与你们再次会见。（会见安排在下午4点）

如果你们没有问题想提出来，那么上午我想提出一个小问题。这是一个与在上海的行动有关联的问题。当我们在上海的时候，我们了解到，那里有些观点认为，日本军队的介入具有为上海服务的性质，使上海免遭日本和中国军队可能带来的侵略和苦难，十九路军的存在事实上是对那座城市的一种威胁，而日本事实上是在拯救上海免受这一威胁。现在我们已经从一个我无法核实的权威人士那里了解到,1月28日之前中国政府就在考虑将十九路军撤出上海,代之以另一支部队,我被告知这是一支宪兵部队。在我们看来,如果这是真的,且我们可以掌握这一事实的证据,同时证据可以公开的话,那么这将是可以给出的最有效的回答。我想询问你们,在那个时候这是否属于中国政府的决定,以及它是否可以以任何形式公开,这将避免令中国政府尴尬。我不是建议目前就该问题发表某种公告,而仅仅是要在我们发表的报告书里利用它。

汪:我将负责就这个问题给你们一个答复。那个事件正是发生在我和蒋介石委员长将要去南京的时候。事件发生时,孙科先生正要辞去行政院院长一职,而我正要接任该职位,所以实际上所有的电报都要到达我这里,我可以讲述发生的一切。我想完全阐明一个非常重要的点,那就是十九路军一直都处在政府的指导之下。如果政府想要它继续活动,这支部队就会遵从。彼时国外有谣传说,十九路军不服从政府。然而我可以非常明确地说,这个谣言系不赞成政府的人散播的,其背后存在政治动机。十九路军始终完全处于政府的控制之下。

1932年1月28日之前,政府领导人之间有一个共识,即我们应该尽可能地避免与日本军队产生任何敌对行为。1931年10月18日,我作为南方首席代表抵达上海,10月21日,我见到蒋介石将军,他非常清楚地向我说明,国民政府准备保持极大的耐心,在职权范围内尽最大努力避免敌对行为,但要是日本侵占完全属于中国的领土,侵犯中国的领土完整,那么中国军队就会被迫做出抵抗。这种情况一直持续到1932年1月28日晚上6时,从上海市市长那里得到消息,称上海地方当局已经与日本总领事达成协议,中国当局已接受日本总领事的要求。对日本当局来说,这种接受完全是令人愉快而满意的,因此国民政府打算从翌日即1月29日起撤退其驻扎于闸北的军队,代之以一支宪兵队,以产生这样一种印象,即不是中日的正规军在接触,而是日军将只跟中国宪兵队发生接触。因此,一直到1月28日晚上6时,国民政府的政策都是避免敌对行为,且准备在次日撤退军队到其他某个地方,这是真实的。1月28日晚上9时,军政部长何应钦将军来见我,询问是否已经做好准备让十九路军撤退到某个地方以免激起敌对行动,我答复已经做好了准备。两个半小时后,即晚上11时30分,十九路军指挥官蔡廷锴将军给我发来电话留言。一位秘书收到这条留言,他被告知将军希望能亲自跟我说话。蔡将军告诉我,他收到一封来自盐泽海军上将①的电报，要求将十九路军撤退，以便日本军队可以占领闸北。那是在晚上 11 时 30 分。我告诉蔡将军，我已经发布命令，1 月 29 日中国军队应该为宪兵队所代替，所以日本没有采取这种行动的必要，万一日军坚持，我给的指示是蔡将军应该进行抵抗。半夜 12 时，我从蔡将军那里接到明确的消息，日本人已经进入闸北。

李顿：这是一个十分有趣且重要的陈述。我知道，29 日撤军的命令实际上是发布了。我想知道是否可以给我们看下这道命令的副本，若是可以，是否可以允许我们说我们见过命令。要是我们只是说中国政府想要做这么一件事情，那么可能就会有人询问我们如何证明。如果我们可以出示书面证据，说明该命令的措辞，就会大大加强我们声明的可信度。

汪：这里有两点：首先，国民政府内人人皆知，中国将要采取措施以宪兵取代十九路军。其次，当我回到南京，我会要求将命令文本进行拍照。那道命令是通过电报发送的。

李顿：也许你想就告诉我们的这件事情给我们一份简短声明。假如你们更愿意用一份书面备忘录来代替我们已在这次会谈中得到的说明，我们当乐于接受。

汪：当我回到南京，我会准备一份关于这个议题的声明。

下午 4 时，会见继续

李顿：有一点或者两点问题遗留了下来。一点是关于顾博士是否要和他的工作人员一起陪我们到日本。虽然这件事情还没有做出决定，但我提议今天下午给你们一个保证，对此做出决定后，我将向你发表声明以面向媒体说明影响决定的因素。但是，由于看起来将要有两周的耽搁，如果可以的话我们想在去日本之前拿到已向你们请求的所有材料。昨天，你们告知有一些材料仍然需要准备，比如关于满洲当局的材料。若是可以的话，我们想在日本期间就获得这方面信息。既然将会有耽搁，我们问一下这些材料是否可以在接下来的两周里提供给我们？

汪：我认为我可以让你们在 10 天内拿到备忘录。

李顿：那将会很有帮助。我可以补充的是，针对昨天我们讨论的满洲当局问题，我们昨晚跟罗博士有过一次谈话，他告知我们想以尽可能详细的形式从

---

① 编者按：实际上，一・二八事变时，盐泽幸一军衔是海军少将，而非海军上将。

备忘录中了解该政府的特征、自治的性质，包括将要处理的问题以及留给中央政府的问题，维护法律和秩序所依赖的力量的特征，等等。我现在提它只是因为我昨天没有跟他提起这件事情，我也不记得我之前是否提过，但因为此事有时成为日本批评的对象，所以我想向你们提出这一点，问问你们可以给出什么答复。重要的是：日本有时跟我们说，"理论上，我们应该准备接受任何满足我们条件的满洲政府。而实际上，我们认为中国政府不可能在满洲建立一个满足我们条件的民政府"；他们特别指向少帅军队在这一带的存在，称"这挡在中国政府和他们的意图之间，以及被提议建立这个政府的领土之间"。所以，我认为我会提到这个建议中的困难，以便你们可以告诉我们不仅有在满洲建立一个民政府的意图，而且实际上有可能告诉我们这将如何实现。

汪：实际上来说，在满洲引入民政府是可能的。我负责向你们表达此一观点。

李顿：当然，我刚才所言要暗示的是，如果日本撤军，少帅的军队就会进去，日本认为不管你们多么期望建立一个民政府，而事实是日军撤退就意味着少帅的军队会立刻占领。这就是我问题的重点。它不仅仅是提供一个民政府，而且是防止重建军政府的手段。

汪：国民政府当然会做出一切努力，使得在满洲建立民政府成为可能，但同时，关于调查团或国际联盟在实现这个想法方面所能提供的任何帮助，我将非常乐意听取来自国际联盟或调查团的任何消息。

李顿：在我们的报告书里当然会讨论到它，但在你要给我的备忘录中，你也要记住这一点，即在你们建立民政管理机构的愿望和实现它之间，存在着这支军事力量。我提请你们注意这一论点，因为你们可能还没意识到它已经被使用了。当然，重点是那些特殊的军队受国民政府管辖的程度，这种管辖要么是通过承认他们的权力，要么是通过政府和少帅之间的协议，他们是少帅的军队。提出这个问题的批评者当然不知道少帅在这个问题上的打算是什么，或者目前少帅与国民政府的关系是什么，所以你们可以记住这一点。

麦考益：它可能不仅适用于讨论中的特别当局，也适用于其他任何可能准备利用这种情况的军事集团。

李顿：重点是国民政府的意图可能是极好的，但还有各种各样的军阀存在，他们拥有军队，有一个军阀就在讨论中的诸省的边界上。所以，你们如何能确定他们不会在日本人撤走时取而代之。这就是使用过的一类论点。

汪：原则上国民政府认为不会有困难。在中国有两类军事力量：一类保卫边疆，一类维护地方和平与秩序。国民政府认为，根据政府的愿望分配这些力量是可能的。换言之，假如政府认为应该将目前的边境部队调往别处，那么做这种事情就不会有困难。我认为国民政府完全能够随自己的意愿分配其军队。

李顿：然而，实际上例如少帅的军队会接受南京国民政府的命令吗？

宋：我能做一些补充吗？当国联决议要求我们准备接收日本占领的地区之时，时任国民政府主席的蒋介石就与张少帅达成协议，在日本军队撤退之后应派两个师进入满洲以接收领土。那将是中央政府的军队，而不是张少帅的军队。我说这一点仅仅是为了说明，政府期望派遣任何政府军队以收复满洲是不会有困难的。

李顿：你知道，日本展开行动时正在满洲，且如果我没弄错的话，未得到中国政府直接命令的军队现在刚刚越过边界，这是必须处理的异常状况。因此，必须有证据表明，他们的领导人少帅和国民政府之间就解决问题时少帅的部队将做什么和不做什么达成了谅解。我们没有关于此点的信息，如果你们愿意讨论它，我们将会非常高兴。

我认为我们还有一点没有讨论过。在不时向我们提出的建议中，有一项是东三省这一地区的非军事化。除了建立一个民政府之外，还有人建议可以通过与边境邻国达成协议把军队撤出东三省，我认为特别在这一点上尚未掌握来自国民政府的任何信息。所以我想要知道，第一，你们是否赞成这个想法；第二，关于使其有效，你们是否有任何建议。

汪：你们提出来的关于满洲没有军事力量的问题国民政府已经在考虑。国民政府认为有两种方法来有效应对这个问题，一个是积极的方法，另一个是消极的方法。关于积极的方法，日本已经派一些高级军官与国民政府接触，讨论中日之间达成某种协议的可能性，以避免来自俄国的任何可能事态。国民政府就这一问题表达了自己的意见，大意是如此。因为满洲是中国领土，如果要就一项政策达成一致，中国当然会采取主动措施。换言之，假如中国和日本将要就该问题达成一项协议，中国会迈出第一步。关于应对这种情况的消极方法，国民政府认为最好的方法可能会是讨论签订某种互不侵犯条约，比如说，三个相关国家——中国、日本和俄国签订互不侵犯条约。国民政府认为在这两种方法中，后者可能是最为可行的，将为远东和平提供一个更好的保证。

李顿：当然有两个问题。第一个问题是维护内部的和平与秩序，处理土匪和犯罪问题。一部分是警察的问题，一部分是我们称之为宪兵队的问题。第二个问题是为抵御外部侵略提供保护，这当然是我们正在处理的问题。第一个方法是维持一支规模足以保卫边境的国家军队，或者第二个方法是与日本结盟，或者第三个方法是三个毗邻国家之间达成互不侵犯的协议。只有最后一个方法才有非军事化的含义。满洲非军事化的建议只是意味着它将受三大邻国之间的互不侵犯条约之约束，我想知道国民政府是否赞成这样一个想法，如果赞成，你们是否考虑过该条约的草案，或者就其如何实施有什么建议向我们提出吗？

汪：关于这个问题，有两点要考虑。我认为在你们提出来的这三个计划中，第三个计划对我最具吸引力。但我觉得在实行第三个计划时，换句话说，即这三个国家之间签订一个互不侵犯协定，也许可取的做法是加入某种国际保证，以便万一这些国家中的任何一国违反条约时可以采取一些具体行动。然后关于镇压土匪和维护地方秩序与和平，我认为可以通过先前国民政府已经在山东或其他地方的事例中所做过的事情来成功应对，如组建维和部队。在组织维和部队的过程中，国民政府有过邀请外国人担任顾问或以某种身份服务的经验，以帮助维和部队发挥作用。

李顿：这最后一个问题未出现在讨论互不侵犯条约的过程中。这一点在今天上午的会议上得到了真正的讨论。如果你们没有什么要补充的话，或许你们也会涉及我们现在正在讨论的点，即国际保证问题。关于如何能获得它，若是你们有何看法，我们很想听听。可能你们对刚才所言没有什么要补充的。若是如此，请告诉我们。

汪：要是达成这个互不侵犯协议，那么对中国来说，边界防卫这个问题当然就会很容易解决。

李顿：我想说的是，我们现在已经到了一个阶段，即我们想以一般原则为出发点来补充实际细节。如果你们的一般原则是一项国际保证，我们想着手讨论提供这项保证的条件。例如，当我们到达日本的时候，我们建议应该有一项关于满洲完整的国际保证，他们就会问我们这是什么意思。所以我们必须就这个措辞的含义给出一个解释。

汪：在过去30年左右的时间里，满洲产生了很多问题，但实际上出现的任何问题都是来自外部。在这30年期间之早期，问题来自俄国，目前问题来自日本；所以如果我们可以达成某种互不侵犯协议，这肯定会保证满洲的和平。日本确实一度向中国政府提出，为有效应对来自俄国的任何可能事态而结盟。我认为这样的可能事态可以很容易通过缔结一项互不侵犯条约而加以应对，该条约将涵盖日本在与中国接触时所考虑到的任何问题，即与中国结成联盟，对抗可能来自俄国的任何行动。因此，关于这个互不侵犯协议，最重要的问题将会是，任何一个缔约国出现违反该条约的情况时，应该有某种权力或者力量来确保缔约国按照条约规定行事。

李顿：然后，如果我可以转到另一个话题上，关于今天上午我们讨论的有关在停止敌对行为意义上的停战问题，我想说两点。今天上午，你提到了若中国同意停止敌对行为，你们期待日本提出的某些条件。关于中国这一边你们有什么可以告诉我们的吗？中国是否准备提出或者做出一些让步以争取这样一种停战？假设这个问题被提出来，日本表示愿意考虑，中国是否准备通过诱导接受停止敌对行为做出让步？

汪：我想坦率地跟调查团成员说，中国政府不知道九一八事变以来日本在满洲军事行动的准确目的，不知道这种行动背后的真正动机是什么。日本屡次说，中国没有按照条约的某些规定行事，但在这个问题上，日本似乎获得了许多特权，这些特权超出了那些条约的限制。如果日本坚持侵犯中国的领土主权，那么我们无法阻止日本，但如果日本正在考虑从中国获得某些特权，而这些特权在不诉诸武力的情况下就能获得，那么中国政府十分愿意以友好的方式考虑日本所想。我坦率地承认，中国政府不知道日本想要什么，但如果你和调查团其他成员从日本政府那里听到他们渴望什么，中国政府将十分乐于倾听。

李顿：我不是在考虑问题的解决办法，也不是在建议中国政府承认已经做出的任何行为。我只是进一步考虑这样一项建议：如果在我们的报告书发表之前提出一项为期两个月的协议，即任何一方都不应采取进一步行动，而不损害过去已采取的行动所涉及的任何问题。我认为，为确保双方达成协议，必须要有一些诱导措施。今天上午，我提到公共利益之诱导、防止进一步的生命损失、符合当地民众利益，但有必要向每个国家指出，从国家的角度来看，暂时停止敌对行为是有好处的。所以，我只是询问你们是否能想到可向日本提出的任何论点，这可能是一个诱导措施。我没有建议要提出，如果你们也没有的话，我就不谈这个话题了。

汪：中国政府只是期望遵守中国领土完整的原则。

李顿：如果进一步考虑这个建议，那么就有另一个具有实际重要性的问题，就是这个问题。事实上，你能确定它适用于哪些部队吗？在日本方面是十分容易的。而中国方面，在避免采取军事行动的任何一项协议中，如何用数字和文字来定义包括在"中国军队"这一条款下的军事力量？

汪：当然十分清楚的是，像李杜、丁超、马占山等将军所率领的中国军队将受到这样一项协议的指导。

李顿：但除了这些之外，我知道还有很多团体遍布东三省，我认为他们彼此分离，被称为义勇军。如果要达成这样一份协议的话，我想知道他们是否会被包含在"中国军队"之条款中？

汪：义勇军系民众自己主动组织起来的，目的只是抵抗日本侵略，所以义勇军自始至终都努力与中国政府保持十分紧密的联系，政府在其能力范围内已尽力为义勇军提供尽可能多的帮助与援助。情况如此，我认为让义勇军遵从政府的命令是没有困难的。政府可以很容易地让义勇军严格按照政府的意愿做事。

李顿：你们认为有方法把愿望和命令传达给遍及满洲的这些分散团体？

汪：我认为中国政府可以按其意愿同义勇军打交道。当然存在一个非常严重的障碍，日本军队的存在对严格执行中国政府的命令造成了困难。中国民众组织义勇军是因为他们觉得自己是中国政府的忠实公民；因为这个原因，我认为他们会遵从政府的命令。

李顿：如果他们接到命令，他们会遵守，但看起来实际的困难首先是界定协议要适用的军队，即写明他们的数量和他们在哪里，其次，把你们的命令传达给他们。目前你们跟他们没有通信手段。假设你们要代表这些人达成一项他们不会采取敌对军事行动的约定，然后几周后在满洲某个偏远的地方有一小群民众做出违反约定的行为，因为他们不知道你们代表他们签订了这个约定，加上他们因为日本军队的存在和出现而愤怒，可能采取暴力行动。那么，你们就会被认为违反了你们达成的条件，整个停战方案就会落空，日本人会声称他们的任何行动都是正当的，他们的军队是有组织和纪律的。

汪：不需要担心这个问题，因为组织义勇军或多或少是基于防御的想法。换言之，义勇军自己不会主动采取任何可能被视为侵略的行动，只要不发生针对他们的侵略行为。因为这个原因，不存在义勇军采取任何侵略行动这一危险。中国政府担心的是，万一中日两国政府达成某种协议，哪怕是在达成了这样一份协议之后，日本政府也可能会变本加厉，对义勇军群体采取侵略行为，说他们系土匪，必须予以镇压。一旦义勇军不服从政府的命令，中国政府会承担全部责任。政府将会镇压他们。

李顿：你们说到它是一支义勇军，如果这支军队在领导人的率领下都是在一个地方，而这些领导人转而又服从中国政府的命令，并与政府直接沟通，那么问题就较为简单了。但实际上，这所谓的义勇军是由许多部队组成的，他们彼此分离，并非所有部队都驻扎在同一个地方、在同一个人的领导下行动，而且他们的行动也未必符合人们习惯认为一支军队应该遵守的常规纪律。因此，它只是一支名义上的军队。它拥有一支军队的精神，但没有一支军队的组织。我只看到你们自身看到的东西，这支军队中的一些方面被认为与土匪别无二致，完全没有被当作军队来看待，而是被当作一支无权待在那里且日本有权镇压的非正规武装力量。日本有权镇压，就像他们有权镇压一群武装土匪一样。这个事实似乎构成实际的困难，你们难以代表这样一个团体达成任何协议。

汪：你所言极是，但最重要的问题可能是双方是否有诚意达成这样的协议，协议双方是否真心期望停止敌对行为。当中国政府达成这样一份协议的时候，她当然会是真诚的，也会尽己所能镇压任何违反协议的义勇军团体。

李顿：我把观点留在这里，但我认为提请你们注意我们在最近的访问中注意到的实际事实可能会好些，它似乎会给履行义务带来实际困难。

我想对今天上午你们向我们所做之声明做一个简短的评论。我知道你们要说，你们访问北平的部分目的是与地方当局制订计划在满洲采取更广泛的军事措施。我不太知道你们的意思是什么，我也不想在这个问题上逼迫你们，但我想指出一点。抵抗侵略和侵略行为之间存在差异，我想提醒你，中日双方在1931年12月就承担义务避免采取任何可能导致进一步战斗和生命损失的主动行动。当然，如果你们抵抗进攻，就不能说你们是采取了主动行动，我不知道今天上午你们说到的行动是否属于这一类型，但我认为，当整个问题将由国际联盟在收到我们的报告之后来处理，中国政府会对损害目前中国稳健外交的任何举措予以谨慎考量。

汪：我已收到情报，日本正计划夺取山海关和热河，我所说的是，如果日本人采取这种行动，我们将做出抵抗的决定。在这样一种情况之下，我们该怎么办?

李顿:对此我们无法多说什么。我的最后一点是这样,鉴于我们业已进行了非常充分和坦率的讨论,且在这些讨论期间我们已经建立起十分密切的关系,现在我想给你们一个机会,告诉我们到目前为止,您是否有任何与我们的程序或行为有关的问题需要批评,或者您是否有什么建议要向我们提出,以便我们在接下来的阶段中最终完成工作。请在这个问题上自由地说出你们想向我们表达的任何东西。

汪:关于日本计划入侵山海关和热河的情报涉及极为秘密和重要的信息,所以在今天上午的会议中,我们觉得我们应该让调查团知道日本正在考虑这样一个计划。看起来日本正在利用上海停战和日军撤退来加强在满洲的现存力量,日本这样做很明显正在真正地恶化局势。日本正在做的事情与国联大会决议的精神完全相反,所以我想知道除了中国政府主动抵抗日本正在计划做的事情之外,国际联盟是否可以建议其他方法。

至于关于程序的第二点,我非常感谢你们所做的一切工作和你们所经历的一切困难,以及现在见到你们的这个机会。

李顿:局势恶化这个问题当然是我们应该处理的。国联特别要求我们这样做。我们已经注意到发生的一切,如果我们认为日本在你们提到的意义上恶化局势,当我们发表报告书的时候,我们当然会这么说。然而,为了我们希望达成的最终解决方案,我们不希望提交另一份中期报告。对我们来说看起来更好的做法是,我们应该同时说出我们必须说出的一切,对特定一点提出平衡的判断,而不是过早的批评。我们自己不想恶化局势,尽管我们承认可能会出现使其成为必然的情况。所以请你们告诉我们对此的感受。我们认为更明智的做法是,把我们对局势恶化这一问题的看法保留到我们的最后报告书中去,在那时候说明我们对此的看法。除非局势恶化呈现出如此显著和令人震惊的特征,以致我们感到必须提请国联注意,或者国联自身要求我们注意并提出报告,否则我们已决定不撰写进一步的中期报告,但是我已经向你们提供了这样一个机会,让你们对此或对我们迄今为止所采取的任何其他程序做出评论,并就我们在短期内可以做并且需要我们来做的任何有用的事情提出建议。

汪:正如你们所言,调查团到达满洲就收到来自不同阶层民众的各种信件,可能现在调查团能够理解不同阶层满洲民众的立场和情感。然而,由于对中国顾问所施加的许多限制,令人感到巨大遗憾的是,他无法向调查团介绍更多人，他们代表了满洲的舆论，调查团没有机会接触到这些人，他们极为重要，代表满洲相当一部分舆论。

李顿：这当然是正确的，但我们收到的证据有局限，不仅仅是因为我们的中国顾问受到限制。顾博士会记得，他提请我们注意他希望作为证人提出来的那些人的名字。他在这件事情上尽到了自己的责任。现存条件使得劝说这些人来到我们面前成为难事。我们确实接待了他们中的一些人，而其他人给我们寄来信件，虽然我们没有在私下访谈时见到他们。虽然我们见过的人的数量可能没有在其他条件下那么多，但我们确实认为我们所见到的相当具有代表性，我们没有错过任何意见，满洲的中国民众所感受到的一切，事实上都已被我们所了解。我想利用这个机会再次向你们保证，当我们从满洲回来之时，关于那些地方中国民众的意见，我们觉得我们事实上已经了解到我们希望知道的一切。

至于把一切保留到我们最后报告中这一点，如果你们认为我们是在犯错误，如果你们持有不同的看法，请不要犹豫地讲出来。

汪：中国政府感谢调查团为解决问题所做出的一切努力。我所说的是指日本方面，因为我获知中国顾问未被给予有权获得的自由。中国顾问不能陪同调查团到起初考虑访问的不同地方，这是一个巨大的遗憾。这当然肯定妨碍了调查团的工作。

李顿：你们当然会通过顾博士向我们传达关于你们从现在我们的谈话中产生之建议的任何进一步想法，在我们自日本回来之后，我们可能想作进一步的讨论。

汪：我想提出一两点，不是在今天讨论，而是在方便的时候讨论。它们是满洲铁路的问题和满洲经济生活的问题。这些当然都是非常大的问题，我没打算今天就把它们提出来，但它们可能最终会被提出来，我想知道提出这些问题供讨论的程序。

李顿：我可以向你们保证，在我们工作的整个过程中，我们一直在非常仔细地研究铁路问题，我们的铁路专家和包括满洲所有铁路当局在内的其他人就这一问题进行了不断的讨论，我们报告书的很大一部分内容会用于说明这个问题。经济生活同样如此，我们有很多专家研究这个问题。虽然我们自己已经提出了一些问题，但对这些正式访谈并不满意，我们的专家已经跟不同的当局进行了许多非正式的访谈，并非常详细地讨论了这些问题。

在铁路这一问题上,希爱慕(Col. Haim)是专家,当然,迄今为止他的大部分工作都是与日本当局和满铁官员一起完成的,因为他加入我们之后,我们立即前往满洲。我被告知,他还没有完成中国铁路部门的工作,现在我们已经回到中国,如果他能得到中国专家的帮助,更充分地探讨他在满洲与日本铁路当局讨论的问题,他将非常感激。

关于经济问题,我们也有专家处理这个问题,如果你们认为这是一个应该进一步探讨的问题,那么如果你们愿意让我们的专家与任何能和他们一起详细研究满洲经济生活的人联系,我们将十分高兴。

7. 国联调查团与前沈阳警察局局长黄显声将军的会谈记录(1932年6月27日)

北平,1932年6月27日

出席人员:希尼博士和一名译员

黄显声将军是沈阳警察局局长,指挥2 970人。一部分人配备步枪,一部分人配备毛瑟手枪。

1931年9月16日,黄将军从秘密警察那里接到情报,称日本已经由安奉线运输军队和弹药到沈阳。一俟接到这一消息,他就派刘将军到北平通知少帅张学良,他认为可以预料日本将要搞一些活动。

9月18日下午4时至5时,有两门榴弹炮由一辆敞篷铁道车从大连运来。这被秘密警察看到。下午6时,黄将军以同样的方式接到情报,称日本宪兵队配备了步枪和弹药。

下午9时至10时,黄将军在一位欧洲人的家里。然后,他去了电话电报局局长褚先生(Chu,音译)那里,褚先生与在北平的少帅张学良有直接的电话通信。他跟少帅交谈,请求指示,少帅对此答复称不要进行抵抗。

在跟少帅打了电话之后,黄将军离开褚先生的家,去了警察局长办公处。这发生在晚上10时至晚上11时之间,他无法给出准确的时间。途中他听到步枪和机关枪开火的声音。在警察局长办公室,警察报告日本人占领了第一、第四和第六警察分局,他们用步枪和机关枪朝警察分局开火。第一警察分局有42名警察,其中17人被杀。当晚,总共有72名警察被杀。他不知道伤员的人数。直到一些成员被枪杀,警察才还击日本人的进攻,他们在这种情况下被迫开枪自卫。

在警察分局遭到日本人的攻击之后,警察分散开来,朝沈阳城的西门和北门撤退。他们的步枪和毛瑟手枪存放在当时还未被日本人占领的警察分局里。每个被发现携带步枪或弹药的人都遭到日本人的枪杀。

黄将军命令警察分局尽可能不要进行任何抵抗。他还命令由749人组成的宪兵队不要进行任何抵抗。他本人去了住在警察分局附近的一位中国朋友家里,一直待到9月19日下午4时。在那里,黄将军通过电话得到有关沈阳事态发展的消息。后来,他成功地离开沈阳,去了北平。

8. 国联调查团与国民政府汪精卫等人的会谈记录(1932年6月19日)

北平外交大楼,1932年6月19日

出席人员:

调查团成员,秘书长,助佛兰(Jouvelet),万考芝(von Kotze),以及派尔脱等各位先生;

行政院院长汪精卫先生,财政部部长宋子文先生,外交部部长罗文干先生,中国顾问顾维钧博士

翻译员:金武泽(King Wuntze,音译),赵传(Chao Chuan,音译)

汪精卫:(互致初步的礼节,汪博士和李顿勋爵都表示很高兴有机会在这个时候见面讨论手头的问题,在此之后)我很感谢有这个机会与诸位交谈,我也会很高兴在你们从日本返回中国后与各位调查委员作进一步的会谈。为达此目的,我希望你们可以访问南京。如果你们现在或者在将来的南京会谈中有任何问题要提出来,我会完全听候你们的吩咐。

李顿:我非常感谢,特别是因为当我们从日本回来的时候可以举行进一步的会议这一建议。我认为对我们而言这么做可能是必要的。我想询问的第一点就在于此。你们记得,在南京谈话之时,我们建议……①包括在中日就该问

---

① 编者按:省略部分为修改的手写体,无法辨识。

题达成的任何解决方案中,在满洲建立一个全新的民政府,这个民政府或多或少带有自治的特征,并建立一支特殊的宪兵队,以达到维持"该国"秩序之目的。作为答复,汪院长那时告诉我们,他的政府意识到了这一点,正在这种意义上采取措施。我认为,他承诺会就这一问题给我们一份备忘录。在重提这一要求时,我不是在提出批评,因为我知道顾博士一直跟着我们游历,所处的环境使得他不可能从事任何那种性质的工作,但事实上我认为我们尚未收到这样一份备忘录,我想询问我们是否可以在不久的将来收到备忘录。

汪精卫:关于东三省的未来管理,中国政府正在不遗余力地研究这个问题,并已经在南京成立一个委员会,以寻求该问题可能的解决办法。我确信,一俟你们从东京回来,中国方面就可以提出一些切实的建议,如果你们同意,我准备就这个问题做出一两点阐释。

顾维钧:这份备忘录在你们回来前就会准备好,但现在汪院长准备讨论备忘录的部分内容。

李顿:直到从日本回来我们才能拿到备忘录,所以我认为现在最好稍微探讨一下这个问题。如果可以,我想围绕这个问题发表意见。

汪精卫:我想强调的第一个重要之点是,中国政府将会尽最大努力在东三省的未来管理上实现某种自治。说到这里,我应该阐明自治与独立是十分不同的。在讨论其他各点之前,我希望提出这一点。

李顿:我可以就术语问题发表意见吗?为了会谈,我们可以谈论一下四个省份吗?事实上我们是不是正在考虑一项包括该地区四个省份的解决办法?

汪精卫:作为答复,我想说明我想到的是三个省,而不是四个省。从历史上来讲,普遍认为"满洲"这个术语包括辽宁、吉林和黑龙江三个省。在清朝,简要地说制度是这样的:东三省的每一个省,都有一位叫作驻防将军(Tartar General)的官员。这种制度根本不能令人满意。清朝末年,大概是1909年,该制度出现变革。代替这一制度的是(每个省)任命一位巡抚,也就是辽宁一位巡抚,吉林一位巡抚,黑龙江一位巡抚。然后,有一位总督总揽东三省的权力。但是,这个制度也不能令人满意,民国一经建立,就设置一位总揽东三省的巡阅使,而每个省都保留了其民政长官。通过这一制度,以前或多或少自治的东三省后来被纳入中央政府系统。

顾维钧:重点是,直到现在,不管是在清朝还是民国的制度之下,满洲都是包括三省,从来没有包括四省。

李顿：我很清楚这一点，从历史的角度来看这是正确的。我没有质疑这个事实，但我想考虑今天的实际政治，也想问问你们，既然我们必须处理长城以外地区的问题，努力为热河以及我们一直在讨论的三个省设计一种政府形式，你们实际上是否对此存在反对意见。如果存在这样的反对意见，我们想听听这种反对的性质，想知道如果东三省是我们正在考虑中的新政府的主体部分，你们打算在热河保留什么性质的管理制度。

汪精卫：热河与东三省大有不同。按人种来说，那里的人口主要是蒙古人。就管理制度而言，1927年以前，内蒙古有三个特殊的行政区域，包括热河在内。1927年（中华民国十六年）之后，这三个行政区域被调整为中国的常规省份；因此，既然热河系内蒙古的一部分，那里的人口是蒙古人，热河问题就不能跟东三省问题联系起来。

罗文干：在满洲，我们有吉林省、黑龙江省和辽宁省。在内蒙古，我们有察哈尔、热河和绥远三个区域，它们的管理完全不同于满洲，满洲有一位总督，他手下有三位民政长官。在内蒙古，我们有高级专员（High Commissioner）制度，只是从1927年以来，这些特殊区域才被纳入中央政府直接控制下的中国省制。

李顿：我们了解这一点，当然知道内蒙古的人口不同于通常被称为满洲的东三省的人口。但是，如果要建立一个新的行政区域，我们想跟你们探讨一下这个区域可能的边界。从你们的回答，我知道你们希望把讨论仅仅限定在吉林、黑龙江和辽宁三省，把讨论延伸到这些区域之外非但没有好处，还会遭到反对。

汪精卫：把这两个地区联系起来有一些固有的困难，因为热河和内蒙古其他两个省的人口属于蒙古族，要是像对待满洲诸省一样对待热河，那察哈尔和绥远的民众就会反对。他们就会问，为何他们不被给予同样的待遇。从语言的角度来看，在满洲满语现在或多或少是一门死的语言，而在包括热河在内的内蒙古三省，蒙古语仍然是一门活的语言。因此，热河民众和东三省民众说的语言十分不同。满洲民众均说汉语，写中文。两地民众的职业也有不同。东三省的居民或多或少地致力于务农，而包括热河在内的内蒙古居民则是游牧民族，他们主要从事放牧和畜牧业。他们的营生方式是不同的。因此，像处理东三省问题一样处理热河问题将是非常困难的。

宋子文：就民政管理而言，国民党的一大目标是民政管理应该至高无上，这不仅适用于满洲，更适用于全中国。将东三省完全置于一个民政当局的控制之下，这个计划不仅扩展到满洲，也扩展到全中国。因此，我们不反对将热河置于这样一种管理之下，但我们不理解为什么它应该跟东三省联系在一起。因为在东三省，存在这样一个事实，即日本已经卷入那里的经济问题，但热河的情况不是这样。在所有悬而未决的问题上，热河属于一个不同类型的问题。

李顿：从历史上看，不同语言和职业的人不应该被纳入一个行政区域，这是不成立的，但我想请你们进一步考虑这个问题，我们会把它留到后面的讨论中去，然后征求你们的最终意见。为了今天的讨论，我可以使用"满洲"这个相当宽松的术语吗？我没有给它附加任何特别的含义，因为我知道你们的立场，我只会使用这个名称指代东三省，因为这很方便。

现在我想离开区域问题，谈谈管理的性质。你们是否记得，当你们在南京的午宴上十分友好地招待我们的时候，说到中国问题最重要的因素是，目前中日问题的任何解决办法都应当符合现有的多边条约，都应该与有关中国领土完整的一些条约的规定相一致。你们是否记得，我在答复中说，国联不可能提出未遵从这一条件的解决办法，或者这样的解决办法不可能获得国联的批准；事实上，这在当时的国联理事会决议上就可以看到。所以，我现在说的是符合这一理解的——我不是在说跟中国领土完整不相容的东西。

既说到这，我认为应当告诉你们，从我们在满洲期间收到的证据中获得一种印象，即那里的中国民众有一种非常强烈的情绪，赞成实行很大程度的自治。我可以总结一下我们获得的证据类型吗？我们有日本或"满洲国"当局介绍给我们的社团代表团。他们与日本或"满洲国"当局提供的译员一起来到我们这里，毫无疑问，他们向我们讲述了一个事先得到官方批准的故事。但在代表团的一些成员讲完故事之后，我们同他们有过单独会谈，我们从中获得的印象是，他们之所以向我们表达这种特殊的看法，是因为他们希望他们的领土免受内部动乱的影响，而这种内部动乱在中国其他地方可以看到。

我们收到的第二类证据来自我们私下见过的个别中国人，他们抱怨日本人的行动，希望可以从中获救。然而在此之后，他们在每一个案例中都告诉我们，不希望回到他们以前的施政状态，且对他们在以前的政权下所经历的弊政做出一些批评。我认为几乎在每一个案例中，他们都希望在任何解决办法中，都可以在保留与中国联系的前提下享有很大程度的自治。

第三类证据是普通公民寄来的信件，我们有大量这样的信件。我们已经让很多工作人员翻译这些材料并进行分类,这项工作今天刚刚结束。不管是从哪种角度来书写的,几乎所有信件都出现了相同的观点,也就是希望在将来的解决办法中,满洲应该作为一个自给自足且很大程度上自治的实体而维持下来。因此,满洲的中国人提供的所有这些证据,使我们形成了一种观点,即当地民众有一种自治的愿望;如果民众的愿望得到考虑……①我认为应该告诉你们这种观点。

我再说一点。我已经谈到我们直接从中国人那里收到的证据。除此之外,我们还从中立人士那里收到大量证据,可以说,这些证据证实了我的观点。在向中立人士、外国领事、外国商业公司等提问时,我们发现他们对这个国家民众情绪的看法跟我们从中国人那里直接得到的印象是一样的。由于这个原因,我提起它。去满洲之前,我在北平跟遇见的几个中国朋友讨论过这一点。我自己一无所知,只是询问民众中间是否存在这样一种情绪。然后我被告知,不可能存在这样一种情绪,因为大多数人口都是最近来自河北和山东的移民,刚刚跨过边界的中国居民没有理由希望以任何方式与他们的国家分离。因此,民众自治愿望的强烈程度和它的全体一致性出乎我的意料。我们预料到,满族和蒙古族基于种族理由有自治的想法,不仅如此,河北和山东移民人口的代表竟也表达了自治的愿望。

汪精卫:鉴于中国领土幅员辽阔,以及中国交通十分不便之事实,中国政府一直在认真研究向满洲和中国所有其他省份授予自治权的可能性。这一自治措施应该在整个中国实现,这是国民党和国民政府的期望。根据我们的已故领导人孙中山博士提出来的国家重建的基本原则,一旦一个省做好了自治的一切必要准备,就应该给予这个省选举本省省长和制定本省宪法的权利。因此,不仅应该给予满洲某种程度的自治,而且国民党和国民政府正在努力满足全体中国人民的这一合法愿望。鉴于东三省普遍存在的特殊状况,我们将会努力加快实现自治的进程,甚至可以在各省完成必要准备之前授予其自治权。中国政府正在考虑为此目标而采取一些临时性的安排。

李顿:这无疑是中国政府的必要看法,中国政府必须考虑中国的整体情况。而我们现在只关心中国一个特定地区的施政问题,我们认为有必要告诉你们,从提交给我们的意见来看,我们觉得在那里建立任何行政机构都应该满

---

① 编者按:省略部分包含修改的手写体,难以辨识。

足我们给你们讲过的自治要求。显然,正如我在开场白中所说的,自治的性质必须与你们最终为整个中国所设计的任何联邦制度相一致。一定不能在这里建立一个不适合整个中国的机构,而是在此前提下,我们认为这一特殊地区应该有一个行政制度,按照民众的看法,这个行政制度要满足他们向我们表达过的自治要求。

既已说到施政性质,在结束这个问题的讨论之前,我暂且回到区域问题上来。至于施政的特征,我想请你们考虑一下,客观环境如此,将满洲或东三省和内蒙古各省作为一个行政区域来处理,或者作为两个行政区域来处理,而每个行政区域都有适合的政府形式,哪一种处理方式更为可取?或者你们是否认为,实行第二种处理方式的时机尚不成熟,必须搁置起来。两个行政区域必须被纳入有同一名称的一个区域,不一定要遵循这一点,但既然我们正在讨论这个地方,并且你们说希望把这种政府形式扩展到全中国,那么将两个区域归并起来就不会存在困难。

汪精卫:我倾向于认为,把有关热河的问题和满洲或东三省问题分开讨论,因为两个问题的性质是不一样的,一个问题不应该跟另一个问题联系起来。就行政制度言之,热河迥异于东三省。在张老帅①时期,它们从军事的角度被视为一体,但就民政而言,它们则是分开的。

罗文干:少帅过去控制热河,现在仍控制着热河,这种控制是个人性质的问题,而不是政治性质的问题。热河省长系老帅的军事将领之一,但从行政和政治的角度来看,旧制度仍然是一样的——察哈尔、绥远和热河仍是不同于东三省的行政区域。

麦考益:还有另外一块领土被认为是一个特殊的地区,该地区有海拉尔巴尔虎人(the Barga group)蒙古王公的基地。这一副省(sub-province)或地区的特殊地位是什么?

汪精卫:它是黑龙江的一部分。如果不对这个问题作进一步的讨论,那么我回到南京以后,会请特别委员会迅速准备一份关于这个问题的备忘录提交给调查团。

李顿:你们还有什么问题想向我们提出来?

汪精卫:我想与你们讨论一两个重要问题。我想指出,几天前我、罗部长、

---

① 编者按:指张作霖。

顾博士跟蒋介石将军在九江有一个会议。这次访问的目的是讨论镇压共产党的问题。镇压共产党是一个非常重要的问题,蒋将军必须处理这个重要问题,所以他在那里建立了指挥部。他想要指出镇压共产党的意义。要是没有发生去年9月18日的事件,那么我们十分确信镇压共产党这个问题到这时就会获得满意的解决。像现在这样,这个问题仍在吸引着中国政府的全部注意力。我们在5个省都有共产党:江西、福建、湖北、河南和安徽。我们已经制订了一个镇压计划,按照这一计划,何应钦将军将是江西和福建两省的总司令,而蒋介石将军则专门负责其他三省的军事行动,他同时也是整个军事行动的总司令。我们希望在几个月之内圆满完成这一任务。这个问题不仅对中国本身重要,对其他大国也很重要,因为它涉及外国在华侨民的安全,还影响外国人的经济利益。虽然这个问题似乎与满洲问题无关,却对它有非常重要的影响,因为去年9月18日的事件妨碍了中国政府镇压共产党的工作。因此,只要满洲问题不解决,中国政府处理其他问题就会受到很大阻碍。

李顿:我很高兴这个问题被提出来。这当然是非常重要的。我们从报纸上得知这次会议已经召开,我们非常有兴趣了解关于它的情况。

汪精卫:我还想阐明另外一点,即抵制日货问题。正如你们充分认识到的一样,要不是日本侵略满洲,中国就不会诉诸抵制日货运动。日本政府表达过一种看法,即上海问题解决了以后,就应该压制这种运动。我跟一些日本外交代表进行过几次面谈,特别是5月16日我在南京跟日本驻巴西大使①举行了一次面谈,我从中深刻认识到日本政府的这种看法。尽管上海事件获得解决,这种运动却没有受到压制,日本似乎很失望,但在那次面谈中,我跟日本人讲得很清楚,抵制日货运动只是对日本高压行动自然愤恨的表达。它是民众的自发行为,中国政府不能强迫本国公民购买他们不想购买的商品。如果这场运动的扩散要归咎于谁,那就是日本人自己,如果消除了这种运动的起因,那么我很肯定,压制这一运动不会有任何困难。但与此同时,只要满洲问题依然悬而未决,特别是在日本国会采取措施催促承认所谓的"满洲国"之后,中国民众的民族感情将更为强化,中国政府认为它无法采取任何有效措施压制抵制日货运动。不仅如此,考虑到日本继续采取高压行动,且鉴于日本国会建议承认"满洲国"这一相当不友好的姿态,这一运动甚至有可能会更形扩大,这是令

---

① 编者按:指有吉明,1926年任日本驻巴西大使。

人担忧的。

另外还有一点,在上海停战协定签署以后,过去驻扎于上海的日本军队被调到满洲。因为这个事实,一直在北满地区跟日本军队及所谓的"满洲国"军队战斗的中国义勇军在完成任务方面就受到了很大的阻碍。虽然义勇军绝不是通过政府支持而组建的,但中国政府和中国人民同情他们摆脱日本统治枷锁的努力,这是十分自然的。义勇军的非官方代表跟一些政府官员取得联系,抱怨日本已经从上海派出增援部队。正是由于这一点,中国政府感到必须尽可能地以金钱的形式或者弹药和给养的形式提供援助,希望这一运动能取得成功。日本军队从上海撤出,到满洲与义勇军作战,要不是因为这个事实,我们绝不会援助义勇军。

宋子文:我被要求更详细地说明这一观点。义勇军活动是中国人民在满洲的自发运动。同时,中国政府不能漠视它的成功。因此,中国政府已经并且将会尽最大努力,尽可能在各方面提供弹药甚至资金,帮助这些人。日本从上海撤退军队到满洲本身并不是中国援助义勇军的理由,但它表明日本政府无意保持理性,因此我们越来越担心满洲局势愈发严重,这是可以预料的。我们认为,满洲局势将会无限期延长,并且只会变得更糟糕。如果可能的话,我们想派一支正规军到那里去战斗,倘若不行,我们相信我们自己是站在正确的立场上,可以使用一切手段收复满洲。就抵制日货而言,上海事件的结束使公众舆论归于平静,但这种平静不会持续下去。我们已经看到民众愤恨的迹象。正如在满洲看到的情况一样,你们会看到民众的感情在强度上有增无减。

罗文干:关于中国政府为何支持满洲的义勇军这个问题,我们可以用另一个问题来予以反驳:为什么日本派遣增援部队到满洲?

李顿:关于抵制日货,我想问一件事情。我们知道你们的情况是,只要日本继续引起中国民众的愤恨,愤恨就会以抵制日货的形式表达出来,中国政府就不可能阻止它,也不希望阻止它;但是,如果中日两国围绕一个事件和影响中日关系的全部问题达成解决方案,中国政府就没有必要采取措施阻止抵制日货运动,因为抵制日货运动会随愤恨一起消亡。

我的问题是这样的。我们事实上注意到,抵制日货运动绝不是统一的。在一些地方,它很强,而在一些地方,它较弱,在一些地方,它根本就不存在。我想问一下,依你们之见,如何来解释这个事实?

汪精卫:我们也了解到这个事实,即不同地方的做法未必一致。如果有必要做出解释,那么这个解释可以从一个事实中找到,即由于抵制日货运动系一场自发的运动,不同地方的民众有他们自己的不同组织,按照他们自己的规定从事活动。但是,背后的原则对所有人都是一样的——只要日本人还留在满洲,这一运动就会继续充满活力。当然,由于中国政府未参与抵制日货运动,我无法就这一做法为什么不统一给出详细的解释,但也许这是一个原因。

李顿:我这样询问只是出于好奇。我对这一特殊现象很感兴趣,想获得信息。对于某些地方不存在抵制日货运动这一事实,我想出四种可能的解释。一个解释是,在这些地方民众所感觉到的愤恨少一些。他们不知道其他地方发生了引发愤恨的事件。另一个解释是存在更大的自我利益。商业界的利益可能要比……[1]更为强大。第三个解释是,在一些地方抵制日货运动被组织起来,而在其他地方抵制日货运动可能就组织得不够,所以解释是,在那些地方要么是组织存在缺陷,要么就是缺乏组织。最后,有可能在那些地方来自上面的压力较小。当我说"上面"的时候,当然日本总是竭力主张,如果不是政府通过直接行动,至少也是通过间接行动——凭借国民党机构,抵制日货运动才保持生机,国民党机构虽然不是一个政府部门,却是一个官方机构。根据日本的说法,如果不是因为国民党组织的压力,这一运动会立刻沉寂下去。现在我想再问一次,在你们看来,这四个解释中哪一个是最有可能的解释?或者是不是还有其他我没有想到的原因?

汪精卫:也许这四个理由可以解释不同地方的做法缺乏统一,但还有其他一两点我想提一下。例如,在天津,抵制日货运动就不像其他地方那般活跃。可能是因为驻扎在那里的日本军队干涉中国店主和商人这一事实。例如,也许在天津日租界,日本商品或多或少销路甚广。可能有一些情况,日本军队干涉中国商人,强迫他们买卖日本商品,这就解释了抵制日货运动为什么在天津不像在其他地方那样活跃。

李顿:这适用于山东吗?

汪精卫:它在同样程度上适用于青岛和济南。

罗文干:汪先生所言不是说日本军队干涉商人,而是说增加的日本军队之存在构成一种形式的威胁,特别是考虑到去年冬天日本借口中国人正在进行反日运动而挑起的冲突。青岛现在有日本军舰停泊,日本海军陆战队不时登

---

[1] 编者按:原文为添加的手写体,无法辨识。

陆。济南有一定数量的日本守卫,1927年和1928年,济南发生两起非常严重的事件,那时候日本人占领了济南。去年天津爆发的两起事件是因为那里的反日运动。

李顿:我认为,在青岛,这是因为报纸上的一篇文章,就像在上海一样。

顾维钧:天津和青岛的情况非常不同。

(讨论细节)

顾维钧:在天津,当日本人下定决心挑起冲突时,事件一个接着一个发生,构成一系列事件。爆炸事件和中国报纸发表一篇被认为是诽谤日本的文章大约同时发生。

李顿:这就要超出我们的重点,我想你们还没说完我就打断了。

汪精卫:例如,广州没有日本军队,那里的抵制日货运动相当活跃,连广东省当局都觉得有必要在某些情况下采取预防措施。广州民众对日本侵略满洲和上海是如此愤慨,以至于反日活动无法镇压下去。这是因为广州民众对日本侵略有更高的愤恨感。

宋子文:我认为,汪先生已经回答了你们两个影响因素,即愤恨和自我利益。现在对我们来说,民众的教育问题似乎是一个比其他一切因素都更为重要的因素。对日本人的愤恨是全国性的,但如何把这种愤恨转变为行动在不同的地方则是不同的。以广东为例,那里没有日本军队,广东民众所遭受的苦难比其他任何省份的民众都要少;然而那里的民众却愤恨不已,因为他们更加觉醒了。以另一种方式言之,在内地省份许多民众没有受过多少教育,他们区分不了日本商品和其他商品,往往只是把商品认定为上海货而没有区分不同外国的商品。教育是影响抵制日货运动效果最为重要的因素。

李顿:我想问一个与日本从上海撤军有关的问题。我认为,刚才汪先生说,日本军队从闸北撤出,然后被派往满洲,这一事实与中国政府正在向那里的中国义勇军提供援助这一事实之间存在某种关联。这个问题具有复杂性。你们还记得,除了一般的战争敌对行动之外,日本驻日内瓦代表还提出了一项保留,即在"该国"混乱的状况下,日本军队必须镇压土匪,维持法律与秩序。我想,这是去年12月提出的保留。我们就此向日本提出几个问题,他们坚持认为,在目前的情况下,不可能在一直存在于"该国"的一般土匪的行动和正在从事一种零星战争的游击队的行动之间做出区分,游击队实际上就像土匪一样生活在"该国"。日本人说,他们只不过是在履行一项专门为他们自己保留的职责——这不是国联赋予日本的职责,而是日本要求的职责,因此日本认为,在这种情况下他们的部队有正当理由抵抗可能遇到的任何形式的"侵略"。

汪精卫:区分土匪和义勇军不是很难。东三省当然有土匪,但是数量不是很多。虽然义勇军有很多士兵,但他们的组织跟土匪团伙十分不同。义勇军受军纪约束,他们从事十分不同的活动。如我们所知,土匪的职业就是犯罪,比如抢劫和其他形式的暴力,但义勇军现在正在抵抗日本侵略军,在这方面土匪当然大大不同于义勇军。日本人故意称义勇军为土匪,以便他们可以继续在那里保留他们的军队。

李顿:理论上可以很容易区分土匪和义勇军,但实际上,在满洲现有状况下,这真的一点都不容易。你们说,义勇军是有组织的,而土匪则不然。现在事实上,很多义勇军队伍的组织非常松散,另一方面有一些二三百人组成的土匪团伙,他们实际上是作为一支队伍而被组织起来的。然后你们说土匪犯罪,比如抢劫和偷窃,但是义勇军队伍,不管他们的动机是什么,都没有其他的谋生手段,只能靠【抢劫】农村过活。他们进行突袭,然后拿走需要的东西,所以实际上很难把义勇军跟土匪区别开来,这不仅是在组织问题上,也是在活动问题上。

这个问题自然会引出一个我想在某个时候探讨的问题。在这场争论中,中日双方都通过在日内瓦的代表承诺不使局势恶化,而这个时候,中日双方都可以为采取可称之为侵略性的行动提出貌似十分合理的理由。一方面,存在我刚才提出来的日本人的观点——这个"国家"充满了不法分子,而日本暂时是唯一拥有武力的官方机构,所以他们有正当理由使用军队对付这些非法群体;事实上很难区分义勇军和土匪。在中国一方,存在你们刚刚提出来的貌似有理的观点,即日本从上海撤出军队,然后故意和公开地派他们到满洲从事战争。中日任何一方提出理由都是十分容易的,我们代表得到中日双方承诺的国联急于知道,你们认为现在是否可以采取一些实际措施防止局势的进一步恶化。这是接下来我想着手讨论的问题——至少在我们调查期间的某个时候。

汪精卫:在中国一方,我们已经采取了忍耐的态度,现在该由日本做出同等回应。中国未曾采取任何措施恶化局势,现在尽最大努力阻止局势的进一步恶化,这在日本的能力范围之内。

李顿:这涉及的无非是责任问题,但军队的任何调动都是局势的一种恶化,我承认你们的看法,即总是在另一方的部队前进时撤退,这不是你们的义务,但除了不撤退之外,今天在满洲还有一种情况,就是中日两方都存在军队的调动。中国将军手下的部队偶尔进行突袭和攻击,他们也受到日本人的攻击,诸如此类。现在中日双方战斗的倾向比过去更为积极、活跃,这种情况正在增加。这就是我为何提出这个问题。你们可以有很好的理由,说这不是你们的错,是日本人恶化了局势,但现在满洲存在持续不断的战斗,这种战斗必定会继续下去,除非可以达成某种协议来加以阻止。在哈尔滨的时候,顾博士跟我们讨论了这个问题,我们在那里最接近实际的战斗现场,顾博士提出是否可以在我们的帮助下做些什么。这自然是一个对我们很有吸引力的建议,于是我们就询问,既然顾博士去南京见中国政府成员,向他们提出这一点,所以我想知道中国政府是否跟顾博士讨论过这个问题,你们在这个问题上的看法是什么。现在才讨论这个问题可能太迟了,但在将来的某个时候我想在我们的讨论中把它提出来。

汪精卫:关于这个问题,我想说几句话。顾博士向中国政府报告了跟你们在哈尔滨期间的谈话要点。我们知道,你们的建议是在中国和日本之间成立一个委员会,目的是做出安排,停止中日双方的进一步战斗。中国政府当然欢迎这个建议,但首先应该阐明的是:去年9月30日国联通过的决议要求日本政府将军队撤退到铁路区域,如果中国看到日本履行诺言,那么让中国同意召开一次会议,解决满洲的军事问题,当然就不会有任何困难。因为这个问题非常重要,我想对它作进一步的讨论。

9. 国联调查团与王以哲等人的第二次会谈记录(1932年6月15日)

与1931年9月18日北大营指挥王以哲将军的第二次会谈
北平饭店
1932年6月15日
出席人员:
调查团委员,莫思,助佛兰和万考芝各位先生;
旅长王以哲将军,参谋长赵镇藩,第620团团长王铁汉,第621团团长王志军(Wang Chi-chun),第621团第2营营长刘汉巨(Liu Han-ju,音译),第

621团第6连连长兰某某(Lan C.C.,音译)。

莫思先生担任翻译

北大营位置示意图①

1. 对北大营的进攻(王将军和各位参谋讲述)

18日晚上10时,王将军在北大营西南约6英里处的家中听到巨大的爆炸声,北大营的军官也听到了。继之而来的是枪击声,22时20分参谋长接到报告称,两名正在墙上从里面(往外)察看的哨兵受了伤。约23时,日本人开始进攻北大营的西南角,23时30分从那个地方进入,然后就对西南角的建筑进行纵火。发现自己身处困境,驻扎在西侧建筑里的第621团一部分人(可能是第1营和2营)就向南门撤退,余下的则撤至营房中部。大约午夜时分,撤退的第621团到达南门,发现日本人也正在进攻这个门,守卫正在撤退。于是,他们躲进了以前在南门西侧修建的一些战壕和土木工事里。到凌晨1时为止,南门的守卫已经撤退到营房中部,紧随其后的日本进攻部队主力没有注意到隐藏在战壕里的部队。另一部分日军在营房内向东进攻,未在南门留下士兵。因此,凌晨2时,第621团这部分人离开他们的隐藏之地,然后经南门撤退到大营东边的二台子村。

南入口的守卫军官在午夜报告称,日本人正在用机枪从入口外的一个大土堆后面发动攻击。同时,从远处发射的炮弹落在墙内。该军官一些部下受伤了,但按照指示,这些部下未作抵抗。1时,守卫奉命撤退到营房中部附近的一个小建筑物里。这30人后来随着中国军队主力穿过东墙撤离到上面提到的村庄。守卫一撤退,日本人就攀上围墙,朝营房里面扔手榴弹。经南入口进入的日军主力直奔中部,而一队日军则向东转进,如前文所述。

3时,参谋长下令将师部撤离。已撤退到营房中部的第621团第3营,守卫和中国士兵主力经过东出口且翻越一道低矮的土墙撤退到二台子村。他们中的一些人穿过东墙外空荡荡的营房。4时,参谋长随部队主力到达村庄外的一个地方。

第620团驻扎在东北角的建筑和南边的第二栋建筑里。这个团的团长称,当1时日军进入的时候,中国士兵从一个营房撤退到紧邻的营房,让日本

---

① 编者按:图略。

人攻击空荡荡的建筑。因为中国军队主力撤走了,日军就转而向东,而已经转向东出口的较小一队日军则切断620团的出路。日军正在用步枪和机枪猛烈地进攻,所以这个团别无选择,只能杀出一条血路,经过空荡荡的营房到达围墙东边。他们早上5时开始突围,但直到早上7时才完全摆脱日军。在战斗中,他们造成了日军的一些伤亡。

据说除了前述之战斗外,不存在对日军占领北大营进行抵抗的情况,而前述战斗只是因为被包围的人没有其他出路。

第620团是最后离开北大营的中国军队,该团团长称他离开的时候,唯一着火的建筑是西南角的建筑。然而,在到达村庄之后,他看到发生了几处火灾,但无法说出着火地是在北大营的什么地方。

在答复希尼博士的问题时,王将军核实了前一天提供的关于中国伤亡的数字如下:死亡149人;受伤约170人。

李顿勋爵就主营房后面的红砖营房遭到攻击进行了询问。他已被告知19日晨日本人占领了此处。王将军答复称,这些营房不在他的指挥下,他不熟悉它们遭占领的情形。

2. 南门的情况

在调查团访问北大营期间,日本人已经告诉李顿勋爵,在进攻之夜他们起先无法强硬打开南门,因为他们没有配备重炮。然而后来,他们在大门外的一栋建筑里发现一门带两发炮弹的中国大炮。他们用这门大炮炸开了大门。

在被问及此事时,王将军称南入口没有大门。中国人在入口处的土墙里建起了四个砖砌的基座,用来支撑大门的柱子,但没有建造大门。日本人用步枪和机枪击退了守卫,随后进入。他认为,要是调查委员们看到一扇大门的话,那它一定是9月18日以后放置在户外的。

李顿勋爵不记得见过一扇大门。麦考益将军和莫思先生回想起有一扇坚固的新铁门,它没有遭受过炮火的痕迹。

王将军指出,南入口外的建筑系私人建筑,跟兵营没有关系。不可能有一门中国大炮留在兵营外面这些房子里。

3. 军队的撤退活动

19日晨约6时,中国军队主力离开二台子村,前往东陵(Tung Ling)。然后,他们行进至靠近吉林的一个村庄(大概是乘沈阳—海伦铁路),获得冬衣供应。8列火车接到命令要运送8 000人,王上校负责的一列火车被派去争取军队从 Hsi Hsao① 进入吉林市的许可权。日军已经占领了长春和吉林。吉林的日本侨民惊恐于对运载中国士兵的 8 列火车之接近,以致日本从长春、四平街、沈阳派出增援部队到吉林。有鉴于这一行动,中国军队返回沈阳,在离沈阳 13 英里外的张作霖墓地离开火车。他们分成 9 组,在夜间绕着沈阳城行军以躲避日本人的侦查。将军本人伪装成一名平民骑马行进。在一个地方,他们被日本飞机发现并遭到轰炸。他们在 Tsangku(?)② 乘坐已订好的 7 列火车,于 10 月 4 日分段到达山海关长城。

4. 北大营外的爆炸和战斗

在回答麦考益将军的问题时,王将军称,他清楚地记得 9 月 18 日晚上北大营外面没有中国军队,也没有引起整个事变的中国军队袭击日本军队。一位调查委员向将军出示了一张两名死去的中国士兵的照片,日本人声称他们系于 18 日晚上发生在中日间铁轨爆炸现场附近的遭遇战中丧生的。王将军认为,日本人可能用在北大营丧生的一些中国士兵制作了这张照片。

在讨论日本关于中国人爆破铁路的指控时,王将军宣称在指定地点炸毁一小部分铁轨是不成问题的。要是中国人想制造麻烦,他们就会破坏一座桥梁或者一条隧道,同时进攻日本的火车站。事实上,即使假设中国人真的爆破了铁轨,他们也没有随之跟进,而是未加抵抗地撤退了。在他看来,整个叙述都是幼稚的。

将军所听到的爆炸声是如此之大,以至于要是它发生在铁路上,损害就不可能限于一条被毁的铁轨。在他看来,爆炸声来自沈阳城北门附近的某个地方,而他自己的房子大约就在北大营和爆炸地点之中途。依他的判断,这样的爆炸不是旨在破坏任何东西,而是军事信号。驻扎在城内的日本士兵立即开火这一事实加强了这一看法。它也是动员日本侨民的信号,他们在爆炸之后就立刻开始挖掘战壕。

5. 日本人制造中国军队制服

马柯迪伯爵询问了王将军在 6 月 14 日访谈中所发表言论的价值,即王以哲指出一家日本服装工厂在 9 月 18 日之前制造中国军队制服。王将军解释称,在他看来,这似乎表明日本人正在为某种行动做着准备。他想到的一种可

---

① 编者按:无法音译具体地名,故保留英文原文。后同。
② 编者按:问号为原文所有。无法音译具体地名,故保留英文原文。

能性是,进入铁路区域的中国平民可能遭日本人杀害,然后被穿上中国军队制服,日本人就可以宣称他们是中国士兵。另一个猜测是,日本人可能给朝鲜人穿上中国军队制服,然后派他们到北大营去制造骚乱。

10. 国联调查团与王以哲的会谈记录
（1932年6月14日）

出席人员：

调查团成员,莫思、万考芝、助佛兰、派斯塔柯夫各位先生；

王以哲将军和参谋；

肖先生（Hsiao,音译）；

莫思先生担任翻译

李顿：我知道,你在1931年9月18日晚上指挥北大营,是吗？

将军：是的。

李顿：首先,我想问问你当时是否对局势和中日关系感到忧虑？

将军：我有一种预感,会有麻烦。

李顿：那么,我想问问你为阻止冲突发生采取了什么措施。考虑到这一危险,你有没有从张学良少帅或你的任何上级那里接到过一些关于如何指挥部队的指挥命令？

将军：9月6日,我接到张学良少帅的电报指示,提醒日本人可能试图制造麻烦,指示我要有耐心,避免任何冲突。

李顿：你就此采取了什么行动？

将军：我向指挥下的军官发出指示,要避免任何冲突。指示系在一次会议上口头传达的。在场的各位军官做了笔记。该电报具有预防措施的性质。

李顿：当时是否还采取了其他一些预防措施？

将军：少帅的电报指示源自我去面见少帅报告局势。本报告呈交给正在北京协和医院养病的少帅,少帅已经从伤寒中痊愈,可以接待来访者。我的报告是在8月30日,少帅的电报命令随之发出。

李顿：导致你在8月底来到北平面见少帅的局势是什么？

将军：有证据表明日本人正在试图挑起敌对行动。在沈阳,日本驻扎着一个辖有3个大队（battalions）的师团（division），共有约2 000名士兵，归多门将军指挥。这些不是铁道守备队，多门将军指挥两种军队：铁道守备队和正规部队。根据我的情报，8月26日的状况如下：在距沈阳大约20或30里的Lunhua车站，日本人把炮兵力量增加到20门。在苏家屯车站，他们把飞机力量增加到30架。那时，黄屯（？ Huangtun，音译）①一个分遣队队长向我报告说，日本正在组织平民部队，到8月26日已经征募了600人。除此之外，每个15岁以上的日本青年都被发一支步枪和200发子弹，每个朝鲜人都被发一支手枪和弹药。

8月26日之前，在大连的本庄繁将军组织了一场由2万到4万名日本民众参加的空中演习，本庄并对这批人发表了演讲。本庄说，中国人在理智上十分倾向于学习新事物，爱国主义意识正强劲发展，因此，日本人在竞争和压迫中遭受了很大的痛苦。本庄随后向聚集的人们表示最好采取一些措施来应付这种情况。他问群众，是让局势继续下去比较好，还是通过反华行动立刻解决比较好。

李顿：在公开演讲中这样说吗？

将军：报纸没有报道，但我的几名特工向我作了报告，他们夹杂在人群里聆听了演讲。

当本庄将军向人群提出这个问题之时，他们都说"立即进攻"。本庄将军然后说道："如果你们愿意采取行动，就回家做好准备。"而且，我在日本报纸上看到一则报道，南次郎将军在日本召集了一次高级军事将领会议。在关于这次会议报道的结尾，将军说："为在南满的行动做好准备。"我把那份报道带给了张学良将军。8月26日离开沈阳的时候，我还注意到日本人正在挖井向火车站供水，他们还在日本侨民的园子里挖井。那个时候，火车站是通过管道来供水的，所以我推断他们的想法是，如果供水管道被切断，日本人就可以利用这些水井来获得水的供应。我还注意到在8月26日之前，在日本人经营的沈阳一家服装厂里，他们正在制作中国军队制服。他们还制作了军官佩戴的徽章。

李顿：在北平向少帅作了报告，然后他发出指示，是吗？

将军：当我向少帅进行报告时，他说"你们必须采取一切措施以避免麻

---

① 编者按：？为原文所加。

烦",为避免这些指示不能传达到每个人,他向长城外的所有中国军队发了一封电报。

李顿:在军事人员之外,还有人知道这些指示吗?

将军:所有军人和一些公众都知道指示,例如学校的老师。

李顿:除了发布避免冲突的指示之外,北大营是否还采取了其他行动?

将军:在北大营,由于担心士兵可能会在通往南满铁路的西墙大门外走失,因此关闭了西边大门。一般情况下,我指挥下的士兵可以利用这扇门,外出到铁路附近。为避免麻烦而采取的另一项措施与哨兵有关。通常情况下哨兵是携带步枪和弹药的,但担心如果他们遇到日军会发生冲突,因此拿走了他们的步枪,取而代之的是仿真的木制步枪,末端有一个大约 8 英寸长的铁尖。作为进一步的预防措施,把营房和北陵(Pei-ling)分隔开来的供士兵使用的公园也关闭了。北陵和营房之间的路穿过铁轨,禁止士兵使用该铁轨。这么做的原因是日本守备队会在铁路上巡逻。

李顿:9 月 18 日晚上,哨兵只配备了这些仿真步枪吗?

将军:是的,哨兵有仿真步枪,但营房里的士兵仍携带真正的步枪。

李顿:那个晚上兵营外面有一些士兵吗?

将军:一个也没有。(在地图上指明由在场各位参谋指挥的营房各部分)当时我不在兵营,而是在大约五英里外的家中。我正在家里睡觉,在晚上 10 时被一声爆炸声惊醒。我看了一下手表,发现恰好是 22 时。

李顿:我想听兵营里的一名军官说说那里发生了什么。

将军:这名军官当时在指挥兵营,驻扎在中部建筑里。

军官:在 9 月 14 日、15 日、16 日、17 日和 18 日的晚上,日本人在兵营外面的区域里实施夜间演习,18 日晚上 7 时,他们正在一个叫文官屯(Wan-kwan-tung)的村庄进行夜间演习。21 时,刘姓军官报告称,一列由 3 或 4 节车厢组成的列车在那里停了下来,但没有正常的火车头。这是第 621 团的报告。22 时,发生了爆炸。(那时候我是一个人)我刚拿起电话听筒要向王以哲将军报告爆炸的事情,就接到 621 团的报告,大意是日本军队正在推进(在地图上指明位置),2 名中国哨兵受伤了,已经回到兵营。

李顿:那两个人是在墙上受伤的吗?

军官:有一道低矮的土墙,哨兵正在从里面察看,他们遭到了日本人的射击。

李顿：已经受伤的他们回到兵营大约是在22时吗？

军官：待他们回来的时候已经是22时10分左右了。

李顿：这是在爆炸发生之后开火的吗？

军官：是在爆炸发生之后，其间我正在向指挥将军打电话报告爆炸的事情。

李顿：那么造成那些士兵受伤的开火应该是跟爆炸同时发生。

军官：肯定是在同一时间。哨兵回到兵营作了报告。他们到的时候，我正在向将军报告，在我看来爆炸来自西南方，听起来像是一个军事信号。将军答称，这肯定是日本人演习所致。我提醒他有两个人已经受伤。然后，我下令兵营里的人把灯熄灭。这个时候，我接到兵营西南部赵营长的报告，日军已经朝这些营房的方向开拔，即将进入这些营房。23时（我看了一下腕表），在这里的三处营房（使用地图）的第621团第一营和第二营报告，日本军队正在进入营房。第621团第一营报告，团部人员所住的营房遭到纵火。营长报告说，在第三个大营房里许多官兵被杀或受伤。我命令这两个营房的部队朝这个大门撤退。我命令这栋建筑里的士兵撤退到隔壁的建筑（使用地图）。同时，我接到报告，日军已进入兵营的西南角。午夜，守卫的军官（出席了这次会议）报告说，日军正在以步枪开火进攻这个大门（地图）。有步枪猛烈开火的声音。我听到远处炮火的声音。作为守卫的军官，他就驻扎在大门外面，我命令他退到大门里面去。当这两个营房的部队向大门撤退时，他们遭受了重大损失。

我第一次听到来自日军方面的炮火声是在22点30分，来自西南面和西北面。起初，他们似乎是在放空包弹。0点，日本人的实弹落在兵营的中心。22时30分到达兵营的第一炮是在兵营附近的空中爆炸的炮弹碎片。另一枚炮弹击中了一棵树。

我通过电话报告，撤退的部队正遭受严重的损失，就我应该做什么请求指示。王以哲将军告诉我要有耐心，尽力避免冲突。

李顿：我想跟王将军讨论一下这个事情。

将军：我的家离日本人的火车站非常近，距北大营大约是6或7英里。在听到爆炸声之后，我很快就接到指挥的参谋的电话，听到他刚刚描述过的报告。我立刻答复他，不要采取任何行动，一切照常进行，他的职责就是睡觉，让他继续睡。然后，我去和东北边防军部队参谋长荣臻将军商议，他住在同一个院落里。荣臻将军说："依我看，日军肯定不敢进入我们的兵营。我认为他们只是出来找我们的麻烦。"荣臻将军指示我告诉兵营里的部队保持安静,不要惊慌。在日军强行进入军营后,指挥的参谋向我报告,并寻求指示。与此同时,据报告,日军已经大规模进入,并且把机枪架在营房的窗户上,朝里面射击,打伤了很多工人和士兵。我因而命令部队撤退到兵营外面。我给了他监督撤退事宜的酌情决定权。第二天即9月19日的拂晓时分,我看到城里的情况非常糟糕,日军甚至已经占领了这座城市。

李顿:你整晚都待在你的家里接收电话信息,是吗?

将军:在我的家里或者在荣臻将军的家里。

李顿:那么我认为,我们最好继续聆听参谋的叙述。

军官:凌晨1时,我从将军那里接到撤退到外面的命令。

李顿:我想问一个关于这个炮弹碎片的问题,因为日本人告诉我们,他们没有大炮。

军官:我的看法是,大炮可能是被安置在靠近北大营的日本火车站附近。

将军:我想在这里做一下解释,因为我碰巧离日本人安置大炮的地方很近。大炮安置点离我家很近,就在一家烟厂的烟囱旁边。在大和旅馆附近还有另一个大炮安置点,日本人在那个地方有一个公共的战争纪念碑。

李顿:在这个晚上之前,你知道日本人有大炮吗?

将军:我当时不知道日本人的大炮已经到达沈阳。在那之前,我只知道他们在苏家屯有大炮。第一次爆炸不是来自大炮,而是具有军事信号性质的东西,可能是来自地雷。而在我家附近开火的声音无疑是野战炮的声音。在纪念公园开火的炮一定是大炮,直径12至15厘米。大炮似乎是在向兵工厂开火,而野战炮则朝北大营开火。从晚上10时30分到午夜时分,每隔5分钟左右就开炮一次。午夜过后,就非常频繁地朝兵营开炮。

李顿:我想问一个问题。我知道将军和少帅渴望避免冲突,亦能理解万一发生挑衅事件时不要抵抗的命令,但我想请你解释一下,当你意识到兵营实际上正在遭到射击(大炮离你家很近),并且你的参谋告知兵营正在被日本军队占领和士兵正在遭到杀害之际依旧没有下令抵抗的原因是什么?

将军:当晚我去和荣臻将军商议,他建议我不论敌人做了什么,都不要抵抗。我自己希望立即采取抵抗,因为在我看来,拥有8千至9千部队的北大营,不仅可以击退日本的进攻,而且可以在反击中夺取日军在火车站的阵地。当时,中国军队和军官们异常愤怒。所有的人都同意我的意见,即他们应该立刻袭击日本人的驻地。但是，当我把这点告知荣臻时，他说："如果你抵抗了，如果你杀死了日本士兵，你将要负责。无论兵营和军队遭受多大的损失，即使被日本人解除武装，我也不承担任何抵抗的责任。"因此在我的部下遭遇巨大损失后，我命令撤退。这是我对荣臻将军观点的妥协。

李顿：那么你的回答就是，你是在服从命令。

麦考益将军：有没有部队不听你的命令，在兵营进行了抵抗？

将军：没有，一点都没有抵抗。在其他部队撤退了以后，一位上校的士兵发现他们处在一栋退路被切断的建筑里，完全为日本军队所包围。于是，我命令他们杀出一条血路。然后，他们就朝日军开火，在他们突围时杀死了相当多的人。

李顿：当你们从兵营撤退的时候，你们把在袭击中受伤的人带走了吗？

将军：受轻伤的人被中国军队带走了，受伤严重的人被日本人带走了。这是我从一些中国士兵那里得知的，他们受伤后留在兵营里，但穿上了工人的衣服，所以未遭到日本人的射击。他们只报告日本人带走了受伤的人。据知只有 6 人在一家医院得到照料，他们被送到一家中国医院，因为他们装死，所以躲过了被日本人带走的情况。第二天，中国埋葬队来了，发现了这六个人。我听说万字会（the Swastika Society）带走了 60 名重伤者和 110 名轻伤者。有 149 人被杀。这 170 名伤员包括随部队离开兵营的轻伤士兵。

11. 杨格与孟昭田等人的会谈记录（1932 年 4 月 19 日）

北平饭店

中午 12 时

出席人员：

热河省政府主席汤玉麟将军的代表孟昭田先生

热河省外事部门负责人姜金宝（Kwang Chin Pao，音译）

杨格

孟昭田先生在开场白中说，热河大约有 300 万人口，领土分为两部分，中间有一条河。这两部分居住着两个蒙古部落。日本人的意图看起来是，北部应该成为"满洲国"的一部分。日本人试图通过带领蒙古匪帮入侵热河领土来实现他们的计划。蒙古匪帮在日本领导下入侵进行了很多次，最后一次入侵发生在大约一个月前。中国击退了这次进攻,杀死了一个名叫宋真(Sung Chin,音译)的日本人,他似乎在日本军队中拥有大佐的军衔。直到他死后才知道是一个日本人。

在过去几年里,进入热河的中国移民已经减少。每年虽有好几万人过来,但移民潮流向了土壤优渥的满洲。

孟昭田先生继续说道,日本已经占领了北票煤矿,在这些煤矿附近,他们(热河省政府)负责维持煤矿北部的和平与秩序,而他们认为日本人应该负责煤矿南部区域。热河政府的政策是尽最大努力维持和平与秩序。如果日本不入侵热河领土就没有问题,一旦日本进入热河领土,他们就决定抵抗。这整个地区几乎没有外国居民。以前日本驻有一个领事馆,但1931年9月18日以后就撤走了。

热河多山,且有很多河流,这片领土上的民众具有开拓进取精神,他们都配备了武器和弹药,以便政府和民众做好自卫的准备。最近民众已经把他们组织成民兵队,政府以及民众的政策是抵抗蒙古人或日本人的进攻。

汤将军很高兴听到国联调查团到来的消息,他认为调查团必定会维护正义,并和平解决东三省问题。

在回答杨格博士关于过去五年间热河的地位和组织沿革时,孟先生说热河已经在张作霖撤退以后成为东四省的一部分,今天它拥有作为一个省的地位。

杨格博士表示,如果能向调查团提交关于热河的备忘录就更好了。他感谢代表团的出席和提供的信息。

12. 国联调查团与青岛市市长沈鸿烈海军上将的会谈记录(1932年4月19日)

北平,1932年4月19日,上午11时

出席人员:

李顿勋爵;

杨格博士;

勃来克斯雷博士;

派斯塔柯夫先生;

沈鸿烈海军上将;

一名译员。

沈鸿烈:我将把我的证词分成两部分。第一部分涉及满洲沿海和内河航道的航行;第二部分涉及青岛。

满洲的主要河流是松花江,有700英里的通航水域。其他河流是黑龙江和乌苏里江,它们大约有2 000英里水域可以通航。在俄国发生政治变革的1918年以前,航行权完全掌握在俄国人手中;但在俄国十月革命之后,中国人开始向俄国人购买船只。1925年,东三省政府从中国商人处购买了很多船只,形成东北航运公司(the Northeastern Navigation Company)之开端。那时,中东铁路也拥有一些船只,而条约没有授权做此事。但在1926年与俄国谈判后,中国人接管了这些船只,组织了被称为"内河航运局"(River Navigation Bureau)的机构,作为海军总司令部工作的一部分。

杨格:关于东北航运公司借以从中东铁路那里获得这些船只的契约安排的性质,有没有可能作一个稍微详细的陈述?我想知道合同是否规定了一个双方都满意的契约价格。

沈鸿烈:谈判持续了大约两年时间,承认俄国没有航行权。然后,在船只、仓库和码头所代表的价值问题上,达成了如下协议:

争论焦点是,这些是铁路公司的财产,因此中国人和俄国人是共同所有人。但是,当俄国接管在符拉迪沃斯托克(海参崴)的航运设备(原文如此)①时,没有补偿中国;所以中国人主张,为弥补这一点,他们应该接管在哈尔滨的财产。

杨格:在符拉迪沃斯托克(海参崴)的是什么财产?

沈鸿烈:是船只、码头和仓库。总价值约3 000万两。在哈尔滨的仓库、船只和码头据估算只是这一价值的一半。提议是,不管怎样处理一边的设备,另一边也会进行同样的处理。这不是归还的问题。如果俄国愿意为符拉迪沃斯托克(海参崴)的设备付款,那么中国就会向中东铁路公司支付哈尔滨的设备费用,因为在两种情况下,它们都是铁路的财产。

杨格:这不是一个赔偿问题,而是一个支付问题。

沈鸿烈:是的。实际情况是,这项协议由双方委派的代表达成并正式签署;但到目前为止,俄国还没有正式承认这项协议。当然,这同样适用于中国

---

① 编者按:"(原文如此)"为原文所有。

对符拉迪沃斯托克(海参崴)的态度。中国没有正式承认这一实际情况。

杨格:1929年围绕中东铁路,中俄产生困难,我知道有过一些关于那些船只的讨论,也存在把它们归还给铁路的努力。当时有没有催促完成此事?

沈鸿烈:我不认为这个问题被提出来了。在航行问题上确实有很多问题。我已经把这方面资料汇编成书,我很乐意提供一份副本。

杨格:这书有英文版吗?

沈鸿烈:书是中文版。我所汇编的东西只跟俄国有关。

派斯塔柯夫:没有俄文版吗?

沈鸿烈:没有,只有中文版。

杨格:如果海军上将认为书中包含调查团应该收到的资料,那么最好的做法是通过中国顾问办公室进行提交。

(李顿勋爵到达)

沈鸿烈:(概述了他已经说过的关于三条河流航运的情况。)

在这些航运公司之外,还有一家造船厂和一所培训领航员的学校。此外,还设置了由私人资本资助的河流保护局(River Conservation Bureau),但处于政府的监督之下,更确切地说是在政府的倡议下设立(原文如此)①。总共有约300只船,投资5千万元左右。这些船只的总吨位略超过10万吨;但是,由于河流一年只有6个月可以通航,每年运输的总吨位只有约100万吨。运输总收入大约是一年800万元。

2月2日和5日,日军进入哈尔滨,他们成立了一个被称为"特别事务局"(Bureau of Special Affairs)的机构,这个机构系在……②的领导之下,并请张景惠派代表(中国人)接管所有这些组织。当时本庄将军在这些组织中安排了人,他们是作为专家以不同的身份被安排进去的,但实际上是为了实施控制和管理这些组织,尽管后者表面上是由张景惠任命的人接管的。

谈到海洋,主要是那些同航行、捕鱼有关的省份。在中国海域,特别是近海,中日渔民之间的竞争非常激烈,引发了许多争端和冲突。

我现在谈谈海军问题。只有三起事件需要被提及。第一起是天津事件。在这起事件发生的时候,一艘载有日本海军陆战队的驱逐舰在天津登陆,另一

---

① 编者按:"(原文如此)"为原文所有。
② 编者按:这两处省略当为人名,原文为空白。

艘在青岛登陆。在青岛事件中,驱逐舰和飞机均有参加,但主要是为了侦察。在所有三起事件中,中国海军都在海上。所以我一方面基于国际法向日本当局提出抗议,另一方面与日本指挥官进行了私人接触,并暗示要是发生任何海军冲突,责任将由日本承担。然而幸运的是,在这三起事件中没有发生任何冲突。我们自始至终都设法使状况保持正常。在松花江上,几艘小型中国炮艇与日本军队有过交战。由于两年前与俄国的冲突,这条河上的海军力量已经减少了三分之二。而这次由于跟日军发生冲突,整个海军几乎被彻底摧毁。无论如何,不管剩下了什么,都连同商船一起被日本人接管了。

李顿:你一开始谈到了一份备忘录,能否给我们一份关于这些问题的备忘录?

沈鸿烈:可以。

李顿:如果你只是把它再说一遍,然后我们把它记下来,那就不如我们拿到它的书面版会好一些。

杨格:我可以问一下,备忘录是否包含关于前几年为获得松花江航行权所做努力的讨论?

沈鸿烈:是的,包含。

我现在要谈谈青岛事件。自从日本从德国人手中接管了这个城市,日本人的影响力自然大增,所以今天他们在青岛的生意就占到了总数的一半。青岛80%的航运掌握在日本人手中。从9月18日沈阳事件发生起,在青岛的日本侨民就持续不断地为日本人再次接管青岛而煽风点火。他们还派特别代表向政府请愿,并为达此目的而发送宣传资料来引起日本的兴趣;但是,可能是由于上海事态的发展和其他国家的对日态度,日本人未采取明确的举措,到目前为止,状况或多或少是平静的。2月9日,当地的国民党报纸刊登了刺杀日本天皇未遂的新闻。① 日本总领事立刻就对登载这一新闻提出抗议。我们对日本总领事的答复是,市长办公室很乐意请报纸编辑在报纸上为刊登那条新闻而道歉,并保证这种事情绝不会再出现在报纸上。因为这条新闻已经作为普通新闻刊登在新闻专栏上,没有以任何方式进行修饰,所以我们认为这两个步骤会让日本人满意。但是,日本侨民召开群众大会,通过了一项决议,要求三件事情:第一,市长应代表该报纸道歉;第二,应关闭国民党党部;第三,

---

① 编者按:此事实际上是发生在1月9日(1932年)。

应查禁国民党的报纸。我对这些要求的答复是,依目前的政治体制,国民党实际上是中国的统治力量,所以当地国民党党部的地位高于市长。因此,市长既不能代表国民党党部道歉,亦不能对国民党或其刊物做任何事情。与总领事的谈判持续了两天,结果是他接受了我关于市长为什么不能做些事情的解释。因此,我们在如下两点上达成一致:报纸应该停刊10天,其中一期应该包含编辑为刊登这一新闻而进行的道歉。这一协议是在2月12日达成的①。

李顿:哪一年?

沈鸿烈:今年。但是约5个小时之后,有大约2 000名日本人拿着手榴弹、步枪、棍棒、手枪、刀剑和各种各样的装备去了国民党报纸的经营场所,完全毁坏了这栋建筑。当警察试图驱散人群时,后者则向他们发起了攻击。他们还四处焚烧当地的国民党党部。然后我向总领事提请我将不得不出动军队来处理这一局势。总领事不愿意承认我有权利这样做,但与此同时日本海军陆战队登陆了。我因而采取了两个步骤:一方面,我下令动员所指挥的军队;另一方面,我向日本海军上将提出非常强烈的抗议,他和我是十多年的朋友。经过多番谈判,日本海军上将承诺他会在几小时之内就把海军陆战队撤到船上。因此中国军队和日本海军陆战队之间没有发生冲突,后者于24小时内回到了他们的船上。

李顿:我认为,主管的海军上将能够以如此机智的方式处理这一局势,这是非常幸运的。

沈鸿烈:当日本人焚烧国民党党部时,大批群众被吸引到现场。它是一座高楼,处于非常中心的位置。那时不仅中国人,外国居民也非常愤慨。但是我成功地控制了警察和士兵;日本指挥官能够让他的部下保持良好秩序,这也是值得赞扬的。

李顿:我认为调查团的其他成员掌握关于这个问题的资料是重要的。这一资料是否包含在书面陈述中?

沈鸿烈:是的。

李顿:我会把资料散发一下,以便他们有所了解。

沈鸿烈:在这发生之前,我们就已经遵从总领事提出来的两点要求(报纸停刊和道歉)。所以,这次骚乱之后,我向日本总领事提出了四项要求:(1)总

---

① 编者按:协议实际上是在1月12日(1932年)达成的。

领事应该道歉；(2)违法者应予逮捕；(3)对所造成的损害应给予赔偿；(4)应保证此类事件不会再次发生。日本人似乎愿意接受其中三项要求，不同意赔偿的要求。关于这一点的谈判仍在进行中，还没有达成协议。在上海的中国军队正令日军陷入困境的日子里，青岛的日本侨民非常安静；但自从中国军队撤退以后，他们又采取了侵略态度。现在的情况是，虽然还没有发生严重的事态，但每天都有各种各样的烦心事，而其始作俑者不是日本侨民就是日本领事。他们总是寻衅滋事，提出非常不合理的要求。

李顿：青岛有什么租界？

沈鸿烈：没有租界，它完全是中国领土。尽管没有日本租界，但有非常多的日本人口。整个山东省有 17 000 名日本人，其中 15 000 人居住在青岛。

李顿：我将向调查团报告你告诉我的一切，我也会把你的书面陈述散发给大家。

沈鸿烈：我只想再补充一个事实。日本炮艇一直驻扎在青岛附近，对于日本侨民做的一切似乎都予以支持。

13. 关于日本侵犯东北各省航行权的事实概述
（1932 年 3 月）

A. 日本无视条约，禁止中国轮船从大连向日本运送货物

日本无视条约的规定，把大连当作自己的港口，对进出的中国船只设置各种限制，禁止中国轮船从大连运送货物到日本。1931 年 5 月，营口海外轮船公司(Overseas Steamship Company of Yinkow)的"中华"号(Chung Hua)轮船预定从大连向日本运送货物，日本地方海事办事处(the Japanese Local Maritime Office)借口大连是日本的内地而拒绝"中华"号轮船的运送权利。"中华"号轮船不得不在未载运任何货物的情况下出海，并因此遭受巨大损失。中国正要跟日本讨论该案，而日本军事占领东北各省的行动开始了，所以该案仍未解决。现在这种违反条约的行为不仅阻碍东北各省的航运发展，也在无视中国的领土主权和否认沿海航行权方面产生深远影响。这两点可以分别陈述如下：

（1）关于航行权

根据中国和俄国之间达成的《旅大租地条约》第 6 款，两国政府相互同意，

旅顺港为军事用途,独准中国和俄国船只使用,而不向所有其他国家的海军和商业船只开放;除大连湾内留出一个港口照旅顺港之例专供中国和俄国海军使用外,大连湾的其他地方拟作为通商口岸,所有国家的商船均可自由进入。日俄战争后,这一条约已被移交给日本,现在条约在中日之间无疑是继续有效的。由于大连是中国领土,且因为大连系作为通商口岸而出租和开放,中国海军和商业船只享有特殊权利,这在条约中有明文规定。但是,日本公然以大连是日本的内地为借口,想要剥夺中国的沿海航行权,从而无视条约,抛弃正义。

(2) 关于领土主权

大连是中国领土。日本只是继承了俄国的租借权。《中俄旅大租地条约》第2款明确规定,为保全俄国海军在中国北方海岸有一个安全之地,中国皇帝同意将旅顺港、大连湾暨附近水面租与俄国,但这种租借决不侵犯中国对该地区的主权。这表明,在将旅顺港、大连租与俄国时,中国只是让她在那里的行政权力暂时受到约束,而她的领土主权丝毫未受到损害。条约犹存,而日本却扮演起了主人而不是客人的角色,不尊重这一切。日本无视条约和侵犯中国的航行权至为显明。

B. 日本侵犯北满的航行权

(1) 中国整顿北满航运管理与业务之概况

中俄《瑷珲条约》规定,在松花江、黑龙江和乌苏里江,只准中国和俄国航行。虽然这一条约提到了松花江,并在以前引起过中俄之间的争议,但这与日本无关。日俄战争之后,看到前述三条河流流域物产丰富,加之俄国船只任意航行于松花江内陆水域,日本也想挤进来,经常接触中国和俄国,要求加入航行权限。而中俄两国政府都从未同意这一要求,因为与中俄条约及权利冲突。1920年日本远征西伯利亚时,利用俄国的政治变动,没收了很多俄国船只。当满铁资助和组织西伯利亚轮船公司(the Siberia Steamship Company)时,日本没收的这些船只仍然悬挂俄国国旗,航行于松花江内陆水域,开展航运业务。1923年,东三省政府禁止俄国轮船在松花江内陆水域航行,终止了以前的俄国船只以及西伯利亚轮船公司轮船的航行。这些日本和俄国船只渐渐被卖给中国人。

1925年,东三省政府从中国商人那里收买了戊通航业公司(Wu Tung Navigation Company)的船只和财产,成立了东北航务局(North Eastern Navigation Administration)。1926年,中东铁路把它航运部门的船只和财产移交给了东三省政府,而东三省政府组织了东北海军江运处(the North Eastern Naval River Transportation Office)。中国商人不断建造新船,到1931年,中国政府和商人在哈尔滨的汽轮和驳船总计超过200艘,财产总计5千万元左右。不仅在松花江内陆水域没有外国船只,甚至在数千英里的国际河流,也就是黑龙江、乌苏里江等,中国轮船都占据优势。这些年间,依东三省政府的授权,航务局和江运处的盈余收入用在了建立东北商船学校(North Eastern Mercantile Marine School)和东北造船所(North Eastern Ship Building & Engineering Works)上。此外,航运协会(the Navigation Association)、商会、谷物协会(Cereals Association)为成立疏浚河道的东北水道局(North Eastern River Improvement Office)而筹集资金。因而总体条件已经进入一个相当良好的状况,官商航运业迅速繁荣起来。这就是对中国整顿航运管理和经营航运业务的概述。

(2) 1931年9月18日以后日本侵犯北满航行权的事实

东北交通委员会让东北航务局、北宁路和洮昂路制订利用交通发展北满、促进运输的计划。在几个月的计划和做了相当的准备以后,航务局和吉林、黑龙江两省的盐务局(Salt Office)订立合同,同意从洮昂路江桥站运送30万担盐到哈尔滨,运费是每担1.5元,总运费达到45万元。与天津启新水泥厂和其他大公司也签订了运货合约。粮谷也要从哈尔滨进行运输。第一、二、三批共派出7艘船,把大豆从哈尔滨运到江桥站,预期返回时会收到盐。也有不少船只在哈尔滨待命,准备继续派出。但是,当第一批和第二批船到达江桥站的时候,发生了9月18日事件,北宁路打虎山至通辽支线的交通由于日本的军事行动而中断。仅运盐费的损失就达到45万元,而其他运费损失不下于此。

1932年2月5日,日军侵入哈尔滨,抢夺中国政府的一切航运管理与业务机构。日本宪兵队甚至没收了李杜先生私人所有的"依兰"(I-Lan)号轮船和辛辰钦(Hsin Chan-ching,音译)先生私人所有的"永安"(Yung An)号轮船和"大安"(Ta An)号轮船。

以下是日本侵犯北满航行权的几个事实:

1932年1月25日,日本哈尔滨特务机关长土肥原大佐指导张景惠将军委派严东汉先生去接管东北海军江运处。

2月9日，土肥原大佐直接派岛（Shima）①先生、堀内先生、满铁机关的其他两名日本人和一名翻译带着日本宪兵来到东北航务局。一到那里，他们就宣布他们系奉关东军司令部的命令进行调查，如果给出的回答不实或不完整，关东军司令部就将采取极端行动。他们立即锁上并密封了保险柜，带走所有账簿。

2月11日，土肥原大佐指导张景惠将军任命英顺（Ing Sheng）先生为东北航务局董事会主席以接管东北航务局，严东汉先生亦被任命为副主席，王维周（Wang Wei-chow）先生被任命为常驻董事。

2月12日，土肥原大佐指导张景惠委派徐保平（Hsu Pao-ping，音译）接管东北造船所，委派李迪凡（Li Ti-fan，音译）接管东北水道局。

2月13日，土肥原大佐指导张景惠委派张金北（Chang Chin-bien，音译）接管交通部哈尔滨船政局（Harbin Navigation Office of the Ministry of Communications）。

从表面上看，虽然日本看起来只是指导张景惠接管在哈尔滨负责航运管理和业务的政府机关，但实际上直接干预一切事务。那些被派来从事调查的人，在任何时候都是自由进出的，因此他们是实际的监督者。日本伊安会社（The Japanese I An Company，音译）正在努力收买中国船只，以直接入侵航运。虽然已经跟很多中国商人进行了接洽，但还没有正在办理任何交易的真实报告。

14. 有关破坏国民党青岛市党部事件的记录

1932年1月9日，国民党地方党部宣传部所管理的报纸《民国日报》刊登了一则新闻，提到刺杀日本天皇未遂事件。该文章的标题如下：韩国不亡，义士李霍索炸日皇未遂。

日本驻青岛总领事馆认为这个标题是对日本皇室的侮辱。总领事立即向青岛市政府正式提出抗议，抗议书内容如下：

青岛市市长沈鸿烈海军上将：

敬启者：

我有幸通知阁下，如所附采自《民国日报》之剪报，1932年1月9日的该

---

① 编者按：原文只有Shima，疑似缺字。

则新闻是在侮辱我国天皇陛下。我们认为这种性质的新闻显然是一种有意的侮辱,因此本总领事馆不能保持缄默。我们要求阁下紧急指示前述报纸为在上述新闻剪报中使用这样一个冒犯性的标题而诚恳地道歉。《民国日报》两次侮辱我国皇室,我请阁下以某种有效的方式提请他们注意此事,进而要求阁下把结果通知我们。

川越茂
日本驻青岛总领事

收到抗议书后,市政府同国民党特派员(the Kuomintang party Commissariat)和《民国日报》进行商议,向他们强调,现在国家处于紧急状态,因此在报纸的编辑政策上应该非常谨慎。党部特派员和《民国日报》主编完全同意市政府的建议,承诺会在第二天即1月10日做出正式答复。

1月10日,星期日,市政府派参事周家彦首先跟党部谈判,他们承诺会遵从日本总领事提出的要求,接着周先生立即将这一答复通知日本副领事五百木先生,并请求他通知日本总领事。副领事五百木称,日本侨民的感情已经被大大刺激,原来为解决问题而提出来的建议已经不足以应付这种情况。副领事五百木进一步说道,总领事川越会在第二天即1月11日星期一亲自与沈市长面谈。

1月11日,星期一晚上,沈市长会见总领事川越。后者突然要求市长亲自向日本领事馆道歉,并立即暂停《民国日报》之发行。沈市长断然拒绝这些要求,争论了几个小时没有任何结果。最后,双方同意在第二天寻求其他解决争端的方法和手段。

星期二上午10时,有两名日本浪人突然冲进位于中山路的《民国日报》出版部。两人均佩戴手枪,一人守在前门,而另一人则把装有易燃材料的瓶子扔到火炉上。剧烈的爆炸震碎了窗户玻璃,引燃了房间里的木地板、纸质文件和其他易燃材料。幸运的是,员工和附近的警察冲了进来,帮助扑灭大火,大楼得免于完全被毁。这两名日本浪人经前门入口处逃走。守卫入口的警察试图逮捕他们,于是他们就向警察开枪,同时朝着日本居留民团大楼的方向撤退,并进入大楼。这栋大楼坐落在中山路和湖北路的拐角处。来自他们手枪的空弹壳和装有易燃材料的破瓶子被警官保存下来,并拍照以供将来参考。

这起事件发生后,市政府向日本总领事馆正式提出强烈抗议,一方面要求对日本公民的暴力行为应予以制止，另一方面要求做出一切努力，为《民国日报》刊发文章之争议问题的解决找到某个基础。同一天，即1月12日星期二下午约3时，大约1 000名日本公民聚集在中山路和湖北路拐角处的日本居留民团大厅召开群众大会。大会之后不久，十余名日本人上了车，开往党部所在的太平路。在他们抵达前，党部官员猜测群众大会的结果将会是暴力行为，所以已经采取了预防措施。党部大楼里面的所有人都已撤退，所以日本人到达的时候，大楼里空无一人，这样就避免了人身伤害。日本人走到楼顶，开了几枪。发现大楼空无一人，他们就回到中山路，来到《民国日报》办公楼，朝大楼里扔了一枚手榴弹，手榴弹没有爆炸。然后他们撤回到出发地日本居留民团大厅。

就在这一切正发生的时候，总领事川越正在市政府大楼里面见沈市长。他们进行了长时间的探讨和争论，就以下和解条款达成一致：

1. 《民国日报》主编到日本总领事馆道歉。
2. 《民国日报》自动停刊10日。
3. 《民国日报》复刊时，登报道歉。
4. 保证这一事件或同样性质的其他任何事件不会再次发生。

双方同意这些条款，争端本应得到圆满解决。

令所有人惊讶的是，后来发现，就在这些条款正在达成一致的时候，大约有1 000名日本浪人拿着棍棒和手枪在青岛街头四处游行示威，而形势变得越来越紧张。

同一天晚上8时40分，有800余名拿着武器的日本人聚集在《民国日报》大楼前。其中一些人冲进大楼，砸烂办公室的器具，报刊的财产和雇员的个人物品受到很大的破坏。暴徒从这里冲向太平路的国民党党部。他们打碎了门窗、家具和一切易碎的东西。他们在第二层和第三层纵火，燃烧大楼释放的火焰照亮了整个城市。日本人正在进行这种破坏的时候，中国警察尽一切可能用和平手段来维持法律与秩序，但日本人打伤了他们。很多警察岗亭被捣毁。

当火灾发生时，中国消防部门试图扑灭火焰，但因日本人阻止而不能实现，日本人强行迫使他们撤离。日本消防团虽然在场，却不采取措施灭火。整栋大楼就这样遭到了破坏。在这次骚乱中，停泊在外港的日本"八云"号巡洋舰和"出云"(Itsumo)①号巡洋舰在未经中国当局许可的情况下派800名海军陆战队登陆。他们被派去守卫日本领事馆大楼和日本居留民团大厅。市政府针对日本海军陆战队的登陆再次提出抗议,但日本当局无视这一抗议。1月12日晚上海军陆战队一登陆,(市政府)就进行了抗议。

第二天,1月13日,市政府针对日本人的暴乱和日本海军陆战队的登陆提出强烈抗议。虽然日本总领事承认日本人的暴乱是错误的,然而他却要求将争端区别开来,在两个标题下处理,即(1)日本暴徒的暴乱和破坏,(2)关于《民国日报》刊载文章的争端。

为维护青岛地区的和平,沈市长同意了日本总领事的这一要求,接受了解决报纸争端的四点要求,如前所述。

沈市长随即亲自拜访日本总领事,要求(1)撤退日本海军陆战队,(2)逮捕和惩罚暴徒领导人。随后双方展开了激烈的讨论。第二天,海军陆战队撤退,但是没有采取行动逮捕和惩罚破坏党部的暴徒领导人。

以下是青岛沈市长致日本总领事信函的译文:

日本驻青岛总领事川越先生:

敬启者:

我有幸通知阁下,根据我们的警察报告,有两名日本人携带隐藏的武器和炸药,于1月12日上午9时闯进《民国日报》出版部。这两人中的其中一人拔出手枪,守在大楼的前门入口,而另一个人则拿着装有炸药的瓶子,把瓶子扔向了火炉,瓶子立刻就爆炸了,窗户玻璃破碎,地板烧起来了。这两名日本人随后逃走,在他们跑向日本居留民团大厅的时候开了枪。警察当局在报社发现破碎的瓶子、几个棉球和两个空手枪弹壳。

警察进一步报告称,同一天下午1时,日本居留民团大厅召开了一次群众大会,有1000余名日本人参加。16时过一点,十余名日本人分乘两辆汽车从日本居留民团大厅出发,去了党部大楼,进入办公场所,开了十几枪。然后他们回到《民国日报》社,朝里面扔了一枚手榴弹,手榴弹没有爆炸。

市政府当局正在调查这两份报告的时候,又来了一份报告,报告说同一天晚上8时,有数百名日本人聚集在日本居留民团大厅。他们从这里去了《民国

---

① 编者按:原文为Itsumo,疑为Izumo之误,即出云号。

日报》大楼,捣毁了里面的一切,然后前往党部大楼并纵火。当中国消防部门赶到现场的时候,他们被日本人群逼走,不被允许灭火。整栋楼都遭到破坏。

正如我们所知,我们已经数次讨论了《民国日报》事件,并达成了妥协。但不幸的是,日本暴徒无视中日当局,肆无忌惮地实施暴力行为,朝党部大楼纵火并进行破坏,完全捣毁《民国日报》的设备。这种暴力行为破坏了本市政当局的安宁。这是非常令人遗憾的,我们强烈抗议并提出如下要求:

1. 日本总领事馆应向市政府道歉;
2. 应立即逮捕和惩罚暴徒;
3. 在进行充分的调查后,应为因上述事件而遭到的损害提供赔偿;
4. 应保证将来不会发生同样的事件。

我们希望阁下迅速接受这些要求,以便可以维持法律和秩序,并继续保持我们之间的良好关系。

沈鸿烈
青岛市市长

以下是日方对沈鸿烈海军上将关于损毁《民国日报》和破坏国民党党部的上述信函的回复译文:

日本总领事馆
中国青岛
1932年2月21日

青岛市市长沈鸿烈海军上将:

敬启者:

我有幸告知已收到阁下1月13日关于国民党青岛市党部和《民国日报》事件的来信(文件编号Y261)。

正如我们所知,该案根本上系源于大约一年前当地的《民国日报》刊登的关于日本国皇室的侮辱性新闻。当时市政府明确承诺将来不会允许刊登这一性质的新闻。然而,不及一年上述报纸就再次刊登了一则严重侮辱我国皇室以及全体日本人民的新闻。此外,上述报纸系国民党的官方媒体,因而这种冒犯行为的程度更严重。不必过多地谈论细节,很明显是青岛市政府未能履行其承诺,因为它对公共媒体的管控缺乏彻底性。

根据阁下1月13日的来信(文件编号Y262),不管情况如何,维护法律与秩序、保护外国人的生命与财产都无疑是当地政府的责任。在上述事件正在发生的时候,我们竭尽全力制止日本国民的非法活动。

尽管有此事实,但显然青岛市政府看起来并没有采取任何适当而有效的手段预防事件的发生,完全未能履行维护法律与秩序的责任。因此,我们对发生的事件深感遗憾。

上述事件的真正原因是市政府在维护法律与秩序方面效率低下、缺乏责任感。因此,事件的全部责任毫无疑问在市政府,日本当局很明显没有理由承担任何责任。虽然我们为已经发生的事情感到遗憾,但我们不能为造成的损害和要求的赔偿承担任何责任。

关于阁下所要求的对未来事件提供保证,应清楚地认识到维护法律与秩序的责任只在市政府。为防止将来再次发生同样事件,市政府当然应该做出一切努力履行其职责。我们很明显不应该为任何担保负责。但既然日本总领事向本国政府担保需要保护和管理日本侨民,因此在调查后如果证明日本人犯了罪,我们会按照法律对他们进行严惩。即使在将来,由于我国政府的责任,我们亦会尽最大努力来管理在这里的日本侨民。

我对阁下的来信作出以上答复。

川越
驻青岛总领事

沈鸿烈海军上将致日本总领事馆的第二次抗议书译文:

日本驻青岛总领事川越先生:
敬启者:

我请求通知阁下,您的公函(第8号文件)已如期收到。阁下在该信函中称,贵国侨民破坏国民党党部和《民国日报》社一案系源于当时我们未能维护法律与秩序方面的疏忽,你们无论如何是没有责任的。我们正在研究阁下信函的时候,收到当地党部的公文,称1月12日当地党部遭到日本侨民的破坏。该公文包含一份公共和私人财产的损坏清单,并要求我们向贵领事馆提出强烈抗议,以维护公平正义。我们还收到《民国日报》的正式报告,请求我们为造成的损坏提出赔偿要求。

关于《民国日报》1月9日的新闻,我们在1月12日下午3时进行讨论,达成协议，大意是《民国日报》主编应该向日本总领事馆道歉，报纸应停刊 10 日。我们因此认为问题已经解决。但是，贵国侨民在该争端获得这种令人满意的初步解决以后，开始于同一天晚上 9 时实施暴力行为，焚烧党部，制造严重事件。因此，《国民日报》①新闻报道是一件事情，而焚烧党部是另一件事情。阁下的来信将两个问题混为一谈，并进一步声称事件是我们的控制能力不足所致。这实际上是采取了一个非常武断的立场。而事实是，贵国侨民在群众大会上聚集，通过决议，决定上街游行示威，实施暴力行为。首先，他们捣毁了报社和湖南路第一区第三派出所。然后，他们去了党部，毁坏了那里的一切公私财产，最后焚烧了大楼。这些暴力行为是如此明显，以致就连日本总领事都承认它们构成了对这个城市和平与秩序的威胁。

　　说到市政府维护法律与秩序的责任问题，维护法律与秩序显然是市政府的责任。但是，贵国侨民几次在日本居留民团大厅举行群众大会，他们被演讲者煽动。这是一种超出我们管辖范围的情况。大会之后，他们带着武器去实施暴力行为。考虑到要尊重贵国的领事裁判权，我们没有采取直接行动，但我们要求阁下立即制止暴徒。这一要求却遭到无视。

　　我们未料到在毁坏《民国日报》社和焚烧党部的过程中会出现极端的暴力行为。在暴力行为发生时，你们的领事警官却袖手旁观，没有采取任何行动。这证明日本官员要对这些行动负有不可否认的责任。此外，这类事件不可能突然发生。事实上，在这次行动前就进行了超过 24 小时的组织和计划。要是日本当局密切关注局势或者在暴乱的时候日本当局采取令人满意的手段控制侨民的话，这一不幸事件自然就可以避免。但是，阁下采取了不干预的政策，所以从日本总领事馆责任的角度来说，阁下极为疏忽。因此，阁下不承认未能控制贵国侨民的暴力行为，反倒指责市政府忽视了其维护法律与秩序的责任。采取这样的立场实在是不合逻辑，我们不禁为此深感遗憾。

　　我们在此再次要求，正如阁下先前来信所承诺的，经过调查确定他们有罪后，实施这些暴力行为的人应根据法律受到惩罚，我们希望被通知这一惩罚实施的情况。

　　我们也相信，阁下会接受我们在先前信函里提出的所有其他要求作为解决办法。

---

① 编者按：原文是《国民日报》，实际为《民国日报》。

随函所附损坏清单的准确性已为本政府所证实,账户亦经本政府之稽核。我们要求贵方据此汇来赔偿金。

沈鸿烈
青岛市市长

注:迄未收到对该信之答复。

15. 开脱盎葛林诺关于兵工厂人员讲述九一八事变晚上袭击情况的报告(1932年4月16日)

在中国参与员办事处参议(Councillor of the Chinese Assessor's Office)王正黼和沈阳迫击炮兵工厂前负责人李先生(M. C. Lee)[①]在场的情况下,我听到了兵工厂员工刘其昌(Liu Chi Chang)、梁崇德(Liang Siu Te),以及徐殿阁(Hsu Tien Ko,他是被城外北大营兵工厂车间所雇佣的员工)关于1931年9月18日晚上日本军队袭击的陈述,他们在兵工厂大楼里目睹了袭击。

刘其昌和梁崇德当天晚上在兵工厂值班,徐殿阁则在北大营的车间值班。兵工厂有一个职工宿舍,住着600~700的单身男工和学徒。刘其昌和梁崇德值班的办公室非常靠近住着60余名员工的西边大院子。至于北大营,那里有两个装着25万磅炸药的工棚,除了一些工人外,还有几千名中国士兵驻扎在那里。

李先生是沈阳迫击炮兵工厂前主管,首先做了一些初步描述。自1928年始,兵工厂从事汽车制造,并取得相当成功。他相信这个成就已经引起日本对该工厂的敌意,因为该工厂将使中国在这一行业从日本企业中独立出来。

在9月18日晚上,李先生正坐在家里,在22点30分突然接到一个来自北大营的电话,得知日本正在攻击北大营。李先生回复道,按照张学良在9月11日下达的指示,如果日本采取军事行动,不应进行抵抗。然后他提及荣臻将军的明确指示,将军证实了不得试图抵抗日军的命令。

此后,李先生还收到数条来自兵工厂的信息,最后一条是在9月19日的凌晨2点30分,来自一名值班的中尉,他报告说工厂即将受到袭击,并且似乎在进行电话留言时被杀害了。李先生无法前往北大营或兵工厂,因此他带来

---

① 编者按:疑似迫击炮兵工厂厂长李宜春,有待进一步核对。

了上述提及的证人来作证。

徐殿阁声明9月18日晚上在北大营的兵工厂车间值班,22点多一点之际听到巨大爆炸声,五六分钟后听到了枪声和机枪声,大约22点40分,炮弹开始落在营地的墙上。当攻击的日本军队似乎走得更近了,中国军队不放一枪地从北大营撤退,尽管他们一直在遭受炮火的折磨。徐殿阁没有跟随撤退的士兵一起离开,而是一直待到他从藏身处看到一些正规的日本士兵进入营地,才从相反方向逃离。

至于兵工厂,据刘其昌的声明,大约在19日凌晨2点30分被占领,日本人翻墙而入,进入西边院子,杀死了两名没有自卫能力的值班警卫和在住宿区的40名员工。他们投掷了许多手榴弹,并用刺刀和剑杀害了其他人。刘其昌无法从他的办公室看到西边院子里发生的事情,但他听到了枪声、爆炸声、尖叫声等等。他的同事梁崇德立即跑出办公室以保命,据梁崇德所说,他看到一些身着便衣的日本人正在殴打两个手无寸铁的中国人。

梁崇德很快紧随刘其昌的身后,成功地在办公室后面的一个坑里找到了一个藏身之处。日本人很快从大院冲到办公室,搜索一遍后离开。刘其昌然后去了西边院子,看到很多具尸体,有一些被杀害的人还躺在床上。然后他回到办公室,直到凌晨5点左右听到日本人回来,他才从那里逃了出来。

被问及他们认为所提供证据的要点是什么,李先生和王正黼回答道,这些目击者的陈述证明了中国士兵和工人没有抵抗,日本方面甚至对躺在床上的无害的工人和学徒也实施不必要的残酷行为。李先生希望注意到事变翌日一大早,大约50辆几乎已经完工的卡车从城里的工厂被劫走,办公室里的文件也被偷走了。

汇报人:开脱盎葛林诺

16. 国联调查团与东北大学教职工代表团的会谈记录(1932年4月16日)

1932年4月16日,上午10点30分
出席人员:
调查团所有代表
勃来克斯雷

杨格

派斯塔柯夫

东北大学教职工代表团成员：

宁恩承(Hing En-Cheng)

赵鸿翥(Chao Hung Chu)

刘百昭(Lew Pai Choa)

杨挚奇(Yang Y. C.)

赵明高(Chao Ming-Kao)

曹国卿(Tsao Kuo-Tsing)

宁恩承先生指出，东北大学成立于1923年，发展非常迅速，学生总数已达到约2 600人。该大学有六个院系，即法律、文学、工程、科学、农业和教育。此外，它还接管了由苏格兰传教士克里斯蒂博士(Dr. Christie)建立的一所医学院。东北大学是中国最大的大学之一。

李顿勋爵：那里是否还有工作人员？

宁恩承先生：我去年10月3日离开时，那里有两三个办事员和一些苦力。

李顿勋爵：这些学生来自哪里？

宁恩承先生：大多来自东三省。

李顿勋爵：你们在北京有核心的学生吗？

宁恩承先生：是的。

麦考益将军：沈阳的学校还在继续运作吗？

宁恩承先生：没有。

麦考益将军：我被告知，那里有一些学生认为他们不能因为离开学校而失去他们的学位。

宁恩承先生：那里没有一个学生。只有一些办事员和苦力。

李顿勋爵：你有没有关于这些学生的情况？

宁恩承先生：他们都被打散了，各学院都关闭了，造成了很大的损失，有许多东西都被偷了。

李顿勋爵：日本人没有利用你们学校的建筑做什么，是吗？

宁恩承先生：没有。我们还有一个工厂，学生们在那里修理汽车，此外，我们还有一个印刷部门。日本人已经把机器搬到了长春。当日军进入这些建筑时,他们破坏了门窗。另外我被告知,鉴于贵调查团即将过去,他们正在对这些建筑进行翻新。

  李顿勋爵:你现在能告诉我们去年9月发生了什么吗?

  宁恩承先生:18日晚上?

  李顿勋爵:是的。你能不能告诉我们一些关于你在一个月前对即将发生的事情的警告?

  宁恩承先生:我们没有明确的信息,但我们知道会有事情发生。

  李顿勋爵:是什么让你这样想的?

  宁恩承先生:在16日和17日,日本军队曾在铁路上经过。

  李顿勋爵:你能不能尽可能回想一下,告知你是什么时候开始意识到麻烦正在酝酿的?

  宁恩承先生:去年7月,日本人在没有事先通知的情况下越过了铁路。在那之后,我提出了两次抗议。在我们10月3日秋季学期开学后,日本人在离大学不远的地方放置了机枪,显然是为了演习。

  李顿勋爵:这些演习是新的东西吗?

  宁恩承先生:不是很新。以前也有过演习,但不是这么大规模的。

  李顿勋爵:仅仅是演习就让你感到不安吗?

  希尼博士:但一个月前的警告又是怎么回事?

  (没有明确的回答。)

  李顿勋爵:你在9月18日听到了什么?

  宁恩承先生:那天晚上,我在日本人的定居点,于21点30分乘车离开,21点45分正好回到家。我在路上就注意到警察的数量不寻常,其中一些人拦住了我的车。

  李顿勋爵:你怎么知道你回来的时候正好是21点45分?

  宁恩承先生:因为我看了我的手表。我22点就睡觉了。大约10到30分钟后,我听到了炸弹的爆炸声。起初我以为是大学的锅炉,因为它曾经发生过几次爆炸。我立即起身,然后我看到了部队,因为他们离得很近,而且夜色非常清晰。我还说有一列火车经过,往北方军营的方向走,离开了沈阳。

  李顿勋爵:(指着地图)你说这是发生爆炸的地方,而火车在爆炸后经过了。

宁恩承先生：是的。

李顿勋爵：那是什么样的火车？

宁恩承先生：一辆电力火车。

麦考益将军：它在铁轨上吗？

宁恩承先生：是的。这就是为什么我可以看到它。

李顿勋爵：那天晚上没有常规交通吗？

宁恩承先生：那天晚上我没有看到任何常规交通。真正的麻烦是从23点30分左右开始的。22点40分，我收到了东北军参谋部秘书的电报，说日本人要进攻北大营，并建议我采取措施保护学校范围（"compass"）里的4 000名妇女和儿童，我是唯一负责她们安全的人。

麦考益将军：你对这些妇女和儿童做了什么？

宁恩承先生：……①

李顿勋爵：这是什么地图（指着桌子上摊开的地图）？

宁恩承先生：这是我从京奉铁路公司借来的。

希尼博士：你说你看到的那列火车有灯光吗？

宁恩承先生：只有一两节车厢。

李顿勋爵：步枪声是什么时候开始的？

宁恩承先生：爆炸后立即就开始了。

麦考益将军：有士兵在火车上吗？

宁恩承先生：当然，毋庸置疑。

希尼博士：枪声是从哪个方向传来的？

宁恩承先生：从日本那边（在地图上标出）。

杨格博士询问地图上是否显示了北大营，宁恩承先生指出了北大营所在。杨格博士接着问宁恩承先生是在什么时候看到火车从军营的方向经过的？

宁先生回答说是晚上22点30分。在被问及他住在哪里时，他在地图上指出了这一点。

李顿勋爵：你的房间在哪里？

宁恩承先生：在东边。

李顿勋爵：你在看到火车的时候有没有听到枪声？火车是否经过了射

---

① 编者按：原文未有作答文字记录。

击声？

对于这两个问题，宁恩承先生的回答都是肯定的。

麦考益将军：你说在9月20日之前没有日本人到大学来，也没有人打扰你？

宁恩承先生：在17日，我收到了张伯伦教授的电报，他要和另外三个人来沈阳。我于20日去车站迎接他们。在张伯伦教授来的前一天，我接待了在沈阳的日本高中校长安岛（Anto）先生，他问我是否愿意召集一次大学和高中会议，目的是让所有学校继续运转，前提是他可以为这些学校筹集必要的资金。我说我不能答应他的要求，因为我正忙于自己的事情，只负责照顾我的大学。我们聊了很久，他答应22日再来找我，让我在此期间考虑一下他的提议。他说，如果我能够在日本军队占领期间维持学校的运作并维持沈阳的秩序，他将以私人身份努力为学校争取资金。19日，日本人占领了我们的工程机械车间，并将其封存。21日和22日，他们来到大学搜查步枪，并对我进行查讯，当然，我躲开了，没有和他们会面。

李顿勋爵：你是说他们来逮捕你？

宁恩承先生：是的。

麦考益将军：你现在在北京有多少个学生？

宁恩承先生：大约1 000人，他们都是以前在沈阳的学生。

李顿勋爵：剩下的学生都在自己家里吗？

宁恩承先生：他们都是分散的。我想，他们中大约有30人加入了志愿军，但我不确定，因为他们甚至对我都保密。

赵先生：（指着地图）这里有一所中学，在大学工厂附近。日本占领后的几天，所有的书都被韩国人偷走了。此外，日本指挥官还发布了一项公告，大意是那些试图破坏日本铁路的人必须受到严厉的惩罚。

他继续解释说，9月14日，也就是铁路爆炸发生的四天前，该大学的一名学生收到了他在南京的父亲发来的邮件，警告他日本人将于18日占领沈阳，并告诉他要尽快回家。

李顿勋爵：这封信可以得到吗？

赵先生：现在要得到它非常困难。在满洲有很多这样的证据，但我们现在不可能得到它。

李顿勋爵：那封信非常重要，如果它包含了18日将要发生的事情的信息。

但如果没有这个文件,这个声明就没有任何价值。如果你能拿出这封信,那将是最有价值的。

麦考益将军问宁恩承先生是否在沈阳见过卡特先生(Mr. Carter),在得到肯定的回答后,再追问卡特先生是否告知过中国与俄国的潜在麻烦。

宁恩承先生指出"那是一个相当长的故事",并没有给出明确的答案。然后他把一些打印的文件交给了李顿勋爵。

在离开之前,赵明高告诉李顿,调查团在满洲的时候,很可能会有伪装成中国人的日本人来到调查团面前作证。

17. 国联调查团与东北难民代表的会谈记录
(1932年4月16日)

1932年4月16日,上午11点
出席人员:
调查团所有代表
勃来克斯雷
派斯塔柯夫
代表成员:
柳国明(Liu Kuo ming),东北大学农学院院长
关广誉(Kwan Kuang-yu),哈尔滨市政委员

柳国明先生解释说,他和他的同事来找调查团,目的是提出中国人的观点,因为满洲的一切现在都处于日本人的控制之下,调查团可能无法在中国东北获得可靠的证据。他说,他和关先生已经在中国东北生活了好几年,他们绝对反对建立一个新的独立国家,日本人所说的"民族自治原则"不应该适用于中国东北。在目前这种情况下,这不是"自治",而是日本之治。

日本人一再宣称,他们在中国东北发展中做了很好的工作。但是,日本人在那里对中国人施暴的情况很多,中国人受到虐待,甚至被谋杀。柳国明先生承诺将提交一份关于12起此类案件的印刷记录。他说,在过去几天有一些学生从中国东北来,可以提供一些暴力案件的证据。例如,在距离沈阳市约40英里的辽宁地区,有大约5万名朝鲜人。日本士兵用机枪强迫该地区的中国

农民撤离并将该地区割让给朝鲜人。

希尼博士问这是什么时候发生的,回答是 1932 年 3 月 15 日以后。

麦考益将军问这是否就是所谓的"万宝山事件",柳国明先生回答说这不是。

柳国明先生接着解释说,中国农民向辽宁省的地方官(现在称为地方政府主席)请愿,但他们的请愿没有得到执行。他还说,吉林省有一些地区的情况也很糟糕;但由于他们没有证据,所以无法就这一问题作出报告。他说,日本人在事先没有任何警告的情况下向有围墙的城市和村庄投掷炸弹。3 月 14 日,约有 2 000 名中国人组织起来进行自卫,因此日本士兵认为他们是"强盗""土匪",用机枪向他们开火,并从飞机上向他们投掷炸弹,结果几乎所有人都被杀死了。

李顿勋爵问这 2 000 名中国人如何称呼他们的组织。柳国明先生回答说,从字面上看,它被称为"庄河人民救国会"(The Chwangho people organized to save their country),李顿勋爵认为应该称它为国防组织。

希尼博士指出,调查团只听取过柳国明先生提到的 12 个案件中的 2 个。李顿勋爵说,调查团没有时间听取所有其他案件,并询问是否有关于这些案件的书面声明。柳国明先生向李顿勋爵递交了几份印刷文件,其中涉及日本人的暴力案件。

柳国明先生说,目前在中国东北有超过 10 万名日本士兵。他们在那里有两个目的,其中之一是中断中国东北和中国本土之间的通信,不允许有通信自由。生活在中国东北的中国人不允许给他们在长城内的朋友和亲戚写信。在长城内出版的报纸不允许在长城外流通。

希尼博士问柳国明先生,他是否能证明 10 万名士兵的数字是合理的。

柳国明先生回答说他可以,并给出了军队的名称;但希尼博士指出,他只想知道有多少个师。柳国明先生回答说有四(?)①个师团。在和平时期,一个日本师团大约有 12 000 人,但在战争时期则增加到 24 000 人左右。

李顿勋爵指出,关于部队人数的问题只是"顺便"(en passant)问一下,并要求柳国明先生继续作证陈述。

柳国明先生继续说,日本军队的第二个目的是向任何参加爱国示威的中

---

① 编者按:原文如此。

国人开火；也就是说，镇压任何中国人的自卫组织。在怀德地区，警察局长被逮捕并被带到公主岭，被日本人杀害。怀德地区的地方长官也被逮捕了，还没有被释放，所以他们不知道该官员会有什么下场。

希尼博士问这是什么时候发生的，柳国明先生回答说是去年11月。

柳国明先生补充说，在1931年11月20日，洮南—昂昂溪铁路局的局长Changkweian①被逮捕。同时据报道，其已被谋杀。任何打听他下落的人都被日本士兵殴打。

18. 国联调查团与张作相、万福麟的会谈记录
（1932年4月16日）

1932年4月16日，上午11点30分

出席人员：

调查团全体代表

派斯塔柯夫

勃来克斯雷

李顿说他很高兴看到将军们，以及为让他们久等而道歉。

张作相将军：我愿借此机会向调查团表示我们对它进行了如此漫长的旅程的赞赏。

李顿：我想听听你从去年9月以来的经历。

张作相将军：1931年9月19日，吉林被日本人占领时，我碰巧外出参加父亲的葬礼，所以我对当时情况的描述是基于后来其他人向我所报告的内容。9月17日，在沈阳事件发生之前，日本人请求访问……②附近的军营。在那次访问中，他们检查了军营的安排，并在19日向该军营开火，使中国军队措手不及。后者完全没有反抗。在日本占领……③后，他们遇到了驻扎在……④车

---

① 编者按：时任洮昂铁路局局长是万国宾。Changkweian所指具体人名无法确认。
② 编者按：原文有涂改痕迹，难以辨认地点。应指宽城子。
③ 编者按：原文缺具体地点。应指宽城子。
④ 编者按：原文缺具体地点。应指宽城子。

站的一小批中国军队的一定程度的抵抗。交战时间很短,所有的中国士兵都被日本人缴械了。在日军占领兵营后不久,他们继续包围沈阳①,此地距离……②只有2英里。这里驻扎着一个步兵师和一个炮兵师③。炮兵被完全包围,无法进行任何抵抗,但步兵确实进行了抵抗,战斗持续了很短的时间,其间有500名中国人或死或伤。日本人甫一占领车站附近的兵营,就切断了电话和电报通信,使中国部队的指挥官无法与司令部取得联系。由于没有接到任何命令,指挥官不知所措。然而,步兵和炮兵很快就被解除武装,日军占领了营地。19日黎明前,占领已经完成。21日,据了解,日军还打算进军吉林省省会,即吉林市。那时,我已经接到了长春事件的报告,有时间命令吉林城里的人不要反抗;所以当日本人到达时,没有任何冲突。日本人接管了所有的电报站和广播电台,把所有的军事人员和官员都关押起来。

李顿:你什么时候离开吉林的?

张将军:10月的某个时候。

李顿:万将军呢?

万福麟将军:更早,4月28日。

李顿:你和留在那里的军队有联系吗?

王福麟将军:是的,我们仍然和他们保持联系。我和张作相将军用无线电保持联系,其他将军则用特别信使与我们保持联系。

我不在的时候,是我的参谋长负责,他报告说,日本人以保护铁路为借口入侵黑龙江省,因为日本借钱给中国建设铁路。这很令人吃惊,因为我们以为日本会把活动限制在南满洲。然而,当日军到达洮南后,他们的意图很明显是继续前进。当他们宣布要保护这条铁路时,参谋长开始征求指示,以及应该采取什么样的态度。张少帅告诉他,他应该反对日本人前进,因为尽管他们向铁路提供了贷款,但铁路仍然是中国政府的财产,不需要"保护"。然而,日本人坚持不后退,于是嫩江上的战斗发生了。事情发展到这样的地步,既然我不能亲自去关心政府工作,我决定请马占山将军代替我担任省委主席。嫩江之战

---

① 编者按:原文如此,有误。应是指南岭兵营,此处驻有穆纯昌的炮兵团和任玉山步兵第50团,约7000人。

② 编者按:原文缺具体地点。应指宽城子。

③ 编者按:原文是师(Division),应该是团(Regiment)。

后,日军坚持要求马占山将军撤退到中东铁路以外地区,并声明如果他这样做了,日军就不会追捕他。马占山将军一点一点地撤退,先撤退到汤池,再撤退到昂昂溪。他撤退后,日本军队仍在向前推进,所以他不得不继续撤退,先退到齐齐哈尔,再退到海伦。

希尼博士:包围并解除中国人武装的日本军队有多强大?

万福麟将军:约2 000人。

希尼博士问张作相将军,他是否同时担任吉林省省长和部队指挥官。

张将军回答是,并补充说:"在我执政吉林省的7年里,我与日本人没有任何争议,所以我没有理由预期他们会采取任何军事行动。与日本人发生争执的唯一例子是万宝山事件。即便如此,我也没想到会有如此严重的后果。"

李顿勋爵:我知道正是由于张将军的克制,中国在那次事件后几乎没有进行报复。

张作相将军:万宝山事件的事实很简单,一些朝鲜人向地方法官请愿,要求建设灌溉系统,尽管挖运河从伊利河引水会造成许多人的财产损失。争端开始时,地方官派了大约200名警察维持秩序,看来事情已经解决了。随后,朝鲜人来到长春,向日本领事馆报告了此事。看起来似乎不会有什么大麻烦。但不久之后,朝鲜发生了屠杀中国人的事件,这引发了真正的麻烦。

李顿勋爵:我知道屠杀发生后,中国人情绪很强烈,但张将军对他们施加了克制的影响。

张作相将军:那时候我在沈阳,与日本领事携手工作,希望整个事情会顺利解决,不会有大麻烦。我想指出的是,我认为我和万福麟将军分别管辖的两个省的问题根源是朝鲜人的国籍问题。所有来到这两个省并归化为公民的朝鲜人不仅得到了公平的待遇,甚至得到了特殊待遇。但他们的双重国籍才是问题的根源。我希望,基于调查团的调查结果,国际联盟将能够为永久解决这一问题制订出一项切实可行的方案。

李顿勋爵:这一点我们非常清楚。

19. 国联调查团与北平高校教职工代表的会谈记录
（1932年4月15日）

1932年4月15日，上午11点45分
出席人员：
调查团所有代表
勃来克斯雷
吴秀峰

教职工成员：
李光忠（Li Kwang Chung）
张君劢（Chang Chiun-Mai）
邱昌渭（Chiu Chan-wei）
萧恩承（Hsiao En-cheng）
吴宓（Wu Mi）
生宝堂（Cheng Pao-tang）

麦考益将军提请与会人员注意一个事实，即调查团在任命的时候与军事问题毫无关系，调查团的职责纯粹是进行调查和询问。调查团得到的正式指示是，在军队部署等问题上不得有任何行动。

李光忠表示，他在报纸上读到调查团在南京的时候，调查团询问了国民政府的某些成员关于满洲的未来规则是什么的问题。

马柯迪伯爵解释说，报纸上发表的是国民政府教育部长的讲话，他出席了国民政府与调查团的见面会议。

李顿勋爵表示，调查团已经询问了中国和日本双方政府，关于解决中日双方之间的问题，双方的意愿、期许和所涉利益是什么。调查团不会表示任何意见，只是在确定这些国家政府的意见。

李光忠先生问南京国民政府是否向调查团提交了任何计划，李顿勋爵回答说调查团已经与南京国民政府进行了四五天的讨论。

邱昌渭先生说，李顿阁下在南京的时候提出了一个关于应该在满洲建立什么样的政府的问题。代表团认为教师委员会的一致意见是应该建立一个文职政府。然后询问是否可以再问一个问题,这个问题关于"据说中国人扰乱了国家的秩序"。调查团成员是否认为是中国人把这个国家搞得一团糟。

李顿勋爵回答说,他恐怕需要向代表团提交调查团报告书,因为无法在此之前表达任何意见。

李光忠先生希望调查团在考虑整体事实的时候可以根据日本长久以来的总政策,并结合在中国发生的事件来考虑。中国正处于转型期。在考虑这些看起来毫不相干的事实的时候,不能不提及它们的起源。如果调查团研究日本过去五十年政策的历史,就能很清晰地看出发生在满洲的战争的来龙去脉。

李顿勋爵指出,过去、现在、未来都是必须考虑的问题。

教职工代表团的另一名成员指出,不仅需要这样,而且必须从其社会、政治和经济等不同的角度来处理这个问题。他们想知道这是不是调查团的计划。李顿勋爵回答说确实如此。对于这个问题,调查团将从各个角度加以研究。该代表团的同一成员接着说,由于这个问题对西方人来说是一个难以理解的问题,他们希望调查团的这次检查是彻底的。他们这些教员读过许多曾在中国短暂逗留的游客写的书,但这些书仅仅只是他们短暂印象的记录。

麦考益将军向代表团询问,他们是否可以提供为调查团建议可以阅读的书籍。到目前为止,中国人提交的书籍还只局限于宣传作品。

该代表团承认,迄今出版的资料非常少。

李顿勋爵告诉代表团,调查团将非常感谢对任何可收集的材料提出任何建议,以提供历史背景,显示所涉及的所有利益(包括社会、政治、经济等)。代表团能否向调查团提供任何建议呢?

李光忠先生表示他会这样做。他补充说,他们希望强调一个事实,即中国正在经历一个转型期。这个国家不像日本那样有组织,即日本整个国家处于政府的最高控制之下。正是由于这种过渡状态,中国的经济和知识水平才会如此多样化。他们相信,调查团将会把所有这些都考虑进去,并记住中国并不像日本那样只是一个小国。

李顿勋爵回答说,调查团很清楚所有这些困难。

麦考益将军问代表团是否有人读过《历史上的满洲》(Manchuria in History)这本小册子,它涵盖了李光忠先生刚刚提到的要点。

代表团中没有任何成员说读过这本小册子,但邱先生表示,作者是一个

"健全的人"。

另一位代表指出,非常重要且需要注意的是日本强大的军事力量。他说,如果东北问题得不到满意的解决,不仅会危及远东的和平,而且会危及整个世界的和平。他在10年前就写了一本小册子,预测将会发生什么。就在9月18日事件发生的一个月前,他已经知道会发生类似的事情。希尼博士问他是从哪里得到这些信息的,不过除了说"他们收到了一封来自日本的信"之外,没有得到明确的答复。

这位代表接着说,事变发生时他正在沈阳。9月18日14点,他给日本当局拍发了电报,询问日本军方是否会采取行动。22点左右,日军开始轰炸这座城市。"凌晨3点钟,我们听说日军已经占领了北大营。第二天,日本士兵切断了所有的交通,我们无法保证粮食供应。同时,一些学生被殴打。一两天后,高丽大学的张伯伦教授来到我们学校,我请他代表我们向日本军事当局发表讲话,敦促他们不要破坏大学或伤害任何人民。张伯伦教授照做了。日方回答说如果我们支持日本的政策,我们就会受到保护。这难道不是政治侵略吗?"

20. 国联调查团与北平教育文化机构的教授、管理者代表的会谈记录(1932年4月15日)

1932年4月15日,上午11点25分至12点
出席人员:
调查团全体成员
丁文江(V. K. Ting)
袁同礼(T. L. Yuan)
傅斯年(Fu Ssu nien)
徐淑希(S. H. Hsu)
王化成(H. C. Wang)

李顿:丁先生,您可以代表你们代表团发言吗?
丁文江:为了节省时间,我们为您准备并提交了一份备忘录和一封信,您是否有时间阅读它们?

李顿:我都阅读了。你们的备忘录写得很好,在我看过关于中国问题的声明里面算数一数二的了。你们有将这两份文件的副本抄送给国联调查团的其他成员吗?

丁文江:很高兴听到您这样说。关于这封信的问题,我们之前仅抄送了一份法文翻译版本给克劳德将军,我们下午会抄送副本给其他调查团成员的。

克劳德:是的,我从你那收到了一封法文写的信。

丁文江:我谨代表我和我的同事们,对你们给予这次讲话的机会表示感谢。在会谈开始之前,请允许我介绍我们代表团。我们之中只有很少人在南京国民政府中担任过政治上的职务,有些成员还是国民党的政敌。我们中的一些人在日本学习过,会说日语并欣赏日本文化。因此,我们不是那种"我的国家是对是错"的沙文主义者,我们也不是那些擅长在糟糕的情况下做到最好的专业外交家,我们不想进行被称作妖术(the black art)的宣传。

在我们的备忘录中,我们只强调了解决问题的条件,而没有给出任何具体的建议,这是因为我们对贵调查团的职权范围不是很明确。我们亦不清楚贵调查团的职权是否将不限于调查有争议的部分,或者是否被授权为解决问题提出具体的建议。另外,我们在考虑解决任何问题的任何建议的时候都会有一种徒劳无功的感觉。在我们眼里,中国抑或国联可以接受的任何建议,日本都不会接纳。但是,如果我们寻求的不是中日双方都可以接受的方案,而是寻求公正、合理的解决方案,那么我们可以找到很多这样的方案。然而,我们认为这样的方案应该由贵调查团提出而不是中方提出,否则日本将更加难以接纳。我们想要指出的就是这个。中日冲突的根本原因在于政治统治和军事统治始终伴随着经济上的渗透,例如关于日本人在满洲内部定居的权利问题。如果不是因为之前提出的解决方案意味着日本方面的域外管辖权与警察控制权的日渐扩大,中国方面就不会有这么多的反对意见。同理,南满洲铁路是战略铁路而并非经济铁路。如果希望永久解决满洲问题,就必须消除这一冲突的根本原因。

我们要强调的一点是,我们认为满洲是中国不可分割的一部分。如果贵调查团能说服日本人接受第三方担任调停者和仲裁者,那就把所有铁路的管理权集中起来;如果日本从铁路附属区和租借地撤出军队,就可以使得满洲非军事化;如果可以获得相关利益的国家的同意,就能确保满洲的中立性,但是不能将满洲变成在中国名义下的一个独立国家。我们不能接受满洲获得自治地位。我们根本不相信满洲人民会要求这样的"自治"。

麦考益:你这么说是什么意思?

丁文江:我的意思是,满洲人民不希望满洲存在一个与中国其他省份完全不同的政治与行政制度。我们与满洲人民都知道,即使是在中国名义主权之下的一个所谓"自治"的满洲,也永远无法抵抗来自日本的压力。为了抵抗来自日本的压力,满洲必须与中国有着密切的政治联系。在文化角度上,满洲亦需要中国的帮助。几年前组建东北大学的时候,尽管东北大学优先考虑出生于满洲的教师,但仍必须大量引进满洲以外的教授。

另外,我们还认为,日本方面宣称维持满洲秩序的困难被大大地夸大了。满洲的中国政权在九一八事变之前就成功地做到了这一点。自那以后发生的所有混乱都是因为日本的非法占领。日本宣称非正规团伙都是"土匪",但他们很显然不是。以1932年2月17日的敦化事件为例,当时有相当数量的日军伤亡,日本认为是间谍活动,他们逮捕并击毙了13名中国人,包括一名商会主席、一名农业协会主席、一名警察与几名铁路官员。显然,我们不能简单地将这些人士定义为"土匪强盗"。一旦外国对满洲的占领终止了,就不会有这些爱国的"土匪"了,恢复和平与秩序也就不难了。

我们也不是认为应该过分强调稳定。诚然,一个好的政府必须是稳定的,但这并不代表一个稳定的政府就一定是好的政府。在过去的二十年里,我们在满洲有一个稳定的政府,但如果你到满洲就会发现我们为这种稳定所付出的代价。我们不希望看到满洲的任何政府在不考虑其是否适合治理满洲的情况下继续掌权。在我们看来,对中国中央政府负责是确保一个好的地方政府的手段之一。

李顿:你能告诉我目前位于满洲的这个"新国家"是如何组织起来的吗?

傅斯年:在由日本人完全控制下的"自治委员会"的组织下,沈阳举行了以"独立"为名头的游行活动,但是并没有举行真正的选举。张景惠、臧式毅、熙洽、马占山等军事首长和沈阳伪市长赵欣伯进行会面,召开了"东北政务会议"。3月6日,溥仪从旅顺港抵达汤岗子。张景惠、赵欣伯于翌日到达汤岗子与溥仪见面。8日,溥仪起身前往长春,翌日,伪满洲国就成立了。

希尼:谁是外交部总长呢?

傅斯年:一个台湾人。

丁文江:谢介石,他出生在台湾,而且是日本臣民。

李顿：我没有向你提出很多问题，因为你已经在备忘录中非常清楚地陈述了你的观点，而且我们也没有时间了。

丁文江：阁下在日本的时候，是否有和反对本国政府政策的任何日本团体有过接触？

李顿：没有，日本人把目前的麻烦都归咎于中国。任何国内的反对意见都可能被压制，或者因为普遍感觉日本受到外国的批评和必须形成统一战线而沉默。

丁文江：我们想向你们表达我们对国际联盟的感谢。如果没有国际联盟，我们今天就不会在这里跟你们进行有关问题的会谈，我们可能就是从日本占领军那里逃到关内的难民了。我们完全了解国联工作的困难，所以我们并没有过高的期望。这里面包括我们不指望什么人可以替我们抗日。我们会尽我们所能保护自己的国家。但我们希望且相信国联成员将会履行《国联盟约》中所载的对中国的明确和庄严的义务。

21. 国联调查团与张学良的会谈记录（1932年4月15日）

1932年4月15日16点30分
出席人员：
调查团成员、顾问、秘书
张学良少帅和参谋

张学良少帅：我希望借此机会与你们分享关于一些问题的个人看法，这些问题没有包括在你们的问题中。无论我说什么，都不应该被视为官方的，只是我个人的观点。我知道人们常说，东三省一直以来都或多或少地保持着独立的地位。我想借此机会告诉大家实际情况。的确，东三省有时与中国其他地区保持着遥远的关系，这有三个原因。首先，在过去的几年中，中央政府在政治变革中偶尔会出现一些麻烦。在这种情况下，东三省一直奉行的政策是将该地区与中国其他地区的这些政治麻烦撇清关系。其次，经常有因反对中央政府中的某些人而产生的麻烦，东三省也试图不参与这种反对活动。最后，在国内不同政治派别的内乱中，东三省始终保持中立，不参与战斗。只是在国家政治生活的这些暂时变化中，东三省才接受了事实上的情况，即在我掌权的领土上维持秩序与和平,但这些变化从未影响东三省与中央政府的政治关系。例如,海关、邮局和司法部门一直完全在中央政府的控制之下。东三省任何时候都没有试图在这些重要的管理阶段上保持独立。首都的最高法院一直是最终的上诉法院,东三省从来没有颁布不同于中央政府法典的法律,也没有悬挂与国旗不同的旗帜。特别是在对外关系上,中国一直是统一的。以华盛顿会议为例。当时东三省与全国其他地区保持着遥远的关系,但他们还是为中国参加该会议的代表提供了费用,这表明在外交关系中,中国一直作为一个整体行事。东三省的教育制度和使用的教科书也是由中央政府通过并授权和颁布的。东三省定期参加中央政府召集的所有全国性会议,如商业会议、经济问题会议和所有其他会议。中央政府颁发的护照在整个东三省地区一直都是有效的。我也明白,我们被指控违反了条约。我可以肯定地说,我们一直在遵守条约规定,我们只希望日本也能这样做。例如,日本派驻了铁路警卫,并设立了领事警察,所有这些都是条约没有规定的。然而面对日本的这些行为,我们只是不得不保持耐心和忍耐。

我们听到的另一种批评是针对政府的,指责政府没有效率,不是一个政府应该有的样子。目前,让我们把政府本身价值判断放在一边,不管它是好是坏,但承认政府可能不是它应该有的样子,这只是一种人事问题。如果政府中的任何个人应该受到惩罚或处理,适当的做法是处理这个人,甚至把这个人赶走。政府中的一两个人没有履行他们的职责,这并不能成为试图从一个国家手中夺走其领土的任何侵略性行动的理由。我并不是在争论东三省的政府是好是坏,我只是想指出以前的政府与现在的政府之间的区别。如果政府不令人满意,肯定会有反对它的起义,但情况并非如此。当然,人们可以说,有军事镇压,所以人民不敢采取任何革命措施,但即使在东三省以外的地区,也没有人反对该地区的政府。然后将之前存在的情况和现在存在的情况相比较,我们发现东三省各地都有起义,特别是反对目前的控制当局。这种对比可以表明现在的当局和日本入侵前的政府之间的区别。

在国际关系中,我们一直忠实地遵循门户开放政策。我们已经开放了外国投资。我们采取了措施,并与不同的外国公司进行了谈判,以便在东三省承担开发项目,而且我们还邀请外国帮助和参与,例如葫芦岛港口的建设。我提到这些,是为了说明我们一直奉行门户开放的政策。日本试图让其他国家无法参与。

另一点与我们昨天几乎没有提到的问题有关,那就是日本有可能伪造文件,因为他们拥有我们的公章。为了向你们说明这一点,我想花几分钟时间描述一下官方文件是如何制作的,即官方文件必须经过的程序。在任何命令或任何官方文件发出之前,都要经过几个阶段。首先,文件被起草,并被提交给更高一级的官员进行修改。在进行了必要的修改后,该草案将被提交给负责该方面工作的官员,然后由其在草案上签名。完成后,在草案上面盖上印章。文件经历了四个阶段,然后被送出去。当它被送出时,有一个单独的记录,会在另一本书上记载这份文件送出的日期。为了更清楚地说明问题,负责的官员会在草案上写上他的名字缩写。签完字后,再把它抄写成文字。当它被复制成文字后,在这个最后的副本上将会盖上印章,所以草签人名字和印章是在两张不同的纸上。这样一来,就可以追踪到草签该文件的人的身份。

李顿:我不太明白,印章和签名是在两个不同的文件上。

张学良少帅:首先是起草和修改,并将修改后的草案副本提交给官员进行最后审批。在此基础上,再制作一份公开的副本,并在上面盖章。这个副本会被送出去,而被草签的副本则留在档案中。

李顿:少帅告诉我们这些,是为了说明如果一份官方文件被展示出来,一份粗略的副本即原稿也应该被提供?

陈[①]:是的。除非能找到原稿,否则该文件就有可能被质疑。

李顿:但在发出去的草稿上只能找到印章?

陈:是的。

顾维钧:这取决于文件的种类。它可能包含签名,也可能不包含签名。如果是信件或备忘录,可能会有签名,但在少帅的一些信件上,根本不会有任何名字,只有印章才算数。

陈:(出示文件)这就是起草这个命令的人。这个人负责修改和进行必要的更正。最后的批准来自编写文件的办事处的最高官员。草案的形式可能并不总是相同,但一般过程总是相同的。它可能并不总是经过那么多人的手,但总是有一个初稿和经批准的草案以及最后的副本。这仅仅是一个样本。(出示另一份)这是一份少帅办事处收到的正式文件。这是负责人的印章,当它被

[①] 编者按:未能确定具体人名。疑似陈钦若,1931年5月任军事委员会北平行营参谋处处长,国民革命军陆海空三军副司令长官(张学良)参谋处处长。后同。

收到这里的办事处时,第一个在这里打开它的人将指出这个命令应该交给哪个部门或哪个人。然后每份文件在收到时也会被编号,所以如果有一份文件是伪造的,那么数字自然就不对了,这就是序列号。例如,如果一份文件被说成是从少帅办事处发出的,那么如果是在同一天,其草签人名字和印章应该是一样的。如果印章有任何差异,那么它就不可能是真实的,因为在那一天的数字应该是一致的。

杨格:除了印章之外,就没有使用序列号了吗?在哪里可以看到这份文件的序列号?

张学良少帅:那是另一端的档案编号,所以该文件与另一端记录中的序列号是一致的。

杨格:在我看来,对于不是中国人的任何人来说,这将是一个非常复杂的过程,但根据我的理解,在判断一份文件是否真实时,要注意或询问的重要事项是确保该文件已经通过了这些阶段。为了跟踪该文件所经过的各个阶段,有必要将文件带到办事处,将序列号与官方记录的序列号进行比较。这样说清楚了吗?

张学良少帅:是的。

李顿:顾博士能看出一份文件是不是官方文件吗?你对这些文件熟悉吗?

顾维钧:一般来说可以,但不同的办事处有不同的程序。

李顿:那么在我们拿到文件后,如果对其真实性有任何怀疑,你会知道应该注意哪些一般特征?

顾维钧:如果我对它不够熟悉,我就会采取措施去了解。万一发现有疑问,我们总是会核实并告知调查团。

张学良少帅:日本人经常说,他们对满洲的占领是防御俄国的一个必要步骤。这是一个非常有趣的说法。如果他们真的真诚地打算对俄国采取进攻措施,他们必须与中国合作。在他们完成任何防御措施之前,他们已经严重冒犯了中国人,导致中国人民普遍反对日本。他们怎么能影响对俄国的防御措施?不仅如此,即使在对俄国的预防措施中,日本也没有与我们合作。例如,有一次在朝鲜,几个共产党员被逮捕了,但最后他们被释放了,理由是他们没有影响到日本。这表明,当影响到中国时,他们并没有试图与我们合作。我有许多关于这类事实的报告供调查团审议。我现在不提这些,但我将把一份完整的文件交给你,供你参考。

在过去的三天里,调查团一直非常公正,在提问时也非常周到。我谨代表我的同事感谢调查团,我想知道调查团是否还有其他问题需要提出。如果我们的回答没有礼貌,没有对调查团表示应有的尊重,我们请求阁下忽略这一点。

李顿:我可以向少帅保证,我想我昨天已经说过了,你们的答复非常充分,非常清楚,而且符合我们问题的要点,我们非常感谢你们在这些问题上的帮助。

李顿:有两个问题我想问一下。第一个问题是关于少帅父亲的死亡问题。当时有没有对这些情况进行过调查?

张学良少帅:是的,已经进行了调查。

李顿:是否有任何关于该调查的声明?它是否以任何方式被公开?

张学良少帅:没有。

李顿:是否有可能知道调查的内容?或者是否特别说明谁对这一行为负责?

张学良少帅:你是想问是否对暗杀事件的责任方采取过任何官方调查行动?

李顿:我的意思是,关于日本人与这一事件有牵连的指责。我想知道是否有这方面的证据。

张学良少帅:最重要的证据来自宪兵队,即在发生爆炸的那一区巡逻的警察。按照惯例,日本人不允许任何中国人靠近那个有一座桥的地方,那里有两条铁路线,南满铁路和北平—奉天线相互交汇,所以每当张作霖元帅回到奉天时,中国警察都要先向日本人申请特别许可,以便中国人可以在元帅必须经过的那段路上巡逻。

李顿:这就是这本小册子里的故事吗?现在没有必要再看了。

张学良少帅:我不知道这本小册子的作者,所以我不知道是否提出了这个特别的观点。当中国人向日本人寻求这一许可时,日本方面的士官很爽快地允许中国人在铁路交汇的这一段进行警戒。这个许可是在6月3日下午批准的。这天下午,元帅要经过该路段。就在该名中国人和日本人交谈,以及在该名日本人同意中国在这段铁路上执勤后,另一名日本人走了进来,示意那名日本官员出去,当他回来时,他说:"不,我不能给你这个许可。你可以在下面的轨道上执勤,但不能在上面的轨道上执勤。"那是南满铁路的轨道。这很不寻常,因为在此之前,他们总是允许中国人在上层和下层轨道上执勤。然后这名日本人进一步说,虽然他们同意中国人在下层轨道上执勤,但他们不能靠近大桥。

李顿:我想问一下,中国人在这两条轨道上巡逻是不是很平常?

陈:通常情况下,除非有特别许可,否则中国人是不被允许去的。

张学良少帅:中国人只被允许在特别指定的地点通过那里。在这些点之外,如果中国人试图通过,他们会被当场击毙。日本人是非常严格的。但通常情况下,只要中国人想采取特别的预防措施,并向日本人申请许可,他们都会批准。那座桥下有三条通道,两条是禁止中国人进入的,一条是开放的。铁轨可以穿过这些隧道。另一条是给行人使用的,中国人可以通过。

李顿:那次中国人被拒绝在这些地方巡逻?

张学良少帅:在一般情况下,中国人是不被允许进入日本人的线路的,但在紧急情况下,他们确实允许中国人派特别的侦探去那里守桥。但这次他们拒绝了许可。

李顿:按照惯例,在特殊情况下,中国人被允许在桥上巡逻。他们首先得到了一个军官的许可,然后一个上级军官来了,说不能给予许可。是不是这样子?

陈:不是,这名军官被叫走了,然后他回来说:"不,你不能获得许可。"

张学良少帅:在这一铁路段本没有任何建筑物,但在爆炸前的那些日子里,他们建了一个塔,在上面固定了一个探照灯,所以当火车通过时,他们可以将探照灯转向他们,看到不同车厢里的人。日本给出的解释是,他们害怕战败的军队,即在长城内战斗中被打败的士兵会回去,所以他们建造了这座塔,以便知道火车上是否有士兵。但这很难成为一个好的借口,因为当火车经过山海关时,他们很容易就能发现。也许所有这些事实都包含在这本书中,而我真的不喜欢谈论这个话题。我在做这件事时感到很混乱。

李顿:我想问的另一个问题是关于林权助男爵(Baron Hayashi)作为日本官方代表来访问时的情况。我想知道,少帅是否可以告诉我们关于林权助男爵那次访问的情况以及他说了什么。

张学良少帅:我不记得确切的话语了,但是在他访问期间,他说了一些比较笼统的话,敦促我进行改革,进行张作霖元帅没有带来的政治变革。他说他总是很乐意帮助我。他总是用这样笼统的措辞,但其含义是"如果你听从我们的建议,你的地位就会得到保障,否则可能会有危险"。前几天,当我讲述我访问日本领事馆的情况时,说这些话的是日本领事,不是林权助男爵,而是林久治郎先生。

李顿:林权助男爵有没有给出任何建议?

张学良少帅:他当时在场,但他说他有一些想法,林久治郎先生会把这些想法转达给我。这些建议是由林久治郎先生提出的,而不是由林权助男爵本人提出的。他当时坐在林久治郎先生身边,介绍说林久治郎先生将表达他的观点。我自己推测,为什么那天林权助男爵没有亲自说这些话,是因为我们以前的谈话几乎总是以不愉快的方式结束,他可能不想再承受这个打击。

李顿:其他谈话内容是什么?在这次任务中,林权助男爵给出的建议是什么?

张学良少帅:重要的是我不应该悬挂新国旗,也不应该与南京方面联手。在这种情况下,有一件有趣的事情。那就是,当林权助男爵从日本来到沈阳时,林久治郎先生建议我邀请林权助男爵担任高级顾问。这些日本人还放出风声说我有意邀请林权助男爵担任高级顾问。换句话说,人们可以感觉到这样的意图:在那个非常危险的时刻,他们认为可以轻易地控制我,但他们没有成功。男爵还跟我建议应该找一些经验丰富的老人来帮助我。

李顿:林权助是以自己的名义提出这个建议,还是以日本政府的名义传达这个建议?

张学良少帅:他转达的是田中内阁的建议,而不是天皇的。

李顿:天皇的消息只是一个慰问的消息?

张学良少帅:林权助男爵不是作为天皇的代表来的,而是作为田中首相和政府的代表来的,而且他还带来了田中创作的一首诗,他在诗中哀叹张作霖元帅的死,且表示尽管人们可能怀疑是日本人干的,但他自己却毫不知情,只是在诗中暗示了这一点。

顾维钧:田中当时是首相。

麦考益:我想知道我们是否可以获得这首诗的文本。

张学良少帅:我的副本丢了。它被保存在安全处,但它被发表在日本报纸上。我也许能得到它。

麦考益:顾博士,你看过那本小册子吗?你能保证它的准确性吗?或者少帅的某个参谋人员能保证它的准确性吗?

顾先生：我前段时间读过中文版本，给我的印象是很准确。

张学良少帅：要找到有关这次暗杀的记录并不难。最好的记录是日本议会的辩论记录。

麦考益：这本书里显然有这些记录。

张学良少帅：我记得有一个人在议会中向田中提出了这样的问题："为什么你总是把这个事件称为满洲的某个重要事件？为什么你要这样称呼它？而不是叫作张作霖遇刺事件？"而田中无法回答。

参谋长：我读过这本小册子的中文版，是一个非常完整的记录。它不仅包含了中国的调查结果，而且作者还查阅了日本的原始资料。日本的资料比中国的多。

张学良少帅：写这本书的作者是孔先生（Mr. K'ung，音译），因其对日本事务的了解而在中国受到尊重。他对那里的情况很熟悉。

李顿：我想这就是我们要问的所有问题了。

顾维钧：少帅询问你们是否将举行任何进一步的见面会谈。

李顿：我想这个问题已经讨论得很透彻了。我们从满洲回来的时候可能想再开一些会议。

麦考益：我同意主席的意见，我们的会议非常令人满意，但鉴于我们要去满洲的事实，少帅可能希望我们见到那里的一些特定代表，或对我们的程序提出一些建议，或从他的角度给我们一些有助于我们工作的建议。当然，这可能来自顾博士，但这是一个可以听到少帅是否有任何特别的建议的机会。

张学良少帅：有一些人对调查团来说是非常有用的，但一个基本条件即保证他们的安全，不是在会见期间，而是在调查团离开满洲之后。如果能满足这个条件，调查团就能更好地从这些人身上获得充分的信息。因为他们有很多原因担心自己的人身安全，而且他们在满洲其他地区的家人可能会受到压力，所以见到这些人是非常有吸引力的。

麦考益：可以从少帅那里得到一份我们应该接触的这些人的名单，我们可以通过那里的某些外国人与他们取得联系，也许不会危及他们自己。

张学良少帅：我的想法是，即使派外国人去见中国人，调查团不直接见他们，也必须采取一项预防措施，即对外国人会见中国人的事实进行保密。因此，首先调查团可以从外国人团体处收集信息。然后有一个人对调查团来说是非常有价值的，那就是黑龙江的马占山将军，他经历过所有这些情况，可以提供大量有价值的信息。我将尝试推荐一些中国人的名字,但如果他们中的任何一个或若干个难以找到,最好放弃任何尝试,因为这会引起注意。

李顿:我认为困难在于,任何想提供支持现有状况证据的人都会通过日本人安排其与调查团进行会谈。所以我推测,任何想提供证据的人,都不会自己主动来的。在我看来,唯一可行的办法是,除了可能通过日本参与员或其他方式向我们推荐的人,我们自己也可以选择一些明显是杰出的、有代表性的人,并说我们想听听他们的意见,而不知道他们的观点是什么,即那些担任过这样那样职务的杰出公民。

麦考益:这正是少帅所担心的。如果我们对任何一个人表现出兴趣,可能会危及他们。

顾维钧:我认为有必要在一开始就向满洲的人民非常清楚地表明调查团的立场。我们应该要求,这些人的安全不应该因为他们与调查团的会面而受到任何威胁。

李顿:我们可以这样要求,但我不知道我们是否会取得效果。

张学良少帅:我建议,调查团可以充分利用那里的传教士,请他们在家里安排证人,这样一来,邀请就是来自传教士,危险的可能性也是来自传教士。另一个建议是,调查团可以选择一些医院里的病人。不管怎么说,当他们是属于传教士资产的医院里的病人时,就不会受到骚扰。另外,那里的外国居民、领事成员、英美烟草公司(B. A. T.)和其他商业公司的雇员应该相当安全。

麦考益:我们可能在监狱里找到一些好的证人。

张学良少帅:我不能肯定,但我相当怀疑,即使是溥仪也可能对你说一些可能是有趣的事情。我了解这个人,从这个人的性格来看,我知道他可能会说一些有趣的事情。我知道他并不关心自己所处的位置,所以如果能看到他,那就很值得了。这个人唯一的问题是太软弱了,很容易被他的臣子们制服,所以如果能让他单独露面,他可能会说一些非常有趣的东西。

22. 国联调查团与张学良的会谈记录
(1932 年 4 月 14 日)

1932 年 4 月 14 日,16 点 30 分

李顿:我想问一下,9 月 18 日当天,少帅部队的哪一部分在沈阳地区,哪

一部分在满洲,哪一部分在长城内?

张学良:在沈阳有第七旅。然后是我的保卫部队,人数不到4 000人。还有军事学院的学员,人数略多于5 000人。这就是军事力量。在这些之外,还有兵工厂的卫兵,还有宪兵或军事警察;后两类都不是为了战争,这些都是城市里的部队。至于散布在东三省和长城内的部队,从这里的地图上可以看出,数量很多。除非你渴望知道,否则没有必要描述这些部队。如果你特别想知道某个城市的情况,我很乐意回答任何问题。

李顿:如果你能告诉我们总数,那就足够了。

张学良:你的问题是指在辽宁省的部队,还是指所有东三省的部队?

李顿:全部。

张学良:在辽宁省,有第7旅、第19旅、第12旅和第20旅四个步兵旅;骑兵有骑兵第3旅;炮兵第8旅;军粮供应有一个团。除此以外,还有两个旅的所谓省级卫队,由步兵和其他部队组成,这些就是奉天省内的所有士兵或部队。吉林省有7个步兵旅,分别是第25旅、第23旅、第22旅、第21旅、第27旅、第26旅和第24旅,分布在该省的不同地方。还有两个骑兵旅即第1旅和第2旅,以及一个团即第19团。除此以外,可能还有大约1 000名警卫队。在黑龙江省,有3个旅的省级卫队,即第1、第2和第3旅,这些构成了步兵的力量。然后是两个骑兵旅,即第1旅和第8旅。在黑龙江和奉天的边界有一个旅,目的是保护正在开垦土地的人(后来徐博士解释说实际上是他们在开垦土地),包括3个步兵团和一个骑兵营,还有一个炮兵营。

李顿:一个步兵旅的平均人数是多少?

张学良:省级卫队和正规部队的人数是不同的。我将对总兵力做一个总体报告。奉天有60 000人,拥有55 000支步枪;吉林有80 000人,拥有45 000至50 000支步枪;黑龙江有50 000人,拥有26 000至27 000支步枪。警卫队的力量在不同的地方是不同的,所以很难报告。

李顿:少帅是否希望向我们提供有关锦州的防御和随后的撤离信息?

张学良:关于锦州,我想再次承认我的判断错误。该事件发生在国际联盟理事会通过决议后不久,所以根据该决议得出结论,日本可能不想扩大其军事活动的范围,所以我与中央政府协商,以期避免冲突,通过外交部提出了建

议……①

顾维钧：我将解释这一部分，因为我参与了这些谈判，我当时还不是外交部长，但已被提名负责这一谈判任务，由于报告说日本军队向锦州方向移动，显然是为了攻击锦州，中国政府希望采取一些措施来防止冲突，因此在晚上，我记得是11月24日晚上——在我担任外交部长之前，虽然我已被提名——我在美国公使的房子里见到了美国、英国和法国的三位公使，我向他们询问是否可以采取什么措施来防止中国和日本军队即将发生的冲突，因为日本军队当时正在向锦州进发。经过一番讨论，我提出了一个建议，即就中国政府而言，我们准备通过将中国军队从锦州撤出来防止冲突，条件是：第一，中国的民政当局应继续管理该领土；第二，中国警察也应继续留守；第三，三国政府应做出明确的保证，在中国军队撤出后，日本军队不会趁机进入该领土。我要求他们告知本国政府，如果他们的政府准备向中国政府做出这样的保证，中国政府将通过国际联盟提出这样的建议。两天之内，其中一个政府答复说不可能做出保证，而另外两个政府甚至不能承诺。所以这件事被搁置了。这就是后来被东京利用的实际情况，说日本政府根据中国自己的建议提出了撤军要求，这是不对的。

张学良：就在那个时候，或者说在撤离前不久，天津也发生了由日本人制造的骚乱，所以华北的局势很紧张，民众的情绪很高涨，有一个很困难的局面要处理。中央政府给我的指示是这样的：我应该自行决定如何处理这种情况，但我应该不加重与日本有关的军事局势，不激起中国人民的感情，不触犯中国人的爱国责任感，以这些为前提进行处理。12月7日下午，负责这里事务的矢野真先生给我发来电报，他收到了币原外相的电报，我与矢野先生的会议结果是这样的，中国军队将从锦州撤出，日本军队将停在一个叫大凌河（Talingho）的地方，但警察和保持通信畅通的责任仍应由中国人承担，如果警察部队不够强大，可以保留一些中国装甲兵。

然而，由于日本内阁的变动，这一协议并没有实现。12月25日，矢野先生再次打电话给我，转达了他从新内阁那里得到的指示，信息的大意是他们仍将执行之前币原建议的精神，但没有提到明确的条款。12月29日晚，矢野先生再次召见我，敦促我立即对建议采取行动，条件总体上与之前的类似，但有

---

① 编者按：原文为省略号。

一个例外——日本军队应停止在小凌河(Hsiaolinho),进一步推进了驻军地,而且中国军队应完全撤出。在撤出中国军队时,他们并不保证在山海关不会发生冲突,他们希望不会发生冲突,但他们并不承担全部责任。

然后我问到了保护铁路的问题。当矢野先生在12月7日拜访我时,他同意为了保护铁路,可以允许中国在锦州和山海关之间保留宪兵。但当12月29日再拜访我时,他表示即使是宪兵也会被视为军事力量。矢野先生12月7日说锦州的政治管理(political administration)应该由中国人掌握,但这次他说中国应该放弃该城市的政治管理权。

在此期间还发生了其他几件事。12月1日,有人发现日本海军武官的住所被扔了一颗炸弹。12月5日,学生中的爱国运动开始了,许多学生挤在车站,等待乘坐火车去南京,向政府示威。矢野先生多次告诉我们,除非学生们回去,否则日本士兵会从天津赶来。他告诉我们好几次,但幸运的是没有发生。然后我收到一份报告,说在12月26日中国人和日本人发生了冲突。12月26日,中国和日本军队在……①发生了冲突,27日和28日,又在锦州附近发生了冲突。这些冲突发生时,我们正在撤军。我提到这些事实是为了告诉你们,我认为日本人只是在愚弄我们,他们的提议没有丝毫诚意。

锦州的整个事件非常复杂,从日军轰炸锦州开始到中国军队撤退,我现在无法回忆起所有的事情。我很乐意给你一份关于整个事件的书面陈述。但我现在想提的是,当时我相信日本建议的诚意,其次我也对国际联盟的决议及其效力寄予了信心,但我关于这两方面的判断都让我自己失望。

李顿:您曾经决定在您所描述的这些事件中,按照国联理事会的决议行事,即任何一方都不应该采取任何措施使局势恶化。您是这个意思吗?

张学良:是的。

李顿:结果就像我们看到的那样?

张学良:当时我认为接受日本的建议是一件非常明智的事情,因为首先可以表明我们对国际联盟决议的尊重和信任,其次可以防止长城外的局势恶化,最后可以排除长城内军事局势扩大的任何可能性。所有这些事情都可以通过这个建议来实现,而且当时的建议确实是非常可以接受的,因为它仍然是以锦州在中国人手中为基础的。

---

① 编者按:原文为省略号。

李顿：我的下一个问题是：在占领锦州之前就已经开始行动，并在占领锦州之后继续行动的非正规军志愿军①，是否得到了少帅您的支持？

张学良：我想首先问一下，日本人在断言所做的事情时有什么证据？其次，我知道所有的事情，但我没有指挥过这场运动。在义勇军中，有些人是我的朋友，有些是我的学生，有些是我的亲戚，但只要他们超出了他们应该做的事情的范围，只要他们在我的权力管辖范围内，我就会惩罚他们。事实上，我已经严厉地惩罚了我的一个表兄弟。义勇军中的情况是不同的。他们中的一些人是真正有实力的人，他们因为爱国主义而起来反对日本人。他们中的一部分人由原部队和警察组成，他们看到了战友是如何被日本人对待的，所以他们觉得应该起来反对他们。第三种组成部分是民众，即满洲乡村里的当地人，他们为了保护自己而联合起来。当然，第四种组成部分是一些自称义勇军的土匪。第五种组成部分是利用这个机会致富并获得名声的人。

根据我自己的良心，虽然我不想指挥他们，但我也不会反对他们。然而，我听到了一些报告，大意是日本人正在提出驳斥的证据。他们很有可能拿出某种证据，因为我所有的文件和印章现在都在他们手中，他们可以很容易地制造证据；但这一切都是假的。对于这一点以及其他许多事情，我想提交一份备忘录，说明如何制造这种材料。

此外，还有一些被日本人提拔的土匪，他们自称是义勇军。昨天在凌印清（Lin Yinchin）报告中向我提供的证据证明了这一点，林是已被抓获的匪徒之一。他是领导抗日运动的，我有确凿的证据，包括关于他的任命和其他文件。

李顿：您是否认为日本人在鼓励土匪行为，以证明其军队的存在是合理的？

张学良：是的。我还想提一点，即日本人曾一度进入蒙古人的领地，强迫当地民兵的首领按照他们的意愿行事。在蒙古有很多地方有人民自己的民兵组织，用于自我保护。在许多情况下，日本人扣留了这种地方民兵领导人的妻子或家人，从而迫使他们为日本人服务。在这种情况下，这些人不得不暂时服从日本人的意志，但一旦人质被释放，他们就立即向我呼吁，要求允许他们回到中国这边。我当然不能接受他们，因为这看起来就像我在提倡强盗行为。

李顿：日本人是如何找到这些家属的？

---

① 编者按：即义勇军。

张学良：这并不难，因为有蒙古家庭的孩子在各省会城市读书。在沈阳市有一所蒙古族学校，一些蒙古族人就住在沈阳。

李顿：少帅告诉我们，在事件发生时有军队在东三省。他们是否已经全部撤回到长城内了？

张学良：我想补充一点。我所说的只是一个事件。当然也有一些中国人被迫以同样的方式进行合作。

所有的部队都已经撤走了，只有两支省卫队，由于芷山和张海鹏指挥，人数约为7 000人。此外还有一些省级军队的士兵，这是就辽宁省而言的。至于吉林省军队，已经全部撤走。黑龙江的部队也是如此。

李顿：我不知道这是不是一个合理的问题，但是我想知道现在那些已经撤走的部队在哪里，辽宁的部队和从锦州撤走的部队。

张学良：他们都在河北省或热河省。

李顿：我想问的是，少帅与那7 000名留守军队是什么关系？

张学良：我们之间仍然保持着一种关系。事实上，他们在北京有代表。当然，他们的处境非常困难。

李顿：你说的7 000人，是指辽宁省部队有7 000人吗？

张学良：是的。

李顿：那么在其他省份也有军队吗？

张学良：我与东三省的一些将军有联系：在沈阳，我与辽宁7 000人军队的两位领导人有联系；在吉林省，我与李杜和丁超两位将军有电报联系；在黑龙江省，我与马占山和苏炳文两位将军有联系。黑龙江和吉林的这些将军必须通过电报联系，但辽宁的这些将军在这里有代表，如果你愿意，你可以见到他们。我也愿意给你看所有电报和信件。吉林的将军和锦州的将军都派了代表带着备忘录，如果你想见到他们，他们就会过来。至于辽宁的将军们的代表，他们没有申请与你见面，但如果你想见到他们，他们也可以过来。

这是我刚刚收到的马占山将军发给调查团的电报，如果你想把它翻译出来，我会为你准备一份副本。这也是马将军昨天发来的电报，同样可以翻译。

李顿：电报怎么能传过来？

张学良：很有可能是通过俄国电报线路发到上海，再从上海发到北平。

李顿：日本人控制着邮政和电报通信，不是吗？

张学良：不久前，他们还不能用电报与我联系。例如，辽宁的于芷山和张海鹏将军直到现在还不能与我进行电报联系,但现在马占山已经北上到了黑河,可以很容易地通过俄国线路发送电报。我不清楚这是怎么来的,它可能不是通过上海发来的,但一定是通过俄国发来的。

顾维钧:马占山在黑龙江省最北端的边界,沿着阿穆尔河活动,那里没有日本人。

李顿:这位就是"满洲国政府"的军事部长,对吗?

顾维钧:据说他已经辞职了,也有人说他从未上任。(少帅在地图上指出了将军们所处的位置)

张学良:电报注明是布拉戈维申斯克,就在阿穆尔河对岸,是通过上海发过来的。

李顿:马将军与其他将军有联系吗?

张学良:我还没有读过这封电报。我刚收到这封电报,要我转给调查团。

顾维钧:我想这是写给调查团的,讲述所发生的事情以及他自己的经历。

张学良:我不能确定马将军是否与其他将军有联系。这份电报也发给国联了,收到的这份是发给国联电报的副本。

李顿:我们什么时候能得到一份翻译?

顾维钧:我们会尽快把它翻译成英文,也许是明天。

张学良:马将军派了他的参谋长谢珂,以及李将军(Li Tseng-shen)。参谋长从符拉迪沃斯托克(海参崴)出发,但船于途中被截停在了大连,他被日本人逮捕并关押起来。现在他还下落不明。

李顿:热河省长①与"满洲国政府"是什么关系?

张学良:他与我的关系没有改变。他与"满洲国政府"没有关系。

李顿:我不是说他的关系,而是他的态度。

张学良:这是一个非常机密的事情。我不想让我们自己的人也知道这个消息。这位省主席拒绝了来自"满洲国"的所有命令,但同时他又不想公开违抗,因为他担心如果采取任何积极行动,可能会受到日本人的攻击,所以他保持着一个非常微妙的立场。但他完全忠于我和中央政府。

最近还有一位叫松井(Matsui)②的日本大佐,在热河袭击了这位省主席。

---

① 编者按:即汤玉麟。
② 编者按:即松井清助。

这位大佐带领一群蒙古人在热河地区的开鲁进行攻击,这位大佐在这次交战中被杀。直到他死后,其身份才被发现。日本人已经与省主席就这位大佐的死进行了正式谈判。

李顿:那么我想剩下的唯一问题就是少帅您对中日之间解决满洲问题有什么看法,对解决该问题有什么建议吗?

张学良:由于我的地位,我是与此问题最相关的人,所以我很难表达我的观点,但无论中央政府采取什么立场,我都会感到满意。但我想表达一个纯粹的个人观点。我在东三省出生和长大,并在那里生活了多年。日本人说满洲对他们的利益至关重要。那中国呢?难道它对中国不重要吗?在历史上,从清朝的例子里可以看到一旦失去了满洲,国家就无法保全。这个国家在任何时候都可以被夺走。如果拥有了满洲,就可以在任何时候夺取中国。清王朝的案例就是最好的证明。当日本人说满洲对他们至关重要时,这就好比说:"我没有腿。请把你的腿砍下来和我接上,你的腿对我至关重要。"我想把这一点提交给国际联盟审议:最重要的是如何防止中国和日本、日本和俄国、中国和俄国发生冲突,因为满洲是这些国家之间的冲突点。如果能做到这一点,那么亚洲的和平就能得到维持,至少和平会持续一两百年,这就是我们所希望的。如何实现这一目标,由于我在这个位置上,我也就不好说了。以前日本宣布不允许任何国家吞并朝鲜,但现在朝鲜在哪里?这是非常重要的一点,还有几点我想提一下。现在可能太晚了,我们可以明天再谈。

李顿:我想听听少帅要说的一切。也许我们应该明天再见面,我代表调查团非常感谢少帅对我们所有问题的坦率、充分和清晰的回答。我们收到的答案将对我们的工作产生巨大的帮助。

张学良:我很遗憾的是,由于9月18日事件后大部分文件已经丢失,我无法提供更全面的信息,而且可能有不准确的地方,因为这些信息大部分来自我们的记忆,而不是来自文件。如果你们明天有其他问题要问,我愿意回答。

顾维钧:我将尽快把电报翻译好,连同原件一起寄给你。

张学良:关于在满洲的中国将军的代表希望见到调查团,我请求您酌情安排时间。

23. 国联调查团与日本驻北平武官永津佐比重的会谈记录（1932年4月16日）

1932年4月16日，下午12点30分

出席人员：

调查团全体成员

勃来克斯雷博士

驻北平陆军武官永津（H. Nagatsu）

驻北平海军武官酒井（Sakai）

吉田伊三郎先生

盐崎观三先生

渡久雄大佐

河相达夫先生，关东厅外务科长

日本代表团的一名秘书向调查团宣读了一份关于"所谓义勇军部队在东北各省的活动"的书面声明。他在结束时指出，他刚才读到的报告是严格保密的，不得向调查团以外的任何人透露。

李顿询问报告的主题是否正是大佐希望提请调查团注意的内容，得到的回答是肯定的。

麦考益将军说，向调查团提出的问题是调查团必须考虑的问题，稍后再向吉田先生提出他们可能想问的问题。

勃来克斯雷博士表示，关于中国指控1931年11月6日、8日和26日发动袭击的便衣男子来自日本租界，能提供给调查团的任何信息都将非常有帮助。

24. 国联调查团与日本驻北平公使馆代办矢野真的会谈记录（1932年4月14日）

1932年4月14日

出席人员：

调查团的所有成员
勃来克斯雷博士
矢野真先生
吉田伊三郎先生
盐崎观三先生
渡久雄大佐

矢野真先生准备了一份关于北平反日运动的声明，并宣读了另一份文件，题为《轰炸海军武官办事处以及〈北平晨报〉(Peiping Chen Pao)、〈导报〉(Leader)发表不敬文章》(附两份文件的副本)。

矢野在评论后一份文件时表示，这两件事是中国国内反日情绪的表现，而这些情绪是由报纸杂志以及国民党煽动的。

中国当局曾在谈判后承诺将极为谨慎地避免此类事件再次发生。但几天后，一家北京的英文报纸刊登了一位领导人所重复的一篇冒犯性的文章。因此，我们向张学良提出了强烈的抗议，张学良道歉并压制了该报。这里的日本居民自然非常激动且愤怒；但是为了维持和平，我尽我最大的努力让他们平静下来，这一点已和张学良达成合作。

李顿："我们以前从未听说过此次爆炸。"
矢野："我们将向您提供相关文件。"
李顿："有人受伤吗？"
矢野："没有，但对建筑有所损坏。"

矢野对北平反日行动的口头阐述

幸运的是，就北平而言，关于特定某件惊人事件的进展，除向日本海军武官办事处投掷一颗炸弹的事件以外，我没有任何消息可以告诉阁下。不过，既然阁下将到访这座古老的城市，我认为我有责任报告一下这里的情况。

我首先要说的是北平的反日运动。然而，我会克制自己不去细谈这场运动的历史，相信阁下会通过我提交给您的文件得到关于这个主题的全部信息。

简单地说，在北平进行的反日运动，同在中国其他地方一样，表现在各个方面，即反日教育、游行示威、露天演讲、张贴标语、抵制日货等形式。现在的反日运动，比起以前的几次，要激烈得多，残酷得多。结果导致日货交易彻底中断，在北平的许多日本商人因为近期看不到生意兴隆的前景，纷纷回国。

1. 对于学生的反日运动，中学生和大学生是特别热心的推动者。他们以讲座、露天演讲等形式广泛开展反日宣传工作。有时他们会与企业合作，组织检验日本商品，或举行声势浩大的游行示威活动，场面十分壮观。1931年12月，他们组织了一个团体，向政府请愿对日宣战，并要求当局允许他们免费前往南京。这要求被拒绝了。于是，他们占领了北平的前门站（Chie men）4天，从12月4日至7日，导致北平—奉天铁路停运，条约体系中所规定的北平至沿海的交通被切断，完全不顾对中外人士造成的不便和困扰。政府当局无法采取任何宪政国家在类似情况下无疑都会采取的适当且有效的措施，却只能通过满足学生的非法要求来恢复交通。

2. 在一段时间里，反日标语被肆无忌惮地张贴出来，到处可见。在某些地方，济南事件期间张贴的口号未被清除。中国官方建筑的墙壁和栅栏上都贴着这样的标语，这无疑证明了中国当局在纵容反日活动。其中的一些标语已被拍摄整理，并将提交给阁下检查。今天，在北平最繁华的地方，已经看不到这些标语了，因为在调查团到达北平的日子临近时，标语被清除掉了。然而，我倾向于相信一旦阁下出城，它们就会被四处展示。请允许我提一下去年有一批日本国会议员到北平访问，一夜之间，这些张贴在日本游客可能经过或参观的地方的标语和海报就像魔法一样消失了，但这群人刚离开，它们又被拿出来，张贴在城市各处。如果此类情况再次发生，我还是会大吃一惊。

3. 最后，必须提到对日本商品的抵制。国民党办事处和学生是运动的核心。引用一位出席人士的话，一场反日群众大会于去年7月20日在北平市国民党党部或国民党办事处，以及河北省国民党党部的支持下，成立了"北平各界抗日委员会"（Anti-Japanese Committee Organized by the Various Circles in Peiping），极力主张破坏中日经济关系。九一八事变爆发后，又立即成立了所谓的"北平社会各界组织的抗日救国运动"（Society Saving the Country by Antagonizing Japan, Organized by the Various Circles in Peiping），从事秘密谋划抗日运动。另一方面，在满洲事件爆发后，公立和私立学校中都出现了"抗日救国会"（Anti-Japanese National Salvation Society）。这些社团负责发送电报、悬挂海报、散发传单、举行抗日演出等。他们进行了激烈的反日宣传，并应"各界组织的抗日救国运动"（Society Antagonizing Japan, Organized by the Various Circles）要求，查验日货。事实上，他们参与了在党部指导下的联合反日社会人士抵制日商的实际工作,且还在继续。结果就是,这些抵制日商的活动已经使日商在北平几乎不可能进行商业贸易运输,因此他们中有人已感到在此环境下生存变得艰难,有些人还在街上遭到了扔石头和殴打。有近十分之三的日本居民在如此骚扰和不安的氛围之中,离开了这座城市而迁往他处。

为了镇压如此残暴的针对日本商人的反日运动,我已多次向中国当局提出交涉。尽管他们声称将会尽全力镇压此类运动,但他们所采取的措施并不积极,以至于现今抵制运动仍在继续。阁下应该注意到了,在现今中国,国民党地位在政府之上,所以政府官员都受到党部的压迫和支配,无法做任何违背政党原则的事,无论此事是什么。当局完全知晓对日本商品的抵制,这于中国而言和对日本一样是一种损伤,但是对于我所提出的镇压反日运动的要求,当局对反日排日活动采取强有力的直接措施犹豫不决,因为这些活动是由党部赞助的。相反,他们还以国内形势复杂为借口,恳求我们宽容。因此,在北平,反日运动仍然是被允许的。中国商人因为害怕受到反日会(Anti-Japanese Society)的惩罚而不敢购买日本商品。

在此,我想提请阁下注意的是,阎锡山派系前年企图在北平建立临时政府,粤系去年在国内政策的推动下企图与日本达成妥协,在北平和广州的党部活动都受到镇压,我们没有注意到反日案件,而在中国其他地方,抵制日本商品仍在继续。阁下可以看到,反日运动是出于国内的某些政治原因,被一些人为一己私利而煽动或利用。如果当局宣称他们无法有效地控制煽动者,那是因为他们没有这样做的意愿;如果他们有压制煽动者的意愿,他们可以很容易地控制煽动者,上述事例证明了这一点。

25. 国联调查团与张学良的会谈记录
(1932年4月13日)

1932年4月13日下午4时30分
北平张学良少帅官邸
出席人员:
调查团成员、顾问、秘书
张学良少帅和参谋

李顿：在我今天下午提出我已经通知过的其他问题之前，我想问少帅是否可以给我们关于现在占领满洲的日本军队行踪的任何信息。

张学良：我将要求我的参谋长解释一下。

荣臻（参谋长）：日军在满洲经常性（regularly）维持驻扎着两个师和三个旅。

李顿：那是在铁路区内吗？

荣臻：包括铁路地区在内的整个满洲。

李顿：你所说的"经常性"是指在九月事件之前他们在铁路区有两个师吗？

张学良和荣臻：我们说的是目前的情况，也就是九一八事变之后，而不是之前。现在有两个师和三个旅。第2师团主要分布在山海关和打虎山之间，打虎山是位于北平——奉天铁路新民府和锦州之间的一个车站。第20师团驻扎在打虎山附近的这些红色区域内（通过地图展示）。第2师团的总部设在哈尔滨，其中一部分位于长春附近。到目前为止，他已经谈了这两个师。

至于3个旅中，有一个旅驻扎在黑龙江、齐齐哈尔一直延伸到洮南。另一个旅主要驻守在热河，即中东铁路的东侧，是村井旅团①。第三个旅驻扎在稍向东一点的海林（Hailin）和穆棱（Mulin），是天野旅团（Amano）②。在这三个旅之外，还有一个旅部分驻扎在中国领土上，就是鸭绿江以北的所谓"间岛"地区。除了这些正规旅，还有一些部队驻扎在各处，即六个营的铁路警卫队。现在并不是所有的铁路警卫都在南满铁路沿线，他们在中东铁路也有分布。

李顿：我记得荒木贞夫将军说过有三个师团。少帅只说了两个。

张学良：我不能肯定地说，因为在日本，他们有旅，可以随时编成师。当你把三个旅放在一起，他们就变成了一个师，也许他们是这样称呼的。除了这些常规部队，日军在满洲还有一些预备队。

李顿：总的来说，我从这张地图上推断军队都在铁路沿线，而非一些远离铁路的地方。

张学良：他们主要驻扎在铁路沿线，但不一定在南满铁路沿线。它们也在中东铁路和中国所拥有的铁路沿线。他们将这些军队驻扎在铁路沿线而非远

---

① 编者按：指混成第8旅团旅团长村井清规。
② 编者按：指步兵第15旅团旅团长天野六郎。

离的原因是,如果离开铁路,他们就会陷入麻烦。人民会反对他们。我并不是说满洲所有人都反对日本,但绝大多数会这样做。他们没有离开铁路的事实就是证据。

李顿:我想问的下一个问题与满洲的朝鲜人有关。日本人告诉我们,在过去的几年里,中国当局在满洲并没有公平对待朝鲜人,我们想知道少帅在这个问题上能否可以给我们提供一些信息。

张学良:在谈到朝鲜人的问题时,朝鲜人是受中日之间1909年协议约束的。在这个协议中,已经在该地区的朝鲜人被允许留在该地区,但这些朝鲜人必须受到中国的管辖,他们没有拥有土地的权利。当然,除非他们在协议之前已经在那里拥有土地。

李顿:"拥有"是指"租赁"土地吗?

张学良:他们可以租赁土地,但不能拥有土地。大部分土地是荒地,他们已经开垦出来了。但近年来,日本人有一种间接殖民满洲的政策。意思是日本人试图把朝鲜人转移到中国,再把日本人转移到朝鲜。

我想在这里强调,在满洲租给朝鲜人的土地仅限于居住在这个地区的朝鲜人。居住在国外的朝鲜人只能作为中国土地所有者的雇员。由于这种对满洲的间接殖民政策,满洲与朝鲜之间的边界被朝鲜人占据。越过国境的朝鲜人的总数每年都在增加。据估计,目前约有150万至200万朝鲜人居住在满洲地区。

中国政府容忍朝鲜人在满洲的原因有三:第一,朝鲜人是优秀的水稻种植者,当地农民并不擅长此事;第二,朝鲜人在朝鲜受到了日本人的压迫;第三,朝鲜人需要在该地区劳动,所以中国人很容易雇佣他们。只要他们不参与购买土地,他们就不会损害中国人的权利。由于在满洲的大多数朝鲜人都有雇佣合同,中国对这类雇佣做了规定。根据这些规定,他们受到的待遇是公平的。当然,满洲有这么多朝鲜人,自然会有一些不受欢迎的因素,不仅中国人在担忧他们,日本人也要求中国采取限制措施。日本人的要求主要是针对朝鲜的独立党。出于这一事实,自然必须在法规中增加一些限制,但这些只是预防,不存在虐待。所有善良的朝鲜人都受到了公平的对待和保护。我们这样做不仅是出于自己的意愿,也是出于日本的要求。

这里有一位对那里的情况非常熟悉的人将报告,王镜寰(Wang Chinghuan)先生在事发时是外交部驻沈阳的特派员,在那之前是政府的秘书长。

王镜寰先生：居住在图们地区以外的朝鲜人没有土地所有权，他们仅因是优秀的水稻种植者而被录用为雇工，但日本人不愿意他们继续这样下去。他们希望得到拥有土地的权利。日本人不仅希望朝鲜人拥有土地，而且希望他们不受中国的管辖。近年来所有的麻烦都是由于日本人的这一主张。满洲的朝鲜人非常多，从150万增加到300万。当然，他们当中也有不受欢迎的人，日本人以此为借口，派警察来追捕他们，并表示要调查朝鲜人的情况，以此为借口派警察到满洲内地。结果就是，日本人在该地区设立了一些警察机关，"这是违反条约的行为，或者说是条约没有规定的行为"。在朝鲜人中，有一些是满洲地区韩国独立党的党员，其中许多人已经组成了小团体。日本政府已多次要求中国政府限制在满洲的这种活动。除了上面所说的，在朝鲜人当中还有一些不受欢迎的人，比如不法分子、贩卖鸦片的人，中国自然要采取措施加以控制。当有不法分子时，中国必须逮捕他们，日本人也向中国抱怨过这一点。还有一个重要的问题，就是有关国籍的问题。在满洲生活了很长时间的朝鲜人很多，他们是非常体面的人，有时还拥有自己的财产。这是中国人希望看到归化的群体，但日本人不允许他们入籍，因此他们有两个不同的国籍。根据日本国籍法，如果一个日本人在其他国家入籍，他就失去了日本国籍。日本人利用了中国的友好政策，允许这些朝鲜人拥有土地，但如果朝鲜人犯了一些罪，中国逮捕了他们，日本人就会过来说"这些都在日本领事馆的管辖范围内"，这构成了日本人投诉的基础。

李顿：朝鲜人中有共产主义者煽动吗？

王镜寰先生：1931年7月和8月，在吉林—敦化铁路的一个叫额穆县（Erh Mu Hsien）的地方，发生了一起共产主义暴动。一开始是从当地警察那里抢劫枪支，驻扎在通化的中国军队听说后，立即前往该地，逮捕了约100人。此后，吉林省政府派法官到那个地区对那些中国公民进行审判。法庭审判结果是10人被处决，10人被判处监禁。大约60人不是中国人，被移交给日方。

这是关于在满洲的朝鲜人的要点，所有细节将在随后提交。

希尼：满洲有300万朝鲜人，这比我以前听说的数字要高得多。这是因为最近的移民吗？还是我们的数据——大约80万是不正确的？

张学良：这一数字摘自日本人出版的《满洲年鉴》，给出的数字是150万，但我们说150万到200万，是因为9月18日以来发生了大规模的人口迁移。

实际上有两种《满洲年鉴》，一种是在东京出版的英文版，一种是在大连出版的日文版。

希尼：在英语版中就是我提到的这个数字——大约一百万。

李顿：我要问的下一个问题是关于万宝山事件。我不知道是否会有关于这方面的备忘录，但我们认为少帅或许可以给我们一些信息。

张学良：我很乐意回答大家今天提出的任何问题。

李顿：如果我们可以得到备忘录，我们就等着看看。然后，在中村一案中，我们今早有幸可以听参谋长讲述。

张学良：我很高兴你提到了参谋长，因为事变发生时，我正生病住在北京协和医院。

李顿：我想问少帅是否有任何理由质疑9月18日之前存在发生任何此类事件的紧迫性？

张学良：没有。除了我自己觉得麻烦就要来了，很多人也有同样的感觉。有许多理由使人感到麻烦就要来了。

李顿：我们今天上午从参谋长处得知，此处经常会有军事演习。但我提出这个问题的原因是我听说少帅在9月18号之前向他的军队下达了命令，即如果发生任何军事行动，避免采取抵抗。这似乎是以预料到会采取某种行动为前提的，我想知道这种预料是基于什么。

张学良：有三个重要原因。第一，日本已经指派一些人在研究中国的战略地理、国家地形，这些都是出于军事目的。第二，日本的重要军方人员，比如陆军大臣，四处公开讲课说他们要挑起事端，不仅是陆军大臣，各地的军官到处宣布要开始军事行动。你应该记得，在事变之前，华北有一个将军叛变了，即石友三（Shih Yu-san）。在兵变之前，他的参谋长听从日本人的建议挑起事端。他的一个参谋现在将此事告知我。那时候日本人告知石友三的一个参谋，日本将会在满洲挑起事端来帮助他们，这是因为他们找不到借口。正是因为我们想避免给日本人任何借口，才下了不给他们任何借口的命令。

李顿：这些关系整体政策，但有什么能让少帅预料到军事行动实际上已经迫在眉睫了呢？

张学良：我不知道他们什么时候开始军事行动，这是不确定的，但我知道他们将会很快发动，这是他们下定决心的，但对于确切的日期一无所知。

李顿：在八月或九月，没有发生增加您焦虑的事情吗？

张学良:有几件事我可以举例。我的一位旧属,即赵欣伯(Chao Hsin-po)在我住院期间过来,告知我日本人已经决心发起军事行动。他们没有立即发动是因为军方和政府尚未达成一致。赵欣伯报告武器已经分发出去,情况非常令人不安。因此,我派遣一名顾问前往日本,以便同日本人处理问题,并找出问题的本质所在,竭力找到解决办法。

李顿:这件事发生在什么时候?

张学良:肯定是在8月27日和28日左右。当时的我非常虚弱,拒绝接见赵欣伯,但他坚持要见,我最终见到了他。赵欣伯在9月3日抵达东京。在赵欣伯同我的会谈中,赵欣伯自愿返回日本,设法缓和局势。第二件事是我准备就满洲发生的军事运动提交一份备忘录。

李顿:赵欣伯现处何地?

张学良:他以前是奉天信托的经理,现在是"立法院"院长。你们抵达满洲之后,我建议你们会见赵欣伯和臧式毅。就后者而言,我完全确定如果你们能够保证他的安全,他将会告诉你们所有真相。但你们必须记住这些人的角色非常复杂。臧式毅将会告诉你们真相,而不是赵欣伯。然而,你可以询问赵欣伯为什么来到北平向我报告此次事件。在上述两人之外,还有另外一个人,叫袁金铠。袁金铠曾经是东北政治委员会的成员,在事变之后,他成为维持委员会的主席。臧式毅曾一时担任过省政府主席,但有一段时间遭到日本人的监控。这些人都有可能告诉你们真相,只要你们能够保证他们的安全。至于如何保证他们的安全,你们必须做一个计划。

李顿:我能够保守秘密,但我真不知道如何保证安全。

麦考益:我想我们自然会把他们看作"满洲国"政府的官员。

张学良:袁金铠不再是官员,仅仅是一个公民,可能是顾问。

李顿:少帅曾对我们说过,他曾下令,如果发生什么麻烦事,就不要抵抗,这难道就是这些事实的结果吗?

张学良:我承认我在整个事件中失败了。因为我是这样考虑的,日本人必须先找个借口,才能采取任何严肃的行动。在石友三兵变期间,日本人都不敢挑起事端,在我父亲被谋害期间,日本也不敢挑起事端,因为没有借口。由于有很多条约在保证和平,比如《国联盟约》,我认为日本人不敢在没有借口的情况下挑起事端。我不敢相信一个文明国会做出这样的事。因此,我觉得这是我的失败,因为我无法预见他们竟敢这样做。

李顿：不抵抗的指示是什么时候发出的？

张学良：该电报是9月4日或5日从这里发出，沈阳收到应该是在9月6日。这是该电报复印件。（这是张学良在住院期间手写的命令，复印件是据此发出的命令的副本。）

麦考益：可否认为中村事件是可以被少帅当作（日本人）借口的严重事件？

张学良：我不认为中国人应该为此负责，因为当有人被谋杀时，有罪的一方会受到惩罚，但是，如果谋杀可以成为所有麻烦的借口，那么它的结局将如何呢？

麦考益：你是否知道日本向国民政府就中村事件发出了一份外交声明？

张学良：他们没有在文件中传达这一点，但他们提到了这一点。我们非常渴望解决所有问题，包括中村事件和300起悬案。正是因为中国人急于结案，日本人才这么早就开始捣乱。

麦考益：你是否知道日本政府通过其驻南京的公使，向国民政府做出了关于该事件的外交声明？

张学良：据我所知，日本没有向中央政府做出如此正式的抗议。

麦考益：鉴于少帅怀疑日本政府尝试在满洲寻找借口制造事端，有没有向南京国民政府报告他在此事上的那些怀疑或想法？

张学良：我确实向中央政府报告了，驻日本公使也向中央政府报告。我没有察觉到日本正在从事如此大规模的军事行动，但我知道日本人会做点什么来吓唬中国人。我不知道这是军事行动还是其他方法，但我从未意识到军事行动会发展到这样的程度。

麦考益：不抵抗命令经过中央政府批准了吗？

张学良：我和派驻到这里的中央政府代表商量过了，尽管没有任何东西是白纸黑字的，但我和他达成了谅解。

李顿：我想到少帅提到了一个委员会，就是他决定任命一个调查中村事件的委员会。该委员会是否任命了？

张学良：汤尔和(Tang Erh-ho)将会告诉您，他前往日本，并代表我同币原外相进行了会谈。

汤尔和：我于8月22日抵达东京，仔细地同币原外相讨论了该问题。币原告诉我，不会发生类似军事行动的任何事端，因为这必须得到来自天皇的命令，而这样的命令必须通过内阁发出，据其所知，他能够确保不会发生事端。

但是军队的行动正在进行,你可以看到战争即将来临。因此我同币原举行了第二次会谈,币原最终建议应该组建一个调查朝鲜人问题和其他问题的委员会。随后我就回到了北平报告币原提出的建议,即关于朝鲜人问题的建议,但在调查了这个问题之后,他们的想法是或许需要将委员会的范围扩大到300个案件。悬案如此多,但只有一些是重要的,其他都很小,最好把它们都解决掉。中国驻日公使蒋作宾(Chang Tso-pin)在9月14日返回日本东京。该问题随后由公使处理,此后蒋作宾于9月16日来到沈阳,同总领事林久治郎协商该问题,但两天后事变就开始了。

张学良:我想要解释做了什么。在这里,这件事由我和中央政府讨论过,得到了中央政府的同意,也得到了日本政府的认可。

汤尔和:蒋作宾公使表示在上海的宋子文已经和日本人达成了一种协议,在沈阳设立一个委员会来解决所有悬案。

李顿:我理解在事变爆发之际,日本政府已经了解到,有关这些问题的讨论正在进行中。

张学良:据报道是外交官之间进行谈判,但汤尔和还见到了日本陆军大臣南次郎。

汤尔和:我5月前往日本,访问了南次郎将军,南次郎告知下级军官正在强烈要求跟中国打仗,但南次郎正在压制这些军官。不仅南次郎告诉我这些,宫原(miyahara)将军也告知我同样的事情,下级军官非常焦躁不安。

李顿:汤尔和在那时候是什么身份?

张学良:汤尔和当时是我的个人代表,没有官方身份。他曾担任过前北洋内阁的教育部长和财政部长。

杨格:为了记录的目的,目前在少帅的政府机构中,他担任了什么职位?

张学良:顾问。

李顿:是南次郎亲自告诉他所说的话的吗?

汤尔和:是的。当我8月份再去日本,我被南次郎要求去见他,南次郎不仅希望我去,而且希望我带个外交官一起去。驻日公使当时不在东京,我就带了代办。第二天,我和代办一同前往。南次郎则由军务局局长小矶国昭将军陪同。后来我注意到,这个人在日本在满洲的行动中非常活跃,是九一八事变及之后所发生事件的主要策划者之一。他现在是外务次官①。

会谈一开始,南次郎就首先抛出中村事件,我已经和辽宁省政府主席通过电报联系过,他正在进行调查,一旦有了结果就会发电报给我。南次郎拍打桌子,说道:"已经过去半个月,你们仍旧在调查事情,现在太迟了。"他说该事件非常严重,因为日本军方在此之前从来没有被这样对待过,从来没有被外国人以这种方式杀害。南次郎表示洮南距离很近,一天时间就能到达,为何之前没有报告? 我说:"该事件对我们非常重要,我们愿意做出任何牺牲来说明这件事。"当然,我跟他进行了长时间的会谈,但现在无法报告全部。南次郎的第二个问题是为何中国的反日运动如此强烈。我询问他是如何得出这样的结论的,他回复:"你们的课本里满是抗日的东西。既然如此,我们能够做的唯一事情就是惩罚你们。"因此,我们无法同其再进行会谈,会见就结束了。

第二天,我见到了币原,告知币原所说内容超出了礼貌的范围,而中国代办在离开南次郎住宅时非常愤怒,但我没有激动,因为我知道南次郎本人是非常温和的。我没有激动的目的是不给日本人看到。我还告知币原,代办和小矶国昭也在场,币原对此非常吃惊,并问道:"南次郎让小矶国昭陪同他?"我回复事实如此。币原非常尴尬,会谈没能继续进行下去。

张学良:我们派遣汤尔和前往日本,自然是为了寻求解决问题的最佳办法,以便我向中央政府汇报。关于中村事件,中方参谋长向代理总领事森岛守人汇报,他已经调查了中村事件。据参谋长所发现,事实并不是日本人说的那样,中村被杀害不是因为在其口袋中发现 3 000 日元。根据参谋长的报告,他的死因是他是间谍。我提到这一点只是为了表明辽宁省政府已经进行了调查,甚至于 9 月 15 日做了报告。我们没有试图逃避困境。这并不是一个严重的事件,但日本人只是想以此为借口。

李顿:今天早上我们被告知,在这些人被杀后,他们的尸体被焚烧了,因为当时在场的警官担心此事会成为一个事端。这个官员知道这个人是间谍吗? 或者他有理由怀疑他是间谍吗?

张学良:在中村的尸体上发现了两本日记和一张军事地图,因此有证据证明他是间谍。

中村是日本的一名军官,但他自称是一名农业博士。

---

① 编者按:原文如此,应是陆军次官之误。

他实际上是日本参谋本部派来的。他的一个同伴是日本陆军中士,这个中士在一段时间内于蒙古边境用另一个名字经营一家杂货店或餐馆。

李顿:今天早上我从参谋长那里得知,他被枪击后才在他身上发现了这些材料。

陈:不是的。他被逮捕并被送去调查,当在他身上发现这些东西时,他就被拘留了。他在逃跑时被击中。

张学良:我让汤尔和来做这个讲述是为了证明这个计划是有预谋的。

李顿:这非常有价值。我非常高兴我的问题形成了这些有价值的叙述。下一个问题关于九一八事变。今天早上我们有一个完整的报告,所以除非少帅有什么要补充的,否则我们将跳过这个问题。

张学良:我没有什么需要补充。我建议你们应该询问调查该事件的外国观察员。

李顿:如果我们还有机会,希望讨论问题清单页的中间部分问题,关于哪些军队在沈阳,哪些军队在长城以内。

26. 张学良致臧式毅、荣臻的鱼电(1931年9月6日)

In view of our relations with Japan getting strained, we should be specially cautious in dealing with them. No matter what the Japanese may challenge, we should be extremely patient and should not resort to force, so as to avoid conflict. It is important that orders should be issued secretly and immediately to all officers calling their attention to this effect.

Chang Hsueh-liang
Sept. 6th, 1931. ①

---

① 编者按:中文原电的文本如下:

查现在日方外交渐趋吃紧,应付一切,亟宜力求稳慎。对于日人,无论如何寻事,我方务须万方容忍,不可与之反抗,致酿事端。

张学良
1931年9月6日

27. 国联调查团与前东北军参谋长荣臻、前北大营指挥官王以哲的会谈记录（1932 年 4 月 13 日）

1932 年 4 月 13 日上午 10 点

主持调查中村一案的荣臻将军被李顿勋爵要求对事件进行描述。荣臻说，1931 年 6 月 24 日或 25 日，四名骑马人员抵达满蒙边境的苏鄂公府边防站，那里驻扎着中国屯垦军第三团部队，以保护农业发展。这些人穿着中国服装，但由于不会说汉语而引起怀疑。后来发现其中两人是日本人、一个是蒙古人、一个为白俄。他们假装遭到强盗袭击而逃到此处，但身上没有护照或其他身份证件。他们被带到团部，团指挥官于 6 月 27 日返回，对他们进行了搜查，在他们身上发现了两张地图和日记，日记中有有军事价值的笔记。团长想向军部报告，但 27 日晚，两名日本人试图逃跑，被哨兵射杀。他们的尸体被烧毁了，因为指挥官害怕进一步的并发问题。随后，东北军司令部获悉了这一事件，9 月 16 日，第三团指挥官被带到沈阳进行军事法庭审判。由于 9 月 18 日事件，法庭审判从未真正发生过。这些地图和日记被带到沈阳，并展示给日本副领事，由他复印。这些文件也于 9 月 18 日落入日本人手中。

在回答李顿勋爵的问题时，荣臻将军表示，其中一名日本人是中村大佐，在他的日记中发现了军事甚至农业信息，提供了该国可以供养军队的数据。中村声称自己是一名科学和农业博士，但由于军事记录，他被认为是一名间谍。在他身上还发现了大约 150 鹰洋（Mexican dollars）、一把左轮手枪、一些药品、太阳镜和绘制地图的材料。

麦考益询问辽宁省当局何时获悉这起事件。荣臻回答说，日本总领事于 8 月 18 日拜访了省政府主席臧式毅，并询问了相关信息。臧式毅回答说，他将与荣臻讨论此事。关于麦考益的进一步问题，荣臻表示他已经就这起事件做了一份报告，并将向调查团提交一份副本。

荣臻告诉调查团，他的同事王以哲将军在九一八事变发生时一直指挥着北大营。在晚上 22 点左右，荣臻听到沈阳城市西北边传来一声爆炸。几分钟后接到来自王以哲将军的电话，王以哲表示日军正在攻击北大营。荣臻向王以哲回忆说，根据 9 月 6 日的命令，少帅已下令，万一发生任何麻烦，不应进行抵抗。几分钟之后，王将军再次致电，表示日本人已经进入北大营。荣臻表示能够从电话中听到密集枪声,但要求王将军遵守命令。

然后荣臻试图与外交事务委员会(the Commission for foreign affairs)取得联系,为了向日本总领事了解情况。外交特派员①表示已经跟日本联系过了,总领事回复他自己也很困惑,不知道攻击的原因。双方一致同意需要最谨慎地处理该问题,防止其演变成严重事件。但与此同时,荣臻听到炮火直射该城市东北部的一个地方,那里有一座装有 200 吨炸药的弹药库。荣臻还意识到在北大营附近,储存了 200 000 磅炸药和弹药筒。他担心它们中的任何一处都可能发生爆炸。

晚上 11 点,日军从西门进入城市,并杀死了所有阻挡他们的警察和士兵。在武威街(Woo Wei St.),一个旅长刚走出自己的房子就立即被杀害了。荣臻去会见了外交特派员,要求他再次同日本总领事进行接触,并向总领事解释除非军队立即撤退,否则维持秩序是不可能的,但总领事回复需要荣臻理解他所处的困境,表示他无权向军队下达命令。

第二天上午 10 点,整个城市已经被占领。荣臻在此时从一个日本人张贴的公告中得知,据说这起事件是由所谓的对南满铁路轨道的袭击而引起的。该公告是一份印刷纸,肯定是在早上 9 点左右被贴在墙上的,该公告很有可能是在大连印刷出来的。因为据他所知,在沈阳印刷这种尺寸的海报的技术手段是不存在的。日本显然已经准备了大量的这一公告,因为后来在满洲许多其他地方发现类似的海报。

荣臻将军想让调查团委员们知悉他接到过来自位于沈阳南边的 liaojang 站②的电话,报告称在 9 月 18 日晚上 9 点至 12 点,四列荷载日本军队的火车已经经过该站。在晚上 9 点,当地的日本领事致电当地县长,告诉他沈阳地区正在发生战斗,liaojang 地区的中国警察和军队必须解除装备。该县长随后致电沈阳的省长官署办公室,寻求信息,被告知一切都很平静。应李顿的要求,荣臻提供了该县长的名字赵平铁(Chao Ping-teh,音译)。据他所知,这人现在正在沈阳。

19 日早上 6 点,荣臻将军的房子被包围了,家里的年轻人和所有仆从被卡车带走。日本军队从荣臻的办公室拿走了所有有军事价值的文件。

---

① 编者按:外交部特派辽宁交涉员王镜寰,字明宇。

② 编者按:原文如此,疑似有误,或许是辽阳火车站。后同。

关于麦考益的一个问题,荣臻声明在张学良不在期间,外交事务委员会负责人臧式毅在对内事务上拥有最高权力,荣臻自己则负责军事事务。9月18日午夜前,荣臻曾两次同在北平的张学良通话,并告知情报,但得到的唯一指示就是避免任何冲突。少帅甚至让他联系外国领事。19日上午8点,当听说自己房子所发生的事情后,荣臻在沈阳城外的一个村庄里避难。在同臧式毅进一步会谈后,荣臻得知日本人计划在本庄繁将军抵达前结束战斗,本庄于19日中午从大连出发,下午3点抵达。在本庄抵达之后,他拒绝会见任何官员,不论是军方官员还是文官,他只愿意与公民组织的代表讨论维持秩序的问题。

28. 国联调查团与满洲地区前官员的会谈记录
（1932年4月12日）

出席人员:

调查团所有成员

哈斯先生

勃来克斯雷博士

派尔脱先生

万考芝先生

满洲地区官员:

刘哲(Lieu Chih),中华民国前教育总长、东北政务委员会委员、前参议员、前众议员、吉林省参议院副议长、北京大学前小组长。时任哈尔滨工业大学校长

刘尚清(Lieu Shang Ching),前奉天省省长、前农工商总长、前内政部长、前中东铁路督办,时任东北政务委员会委员

翟文选(Chai Wen Hsuan),前奉天省省长

蔡运升(Tsai Yung Sheng),前外交部驻哈尔滨交涉员,同时是吉林省主席 Hsu Lai-Ling[①] 的代表

李顿要求在1931年9月18日前提供有关满洲政府的资料。

[①] 编者按:原文如此,未能确认具体所指。时任吉林省主席是张作相。

刘尚清解释说,自从1928年张作霖死后,日本人一直试图控制东北诸省。他自己是张作霖元帅手下的教育总长。他随张作霖元帅到北京,后来又随他回沈阳。因此,他对所有的事件都很熟悉。事实上,他就在那辆被炸毁的火车上——正是该事件使张作霖元帅失去了生命。此外,他还参与了与林权助男爵的谈判,男爵代表日本天皇参加了已故元帅的葬礼。当男爵抵达时,他向年轻的少帅张学良宣布,他带来了日本天皇的口信,大意是日本不希望看到满洲在中国国旗之下。在谈判中,刘先生担任调解人,最后他私下向林权助保证,在3个月内,满洲无论如何不会悬挂新国旗。林男爵回到日本时觉得自己已经完成了使命。

当9月18日的事件发生时,刘尚清正在沈阳日本领事馆附近的私人住宅。在9月18日晚上,他被一个小爆炸声惊醒,紧接着是一个更大的爆炸声。他给最近的警察局打电话,想打听发生了什么事,但电话线路已经断了。于是他一直等到天亮。第二天早晨,他出门去见了臧式毅,时任奉天省主席。街上有日本士兵,他就穿上旧衣服以防被认出来或被抢劫。后来,他去拜访了日本领事,领事告诉他,所发生的事情完全取决于军方,并不在他的管辖范围内。他本人作为领事,甚至也没收到警告。

随后,刘尚清给日本领事写了一封信,询问是否有可能把士兵撤走。对方的答复是,这是一件很难解决的事情,领事无论如何也无法安排。

9月23日,他再次去面见省政府主席,却发现其房屋被日本士兵包围,主席和他的家人正被汽车带走。他混在人群里看到了所发生的一切。

9月24日,他决定离开沈阳去北平,在……①车站附近,他成功地登上了一辆非常拥挤的火车。一架日本战机飞越这列火车,用机关枪向它射击。在距沈阳大约100英里的地方,另一架日本飞机向火车投下了一枚小炸弹,但没有造成任何伤害。在刘尚清的印象里,日本人轰炸火车的目的在于使那些要离开沈阳的人记住他们不应该再回到那里去。

李顿询问满洲在9月18日之前的自治程度是多少。

刘尚清声明,从行政角度看,满洲和中国之间从来没有丝毫的区别,也从来没有任何自治的迹象。多年来,满洲一直跟中国其他省份一样被对待。

李顿问到是否所有省份都有自己的部长。

---

① 编者按:原文空白,没有显示车站名称。

陪同代表团介绍代表团成员的中国基督教青年会秘书长程先生说,他觉得李顿误解了。在场的诸位虽都是张作霖元帅的部下,但都要对中央政府负责。

刘尚清解释说,行政当局与其他省份一样,由督军和将军组成。在古代,满洲地区享有特殊地位;但当它被划分为省时,其管理方式与中国其他省完全相同。这种特殊地位一直维持到1908年。在这段时间里,这片领土由总督统治。事实上,同样的制度也出现在中国南方,那里也存有一名总督统治两省的情况。

程先生解释说,这是旧行政体制的残余。

李顿提醒刘尚清,根据他在采访开始时所告诉调查团的情况,他曾亲自向林权助男爵保证满洲不会改旗易帜。这似乎意味着该地区在某种程度上与中国其他地区有所区别。

刘尚清解释说,日本试图通过禁止张作霖悬挂国旗使东三省独立。

程先生提请调查团注意这个问题,事实上为了正确理解事件,我们应该记住,刘尚清所指的事件发生于1928年,当时满洲还没有受到革命军的影响。

李顿问张学良少帅是否曾将中国①纳入国旗之下。

程先生解释说,早在辛亥革命之前,满洲和中国本土都处于同一种统治之下。

刘尚清补充说,满洲作为中国的一部分已有3 000年的历史。

李顿问到满洲是否为目前统治政权所拥有的领土。

刘尚清回答说,这是正确的,但在清王朝之前,满洲已经被认为是中国的属地。

李顿想知道,在辛亥革命之前,满洲的官员是否由中国政府任命。

刘哲表示,总督由中央政府委任。辛亥革命元年,Tsuh Shi Leng② 被任命为齐齐哈尔总督,证明制度并没有改变。

李顿问,在末代王朝之下,满洲与中央政府的关系是否同中央政府与任何其他省的关系完全一致。

---

① 编者按:原文为China,从上下文理解,应该是指中国东三省。
② 编者按:原文如此。辛亥革命后黑龙江的首任总督是宋小濂。未能识别Tsuh Shi Leng 所指具体人名。

刘哲回答说，没有任何区别。中央政府在内战中消失了一段时间，之后进入袁世凯时期时，满洲经历了短暂的自治时期。然而，旧制度很快被重建。

程先生补充说，在民国前几年，情况与帝国时期一样，然后是一段短暂的自治——正如刚才刘哲所解释的——但一段时间后，国民政府成功地在满洲重新建立了中央权威。

李顿想知道，在假定日本撤军的前提下，刘哲先生对满洲的行政前途是否有什么建议。

刘哲解释说，一旦日本军队撤出，中国将准备接管满洲。有一个由顾维钧博士担任主席的特别委员会，刘哲本人也是该委员会的成员，该委员会被委托为新政府制定方案。

李顿想知道该委员会是否有能力向调查团提交建议。

刘哲解释说，这个委员会是在国际联盟理事会讨论了1931年10月的决议草案后不久任命的。后来，日本军队没有被击退，委员会暂停了其活动。

麦考益将军想知道这个委员会是由谁任命的。

刘哲说是南京国民政府任命的，但他不记得任命的确切日期。

李顿想知道蔡先生可否向调查团提供有关中东铁路的资料。

蔡运升回答说，他两年前离开了哈尔滨。但是，如果调查团有此意愿，他可以通过顾维钧博士就这个问题提交一份备忘录。

刘哲先生表明，中东铁路的联合管理工作进展顺利，从来没有出现任何问题。自1931年9月18日以来，日本试图通过这条铁路来运输军队。日本人把中国铁路警卫赶走。在某些时候，中国政府官员拒绝运输日本军队时，日本会自行运行铁路。从那之后，俄国将大量机车和车厢运入俄国领土内。但是俄国担心被日本视作与中国站在同一方，不敢采取过于激烈的行动。苏维埃俄国尝试与中国重建外交关系，但出于某些原因，中国认为这是不可行的。

29. 国联调查团与张学良的会谈记录
（1932年4月12日）

1932年4月12日下午16点30分

李顿：关于日本人对我们的批评，我有一两个问题想提一下，以便少帅能做出他希望的任何回答。日本人首先从当地人口的角度,其次从外国利益的角度,尤其是日本自己利益的角度,批评了1931年9月之前的满洲地方政权。日本提到了三点。第一个点是关于内部秩序和针对土匪的安全保护等。日本坚持认为从这个角度来看,政府是无效的。第二点和第三点其实是同一个问题,与税收和货币有关。日本抱怨侨民被不公平地征税,日本人的商品和产品被征收并以一种货币支付,然后以另一种货币出售给他们,这让侨民受苦。

张学良:我将非常坦率并毫无保留地向调查团成员讲述。如果我们有错误,我将毫不犹豫地承认,所以请本着这种精神接受我所说的一切。如果这是一个错误判断的问题,那就是另一个问题了,但我要告诉你真相。的确,在东三省仍有盗匪活动,但自从中华民国成立以来,在过去几年中情况有了稳步的改善,特别是在我自己执政期间,土匪活动的程度下降,数量减少。许多事件都可以证明这一点。甚至在最近,一名德国人在一份英国杂志上发表了一篇文章,他公正地观察到,盗匪活动的范围已大大缩小。(我将很高兴地向您提供那篇文章的副本)这篇文章还说,土匪的数量也已经明显减少。因此,这一问题很明显一直以来都在稳定地改善。

李顿:我们能确切知道土匪在满洲意味着什么吗?他们是什么样的人?和中国其他地方的一样吗?还是说满洲有一种特殊的盗匪活动?

张学良:你指的是9月18日之前的情况吗?

李顿:是的。

张学良:我自己在十多年前就有过剿匪的实际经验。满洲的土匪可以分为两类:一类是无业游民;还有一类是种植罂粟与从事鸦片贸易的人,这些人通常来自山东和北方各省,他们认为种植罂粟是一种有利可图的交易,主要聚集在东三省一个叫依兰的地方。他们不是走私者(对另一个问题的回答),但因为种植罂粟违反政府命令,他们联合起来保护自己的产业。

李顿:有政治强盗吗?

张学良:除了这些,就没有其他或政治强盗了。

李顿:他们本质上属于犯罪阶层——违反法律的人,但不是反对任何政治信条的土匪?

张学良:他们都是犯罪性的,而不是政治性的。

李顿:他们有武器吗?

张学良:是的。与此有关的重要问题是他们武器的来源。

李顿：是枪支火器吗？

张学良：是的。我有确凿的证据表明这些武器大多来自日本。

李顿：在南京，有人告诉我们，在中国内部有一种特殊的土匪，叫做马贼。它们是不同的，还是相同的？

顾：少帅指的是9月18日之前的土匪。

张学良：所谓马贼，不过是泛指而已，这是其他人所用的名字。鸦片土匪现在已经很少了。

李顿：这是不是说他们不带枪支，而是骑在马上？

张学良：很多人都有马。剿匪的根本途径有两条：一是铲除罂粟种植，二是扩大和发展交通体系。

李顿：你的意思是停止武器贩卖？

张学良：这个问题涉及国际难题。其中有趣的一点是强盗事件在满洲引发的公众关注，几年前我在访问东京时，看到一个巨大的广告，满洲土匪首领在会议上向公众演讲。当我看到这时，我认为这可能是一个电影或戏剧表演，但后来我发现这是一个实际的案例。一个日本人在满洲领导过土匪，然后回到日本，基督教青年会为他安排了一次讲座。我拿了一份广告，回来后把整件事都写了下来，刊登在《京津泰晤士报》(Peking and Tientsin Times)上。我很乐意给你看剪报。那次演讲也是在东京警察的保护下进行的，据说在满洲领导土匪是帮助日本进行殖民的最好方式。大部分这些土匪的总部都在铁路区，这可以用很多方法来证明，我收集的证据不幸丢失在沈阳政府办公室的文件中。

在征税问题上，是对中国税收的批评，还是对日本人征税的批评？

李顿：这是对中国向当地人征税的批评。

张学良：地方税从去年开始都取消了，甚至在那之前我也不知道有什么特别的税，我不太明白你指的是什么。

在用一种货币买农产品、用另一种货币卖农产品的问题上，这是很自然的事。当我们购买自己的产品时，我们用自己的货币支付，当我们卖给日本时，我们用他们的货币。

李顿：付给他们的货币是该省的通用货币吗？

张学良：它是一种流通中的货币。

李顿：每个人都会用吗？

张学良：每一个人，没有强迫。票据自然会有波动，但这也是根据商业原则进行的。除非这是一笔商业意义上的公平交易，否则这些农民当然不愿意放弃他们的货物。任何地方都没有强制出售的案例。

李顿：你是说他们可以要求用另一种货币支付？

张学良：这不是重点。如果他们不愿意出售，就不必达成交易。

李顿：据我们所知，1928年日本曾建议少帅不要与南京政府合作。我们想知道这份报告是否属实，以及少帅是否能提供一些关于提出建议的情况的资料。

张学良：这是事实，我只说重要的事，不提不重要的事。张作霖元帅死后，林权助男爵表面上是来沈阳参加元帅的葬礼的，实际上他暗示了各种威胁。后来，当我在日本总领事林久治郎的办公室向他进行回访时，有三个人在场：林权助男爵，总领事林久治郎，以及武官佐藤（Sato）将军。在那里，总领事问我是否打算宣誓效忠南京政权。

李顿：1928年？

张学良：是的。我说"是的"，然后总领事说"你不能那样做"。当我问他为什么时，他拿出了1905年条约的一个条款（这里的解释不清楚）。

他说："如果你加入南京，如果你挂新国旗，这个地方就会乱成一团。"我非常不同意他的观点。然后我问为什么不能挂国家新旗帜。他说，因为有很多人反对。我问他是怎么知道这个反对意见的。经过几次长时间的争论，佐藤将军说："争论是没有用的。田中首相心里已经决定（字面意思是'他的心里有其他计划'），你不应该这么做。"然后我问："田中的决定和我有什么关系？这不是你我可以决定的问题，田中首相也没有权利告诉我该做什么，我也没有权利说我不会做。我将向政务委员会提出这个问题，他们将继续做出决定。"有许多类似的例子。我将为你提供一份关于这个问题的备忘录。

李顿：这将是我的下一个问题，关于日本人是否在其他情况下建议少帅应该如何行动。

张学良：有很多例子，但我现在想强调的一点是，在张作霖元帅死后，当时的局势非常紧张，我自己对张作霖元帅被日本人暗杀感到非常悲痛，但日本人对我施加了这么大的压力，强迫我们谈判。在这种情况下，我们无能为力。我要指出，有人可能会问，自从国民政府成立以来，日本人是否曾试图与国民政府就任何这些所谓悬案进行谈判。答案是否定的。正是因为我们渴望和努力去解决这些尚未解决的问题,才有可能导致9月18日事件的发生。我们组织了一个特别委员会来处理这些案件,当日本人知道后,他们担心如果计划得以实施,许多问题都将得到解决,可能就没有借口来实现自己的目的了。

徐淑希:(不清楚)我想少帅想说的是,这个计划被外交官们接受了,但当其他日本人知道后,他们不会接受它。

李顿:我们了解到,去年夏天,以高纪毅(Kao Chi-Yi)为代表的中国当局和以木村锐市为代表的日本当局就满洲铁路进行了一些谈判。我们能听听这些谈判的情况吗?是否有什么要点被讨论并达成协议?

张学良:日本人派了南满铁路的董事之一木村先生过来和中东铁路负责人协商,但是日本人突然因为南满铁路株式会社的权力变更而中止了谈判,没有达成任何协议。你应该记得内田康哉伯爵被任命为总裁,由于这一变化,谈判被推迟了。

李顿:谈判是被日本人中断的吗?

徐淑希:不是中断,而是暂停,因为木村必须返回东京,并发回电报说他不能继续。当然,等木村回到大连时,无论何时,谈判都可以恢复,但不幸的是高纪毅局长正在北京协和医院动手术。

李顿:木村先生和高纪毅之间的谈判是什么时候开始的?

张学良:1931年1月。

李顿:他们持续了多长时间?

张学良:他们一直持续到18日的事件。此事从未中断过。我将向您提供一份关于这个问题的特别备忘录,高纪毅先生现在就在这里,他将很高兴亲自回答问题。

李顿:第一,我们特别想知道在那次会议上讨论了什么问题,但我不是现在就问,这些问题可以在备忘录中答复,但如果可以的话,我们希望知道讨论了哪些问题;第二,如果可以的话,我们想知道是否已关于某些问题达成暂时性协议;第三,我们想知道哪些问题没有被讨论;第四,有哪些问题已经讨论并得出结论。

张学良:主要有四个问题。其一是关于根据中日条约修建新铁路;其二是关于平行铁路的问题;其三是中日铁路竞争问题;其四是非正规的铁路建设合同。其中第四个实质上是用正式协议来代替暂时性协议的问题。

李顿:你知道双方在这些问题上都提出了什么建议吗?

高纪毅:有两个会议。2月5日,我第一次会见了日本代表,然后在3月6日(第二天——不清楚)①,正式讨论开始了。这次会议首先讨论的是谈判范围的问题。在讨论中,我们认为有关新铁路线的第一个问题超出了负责人的职权范围,因此不能讨论。

我们也不同意在这次会议上讨论平行铁路线的问题,因为这涉及一个国家政策问题。第三个关于铁路之间竞争的问题被认为是一个可以讨论的合法正当的问题,因为它属于铁路范围内。第四个关于将临时协议改为正式协议的问题,也被认为是一个完全可以讨论的合法正当问题。

李顿:四个问题中的两个?

高纪毅:是的。在那次会议上讨论的第二个问题是双方代表的任命问题。第三个是双方对这些任命的通知。关于技术人员的任命问题,中方提出高先生,日方提出入江先生。会议地点也确定在京奉铁路局位于沈阳的行政大楼。

李顿:我们要把这些都写下来吗?如果是这样,我们就无需讨论这个了。

高纪毅:您能不能定一个时间,那时我可以提交备忘录,并回答其他问题。

李顿:我想我们最好先看看备忘录,然后再决定是否有问题要问。我希望我们提到的各点可以载入记录。

高纪毅:我只想补充一点,3月10日,就中国而言,我们已经准备好进行谈判。但4月8日,我们接到日本人的信,说木村因有要事回东京,所以迟延完全是他回日本的缘故。

李顿:他没有回来吗?

高纪毅:他直到9月2日才回来,他手下技术职员的专家们一直没有被指派任命。

李顿:那4月到9月之间没有进一步的讨论了吗?

高纪毅:中国和以木村先生为代表的日本之间没有谈判,但是我和日本的一个技术专家之间有几次会面。

李顿:我想我们会把这些都写在备忘录里。

高纪毅:当中国专家在沈阳等待的时候,因为南满铁路的人事变动,日本

---

① 编者按:原文如此。意思可能是2月6日即2月5日的翌日进行正式讨论,而非3月6日。

的技术人员没有被任命。那条铁路上的许多官员当时都被免职了。

李顿：刚才提到了吉林—敦化铁路的延长线。我们被告知，1928年5月，张作霖元帅签署了一份延长吉敦铁路的协议，我们能了解这份协议吗？

高纪毅：你是指那条铁路，还是指五条铁路①？

李顿：有两条铁路。

高纪毅：到底有多少一直是一个不确定的问题。

李顿：我可以解释一下我为何提出这一问题，因为日本人的抱怨之一是这条铁路没有完工。我理解为日本人觉得在1928年就已经和张作霖元帅签订了完工的协议，尽管如此，这条铁路一直没有施工。

高纪毅：当时张少帅不在这里，但他知道张作霖元帅没有签字。

张学良：这是一个很有趣的情况，签合同的人是交通部航政司司长（Division of Navigation in the Ministry of Communications），赵镇当时是交通部航政司司长，但他先是担任交通部的次长，后来是代理总长。是他在那段时间签的。

李顿：有协议吗？

张学良：日本人认识到程序尚未完成。所以当林权助男爵来到沈阳时，他曾敦促我确认那份协议。

李顿：是什么阻止了协议的执行？

张学良：原因是这一程序从未完成，比如，那个协议从来没有在内阁会议上被提出来讨论，赵镇先生是迫于压力而签署的。在这个问题提出时，发生了几件不合理的事件。其一是日本人说，如果中国人不签协议，他们就会摧毁京奉铁路，另一件事是沈阳的中国居民不应该通过这条铁路。这条铁路就在城墙附近，并且在中东铁路和南满铁路之间有一个交叉，除非这个协议签了，否则他们不会允许中东铁路通过这个岔口，所以赵镇签了字。但由于这些情况，且这一程序从未完成，所以从未修建。

李顿：当我们谈到去年的谈判时，第四点是内部协议向正式协议的转换。这个协议符合非正式协议的定义吗？

徐淑希：你刚才讨论的那个协议不包括这四点。第四点只涉及两个协议，

---

① 编者按：这五条铁路指的是《满蒙新五路协约》所涉及的敦化—图们江线、长春—大赉线、吉林—五常线、洮南—索伦线、延吉—海林线。

即初步协议:齐齐哈尔至昂昂溪和吉林至敦化。该协议只涉及借贷。

李顿:非正式协议是什么意思?

徐淑希:一份初步协议。

李顿:这就是初步协议?

徐淑希:这不是初步协议,而是无效协议。有关的两份协议是两份建筑协议,二者都规定,万一中国政府无力付款,就将其转换为一份长期协议,但到目前为止还没有这样做。

李顿:您如何描述这份特殊的协议?

徐淑希:因为流程不规范,所以不算协议。它还没有完成。这是一份协议,但不是某种意义上的协议,因为它是由部里的一个下级官员签署的。还没有得到内阁的确认。

李顿:据我所知,日本人以威胁的形式说:"要么你们签了这个协议,要么我们就采取行动。"所以这份协议是在谈判中签订的,但我不明白的是为什么日本人会威胁一个无权签字的人。

徐淑希:日本人只是想要一份协议。他们不关心签协议的是一个下级官员还是其他人,他们只关心签订协议。

李顿:我可以向你保证,他们不会满足的。

顾维钧:他们的想法是有总比没有好。他们是一点一点地攫取。如果不能得到全部,他们就会拿走他们能得到的。后来他们要求确认,承认他们的协议并不是无效的。

李顿:我想他们一向认为自己可以得到想要的,一旦发现事与愿违,就不会满意。

顾维钧:很大程度上,协议签署的仓促与鲁莽都是由于日方急于求成,所以他们急切地希望用某种方式得到它。少帅建议如果你希望知道更多,他已准备好把一份有关吉林—敦化铁路的扩建和协议内容的备忘录提交给你。

李顿:我想问问在1922年间,是否还有什么后续协议?

顾维钧:关于吉林—敦化铁路的扩建吗?

李顿:是的。

张学良:关于这次会议,众说纷纭。在会议之前就已有了关于吉林—敦化铁路的协议,但在1928年时这条铁路被包含在一份涉及5条铁路的组合中,并且不叫这个名字,而是被称为吉林—长春铁路的扩建线,所以你所指的这个会议还要处理那5条铁路。

李顿：在你所说的备忘录中，我们会得到对该协议及其条款的描述吗？

张学良：1928年5月吗？

李顿：是的。我们希望知道这份协议的条款有哪些。

张学良：我会提交相关备忘录的。

李顿：我们在南京时就已被告知，日本自11月1日起就忙着修建这条铁路。日本人向我们所表达的观点是，他们在1928年获得了一份自认为有效的协议，但事实上该协议由于中国的阻碍从未实行。他们认为其自身有权利修筑铁路，且在中国阻碍已被移除的情况下，他们会继续修它。

张学良：首先，日本是否宣称该协议是由张作霖元帅签署？

李顿：他们并没有说协议是被实际签署了的，他们只说是得到同意，他们说有一份来自张作霖元帅的协议。

张学良：日本方面有说具体是什么阻碍吗？我们不认为它是有效的。

李顿：我明白，因为你们并不接受这一协议。他们给我们的信息是为了说明他们与中国人之间的困难，"我们有关于铁路完工的协议，但中国拒绝承认这一协议，我们至今无法做出决定"。

张学良：这种差异是一种基本的考虑。我们不认为这是一份对我们有约束力的协议。

李顿：但是为什么元帅要拒绝已经由他的代表签署过的协议呢？提到1928年的协议，我知道其签署人是一个下级官员而不是元帅。我想知道的是为什么它没有得到元帅的签署。

张学良：你是指张作霖元帅的批准吗？

李顿：是的。

张学良：我们并不希望签署这份协议，张作霖元帅自然也不希望。

李顿：然后，日本人就只能恐吓下级官员而不是张作霖元帅。

顾维钧：他在协议签署后的第17天就被杀害了。

李顿：然后这问题就来到少帅这里。

顾维钧：这一问题通过什么方式适用于现在的少帅？

李顿：我问少帅的父亲为什么不批准这份协议，我得到的回答是他不喜欢。你告知我他17天后被杀了。我想如果他儿子喜欢的话，他会批准的。

顾维钧：少帅的观点是这样的，他对这些协议的态度不取决于张作霖元帅被杀害的情况,而是取决于这些协议签订的程序尚不完整的事实。他的态度是这样的,任何正式签订的协议和所有的程序,只要是有效和完整的,他就会承认。他认为,在东三省政务委员会提出讨论这些协议有效性的过程中,最后不仅他反对承认这些协议的有效性,而且委员会都采取了相同的态度,即使他自己认为协议是有效的,他的立场也不会为中国人民所接受。

李顿:我想知道是谁在一开始代表官方签订了协议。

张学良:这是一个相当复杂的情况。签署之人是代理次长,但临时担任总长。

李顿:我明白其中的难处,但如果你告诉我们这一点,它就会变得简单许多。如果元帅签署或附署,该协议会生效吗?

张学良:这是一种假设情况。如果元帅签署了并得到内阁的支持,那么它就是有效的。

李顿:那么假设同一情形下,如果现任少帅,在他的父亲死后,希望签署该协议,他就可以在得到内阁的支持下签署并使其生效。

(旁边:那是不同的,张作霖在当时是中国政府的首脑。)

李顿:在元帅死后,这样一份协议应该得到谁的签字?

顾维钧:你看,一项法令要生效,必须与任何法庭的法律程序相符。所以那时候由老元帅进行签署或会签没有多大区别。因为根据法律,内阁握有决定权。所以即使元帅在上面签名,没有内阁的支持,该协议也不算完成,更不会生效。

李顿:有什么理由来反对这份协议?是财政问题还是其经济影响,或者是其中的政治考量?他为什么不喜欢这份协议?

张学良:因为该协议会导致中国丧失主权或领土权利。

李顿:那是包括在协议之中的吗?我以为这是一份未完成的、留有缺口的关于铁路完工的协议。它是如何包含主权问题的?

张学良:它是有害于主权的。(徐淑希:)有害于中国的权益。

李顿:那么这就是出于政治考量。现在是一个合适的终止时机,其他问题涉及非常不同的事态。

张学良:在我们结束之前我有几点重要的事想说,我想说明,当我说满洲没有土匪或政治土匪时,是指1931年9月18日以前。

其次,我想指出的是,日本政府有一个明确的政策,那就是明治天皇统治时期对中国采取侵略行动,以夺取东三省来实现他们的大陆政策。基于此政策,其他事情即我们所讨论的这些问题,都只是实现总政策的次要细节。中国和日本是如此相近的邻居,所以双方之间自然会在许多重要方面产生问题,但当我们讨论这些问题时,我们理应记住日本所遵从的基本政策。其他事只不过是侵略的总体框架下的次要细节。

李顿:我完全接受少帅所说的话,但我想说,我代表各方已向其提出上诉的国际联盟,并且我们奉行与《国联盟约》的原则相一致的政策。我们无法处理与《国联盟约》不一致的侵略政策,因此我们急于找出在《国联盟约》的条款范围内有什么根据来安排这两个国家的未来关系。我们所有的努力都是为此。我们并不是基于对两者间的过去协议或行为的判断,我问这样的问题,仅仅是为了找出哪些事件可以被纠正。我们是在《国联盟约》的基础上处理这两国间的关系,虽然你可能会觉得日本多年来奉行侵略政策,但这并不在我们的参考范围内,因为我们没有把它当成一种可能性来处理。我们是根据《国联盟约》的条款来处理这两国间的问题的。我们请求你们在《国联盟约》适用的假设下帮忙找到解决办法,从而排除侵犯主权的问题。虽然它们与过去有关,但我们感兴趣的是为未来寻找一个基础。

张学良:我完全欣赏你的观点,我也认为你提出的问题是有价值和重要的。但我只想指出一点,那就是在规划未来和实现国际联盟的原则时,要知道它的根本障碍是什么,除非认识到实现国际联盟原则的根本障碍,否则这个原则就不可能成为现实。因此,了解阻碍远东和平的障碍是什么,以及冲突的细节是什么,是很重要的。

李顿:但我所理解的少帅的看法是,阻碍和平的根本原因是日本侵略。我想回答的是,避免侵略的根本办法是《国联盟约》。为了我们目前的工作,把日本的侵略政策和领土野心详加说明,确实无益。

张学良:当然,我们不能忽视过去的事实。日本所宣称的往往不是她所做的,例如朝鲜半岛。朝鲜的实际发展与日本所宣称的意图是完全矛盾的,所以重要的是,为了实现国联的原则,为了实现和平,有必要停止日本的军事政策。除非这样做,否则和平目的与和平原则将不会成为现实。

30. 国联调查团草拟需要提交给张学良的问题清单
（1932年4月12日）

1. 日本声称1931年9月之前的满洲统治既不能让本地民众满意，也不符合外国利益，尤其是日本。在这方面，他们特别指出满洲地区的安全问题（防范匪贼）和金融政策（税收和货币政策）。

有关大豆采购和出口的资金政策受到了特别批评。少帅能提供一些关于这些主题的信息吗？

2. 据称，1928年日本就已经建议您不要跟南京国民政府合作。这样的报道是否属实？少帅能提供一些关于此建议的背景信息吗？以及该建议的结果是什么？有没有其他的例子可以说明日本对少帅在满洲应该遵循的政策提出建议？

3. 如果有的话，张作霖之死对后来满洲地区日中关系有何影响？

4. 日本声称向中国当局通报了300起违反条约的案件，但没有得到任何赔偿。南京国民政府向调查团宣称日本没有向他们提交此类悬案，少帅能否向调查团提供资料，说明日本当局和中国当局在满洲可能就这些问题进行的谈判？

5. 少帅能否向调查团提供资料，说明1928年5月13日签订的与朝鲜铁路相连的吉林—敦化铁路扩建合同和长春—大赉铁路建设合同的条件？

6. 少帅能否向调查团提供有关1931年由高纪毅代表的中国当局与木村代表的日本当局就解决中国铁路与日本运营的铁路之间的困难而进行谈判的信息？

7. 日本人认为，在过去的几年里，满洲的中国当局没有公平对待朝鲜人。少帅能就这个问题提供一些信息吗？

8. 少帅能否提供关于1931年7月万宝山事件的一些信息？

9. 少帅能否提供一些关于中村事件的信息，以及已经采取的处理该问题的谈判情况？

10. 在9月18日之前，少帅是否能够预料到日本在满洲采取军事行动的可能性？如果少帅预见到这样的行动，他决定采取什么政策？

11. 少帅是否对9月18日和19日事件进行了私下调查？如果有的话，

调查得出了什么结果？

12. 9月18日在沈阳的少帅部队有哪些？在满洲其他地区又有哪些部队？在长城以内有哪些部队？

13. 少帅是否希望向调查团转达任何关于锦州的防御及随后的撤离信息？

14. 有人争辩说，义勇军或其他非法分子在占领锦州之前一段时间就已经在行动了，这些义勇军现在还在行动中，并得到少帅直接或间接的支持。少帅能提供关于此问题的一些信息吗？

15. 如果有的话，少帅和据报仍在抵抗日军并被称为"叛军"的其他正规军之间有什么关系？

16. 少帅是否愿意提供一些信息，说明他对目前任职于"满洲国"政府的旧属官员的态度或与他们的关系？

17. 少帅是否愿意就中日两国关于满洲地区悬而未决问题如何进行调整发表看法？

31. 国联调查团与东北矿务局总办王正黼的会谈记录
（1932年4月11日）

（详情请见王先生提交的小册子，名为"东北矿务局情况，1932年3月致国联调查团"）

出席人员：
调查团的所有成员
秘书长哈斯
勃来克斯雷博士
派尔脱先生
杨格博士

王先生首先解释说，他已经在东北矿区局担任总办好几年了，在他的整个职业生涯中，他已习惯与日本人合作。他的经验是，这些人总是试图越权支配他们的中国同事，特别是当他们在这个方向上的行为不受限制时。

王先生还说,他在南满游历了很多地方,与南满地区民众接触后留下了的印象是他们不喜欢日本人。日本人和中国人之间的冲突总是在那里发生。据日本人自己的说法,至今仍悬而未决的案件多达 300 件。这一数字之所以如此之高,部分原因在于过去日本对南满的影响通过四个不同的渠道运作:领事业务;南满铁路;警察或宪兵;关东厅。每当发生纠纷时,这四个部门就向东京的四个不同上级部门报告,结果总是要过很长一段时间才能解决争端。此外,日本人总是寻找借口以挑起争端。

在王先生看来,近年来,日本人越来越恼火中国企业,尤其是与采矿业相关的企业不断发展。他们担心中国工业可能最终占据主导地位。王先生认为,他对此的印象在 1931 年 9 月 18 日晚上发生的事情中得到了证实。当晚,日本人做的第一件事就是摧毁中国的工厂,即兵工厂的卡车部,大量的卡车被摧毁,所有的图纸被带走。在这一事件中,大约 30 名中国工人被杀害。占领后,日本人把中国的电话系统合并到日本的电话系统里面。他们还试图将中国的电力系统连接到日本的发电机上,但由于电压差异而失败。

9 月 18 日晚上 22 点 30 分左右,王先生听到爆炸声,他认为是枪声,从那一刻起,每隔 10 分钟或 12 分钟就有类似的声音。凌晨 2 点,他听到一所房子附近有机关枪射击的声音,但他仍然认为那是军事演习的声音。然而,早上 6 点来自电话的消息宣布日本军队占领了丹东和长春。随后他意识到发生了严重的事情。他回到办公室,收集了所有重要的商务文件,决定躲在一个外国朋友的家里。在接下来的四五天里,沈阳陷入一定程度的混乱:没有警察,所有的米店都被洗劫一空。事实上,这个城市的大米只够供应三天,而且食物匮乏。

当地议会的一名前副主席袁金铠①先生,一个老人,被日本要求接管政府,但他拒绝了。

第二天,传来当局的消息,称中国人对这次事件负有责任,南满铁路的部分铁轨被他们破坏了。然而,没有人被允许查看损坏的轨道。后来有人给王先生看了一张关于铁路的照片。

---

① 编者按:原文是 Mr. Yuan Shi Kai,有误,应是袁金铠。袁金铠在九一八事变前担任东北政务委员会委员兼东北边防军司令长官公署顾问,九一八事变后沦为汉奸,组织辽宁地方维持会,出任委员长,随后又担任伪奉天省第一任省长。

李顿勋爵问这是不是一张白天的照片,王先生回答是的。

李顿勋爵说,根据日方版本的事故报道,在爆炸发生之前,一列火车在晚上22点经过。此外,据日本人说,另一列火车在凌晨3点经过。因此,轨道必须在此期间修复,如果是这样的情况,一张白天的破坏照片是不可能的。

王先生表示同意,并说这是他没有注意到的一点。在他看到的照片中,让他感到震惊的是微不足道的损害。从工程师的角度来看,他会认为铁轨会向上弯曲,下面会有一个洞。然而,他所看到的照片并没有表明情况是这样的。

杨格博士说,他也看到了受损部位的照片,这些照片上有明显的改动痕迹。9月25日上午,他亲自去了现场,没有任何损坏的迹象。

李顿勋爵想知道王先生是从谁那里得到刚才所提到的30名工人被杀害的信息的。

王先生回答说,这是一位证人告诉他的,他说了证人的名字。

当李顿勋爵问他是否可以与这名证人取得联系时,王先生说他会努力联系。

随后,王先生开始处理对私人财产造成的损害情况。(对于王先生的这部分证据,以及关于东北矿务局所拥有的各种矿山被没收的证据,请参看首页提到的小册子。)

王先生接着解释说,被没收财产的不只是他的公司,其他中国矿山在近年来得到了相当大的发展,但都被日本军队占领了。他不知道日本人对这些资产意欲何为。日本人亲自要求他——口头而非信函——回去处理其公司的矿山。在发给工人的公告中,日本人宣布他们暂时接管了矿山。近年来,日本人不仅对中国的采矿活动表现出兴趣,而且对中国发电厂的发展也表现出兴趣。事实上,这种兴趣已经在"二十一条"中找到了证据。

麦考益将军想知道王先生是否被赶出了这个地区。

王先生回答说,他的办公室已被查封,因此于10月14日自行离开。随后,办公室的家具被日本士兵拿走或砸碎,他的保险柜也被从墙上扯了下来。

麦考益将军询问王先生是否有任何建议,以促进调查团的调查。

王先生警告调查团说,要获得事实是极其困难的,如果中国人向调查团提供证据,他们会担心自己的生命安全。然而,有些人愿意冒生命危险。

他很乐意向调查团提供那些可能有用的人的名字,包括一些外国人的名字。然而,提供证据的任何人都会受到日本当局的密切监视。

32. 国联调查团同英美烟草公司经理肯特的会谈记录
（1932年4月11日）

1932年4月11日，星期一，在北平饭店举行会谈

出席人员：

肯特先生（A. S. Kent），英美烟草中国公司总经理

调查团成员

杨格博士

勃来克斯雷

哈斯

派尔脱

万考芝

派斯塔柯夫

爱斯托

肯特先生说，他最近刚从满洲回来，3月9日"新国家"成立时，他就在沈阳。从表面上看，这似乎是一个喜庆的日子。所有的商店和政府机关都关门了，有轨电车也为此装饰一新，到处可见"新国家"和日本的旗帜。当天，日本人在大和饭店宴请当地的中国官员。

接着，他说自1931年9月18日以来，日本的军事行动似乎是为了把前政权的势力赶出满洲，并镇压强盗活动，这是不同指挥下的东北军队逃兵增加带来的结果。日本军队现在占领了满洲所有重要的贸易中心和战略要地。中国军队明显不存在，而且直到最近，中国警察才被允许在日本的间接控制下，在中国领土和铁路沿线行使职权。

在"新国家"所涉及的重要问题中，提到了海关、盐税、邮政服务以及大国承认的问题。1932年3月24日在长春召开的伪满国务会议决定接管满洲所有海关，并发出公告。在此过程中，"新国家"建议将作为贷款担保的那部分海关收入汇给位于上海的海关总署，并截留盈余用于行政目的。南京国民政府已就这一行动向日本提出抗议，但日本答复其与"新国家"的成立及其行动毫无关系。预计对盐税和邮政服务也会采取类似行动。显然，采取这些步骤的

目的是使"新国家"能够自主行使其职能。关于承认的问题,包括日本在内的各大国尚未表态。

由中国人建造的铁路,以前由中国人控制,如今在日本人的监督下运行。就连从长城外到奉天的这段北宁线铁路也被日本人占领了,他们保证向债券持有人支付利息。在这方面,人们注意到,在9月18日事变发生时,属于铁路的一笔相当大的资金被存入了沈阳的中国银行,尽管有各方代表,但由于日本人的反对,这笔钱没有被公布。据报道,这笔资金将用于支付债券的利息。

运费已经被修订,并已达到无法与南满铁路竞争的水平。为鼓励移民而向中国农场工人提供的优惠票价已经取消。而日本出于经济和战略原因,正在加速修建有意计划在满洲东部建设的通往朝鲜边境的线路。根据莫斯科方面的说明,中东铁路有三分之一以上的车辆通过东部边境的波格拉尼奇纳亚运出,运往苏俄,这给北满造成了交通困难。被运走的车辆价值估计为四千万金币。

除了这种耗竭所造成的困难,由于土匪的活动,许多在各地负责轨道的铁路工人被迫离开了他们的岗位,而且东、西两段永久公路都被认为是危险的,需要修理。他听说日本人正在考虑如何使他们的铁路车辆适应更广泛的标准。

俄国就北满局势,特别是日本军队在中东铁路地区的存在提出了一些问题。日本驻莫斯科大使曾代表日本政府解释说,这条铁路线承担运输部队功能,且部队集中在铁路地区及其附近地区,丝毫没有违反《朴茨茅斯条约》的规定。这位大使说日本在满洲没有战略目标或领土野心,军队在东部边境的集中并不是为了威胁俄国;这是日本出于对中国铁路警备队的缺位、土匪活动的猖獗以及保护日本侨民生命财产的需要而采取的一种预防措施。

出于这个解释,"新国家"任命了中东铁路公司的主管,而俄国除了移走相当一部分铁路车辆之外,还向沿海省份的军队派遣了增援部队。肯特说,他在哈尔滨时,欧洲人正在讨论俄国的行动,认为俄日之间可能会出现严峻的局势,但他认为俄国只顾自己的计划和内政,不会冒任何可能给自己带来灾难性后果的风险。他的印象是俄国和日本之间相互存在着谅解,苏俄军队的调动是为了不让世界了解实际情况。

肯特先生随后提到了"门户开放"与"机会均等"的原则。"新国家"已经宣布打算遵守这些原则,但是他怀疑这些原则是否会被付诸实践。他指出,除了日本现在对满洲的军事控制外,日本官员还被任命为"新政府"的文官和军事顾问,并正在制定其政策和监督其职能。仅在沈阳就有不少于78名顾问,其他重要地方的顾问人数是多少,他无法确定,但他认为在这方面没有被忽视。他住在长春大和饭店时,也注意到当时住在那里的总理经常接待日本人来访。

肯特先生继续说,有充分的证据表明,自"新国家"成立以来,日本的商业活动得以推进。他得到可靠消息称,日本的主要公司增加了满洲职员,南满铁路公司考虑将其资金提高到8.8亿日元,经日本政府批准,将通过选定的日本银行和公司向"新国家"提供2 200万日元的贷款,殖民计划已成为新闻界的专题报道,以求引起日本人民的注意,满洲有无数机会正在等待着他们。鉴于中国农业阶级当前的生活水平较低,他认为这个计划不会成功。

鉴于日本现在对满洲的兴趣,加之其现在所处的特殊地位,"门户开放"和"机会均等"是需要严肃考虑的问题。

他正在从他公司的立场来审查这一情况,考虑到它过去不得不面对和今后必须应付的困难,除非在确保平等地对待所有外国利益的基础上采取适当措施。他引用了1927年1月财政部长的一件事作为例证,当时南京国民政府的财政主管部门与该公司签订了一项协议,根据该协议,该公司应为其货物支付一种名为"统税"的税种,该税免除其产品在所有采取这种安排的省份征收任何其他税。该制度逐渐得到推广,1929年5月,英美烟草公司与奉天当局达成协议,在满洲采用相同的税制。谈判之所以拖延,是因为出现了与南满铁路地区纳税有关的问题,日本当局对南满铁路地区行使管辖权,不允许中国在该地区征税。

位于沈阳和牛庄的日本工厂的地理位置非常好,他们的产品可以直接从工厂搬走,而不会受到中国税务官员的干扰,而且由于他们的货物在铁路结算中不需要支付中国方面的税,因此他们对中国的提议提出了反对。该公司最终同意,为其在铁路结算中销售的产品支付统税,并理解中国税务当局将采取的一切可能的措施,防止没有缴纳统税的货物由此走私入境。其后,有人向该公司报告称,作为竞争对手的日本已接受与该公司所签订的相同协议,但后来接到多起举报,称在铁路地区出现偷税漏税和走私货物到中国境内的情况,估计是得到了基层税务官员的纵容。

该协议在诸多重要方面仍然有效,直到1931年9月18日。在此期间,它普遍受到怀疑,该公司的日本竞争对手违反协议远多于遵守协议。从9月18日起,由于局势不稳,公司遇到了许多困难,直到今年2月初,公司和奉天省当局之间才达成工作安排,允许该公司重新运行。

即使这样,在必要的税务程序方面也出现了困难,但当公司通知奉天省财政厅的日本顾问金井章次博士时,这些阻碍最终被消除了。然而,要注意的是,在目前的工作安排中,1929年5月协议的规定仍然有效。尽管公司会继续遵守这些规定,但根据最近的报告,其日本竞争对手自9月18日以来,再没有为他们在铁路地区销售的货物支付综合税。

他补充说,上述性质的违规行为不仅适用于该公司的产品,也适用于通过大连进口或在大连生产并打算在中国城镇销售的所有其他商品,这些商品可能被走私到这些地方。因此,很显然,除非明确规定铁路区域在税收方面的地位,以使所有公司处于平等地位,否则这种做法将继续对那些在中国领土上经营工厂并支付中国税收的公司造成不利。

日本人实际上控制了南满的所有铁路线,这又引出了另一需要考虑的问题。长期以来,尽管人们一直怀疑某些重要的日本公司享有特殊运价,但一直没有也无法得到确切的证据。为促进日本在满洲的贸易,不仅在运价方面,还在货物的快速处理和为商品提供车厢方面对这些公司给予特别考虑,似乎不无道理。这是一个众所周知的事实,即日本运输者总是享此特权。

从目前的情况来看,很明显,日本已经在满洲站稳了脚跟,而"新国家"只是日本政策的代言人。很明显,日本有能力利用现在向其敞开的机会,使满洲成为日本开发的一个特殊领域。所谓"门户开放"只是半开放,日本可能只在原则上支持这一政策,但在实际操作中,由于日本的主导地位,只对日本有利。考虑到这些方面的情况,对所有非日本商人和制造商来说,最重要的是,应该保持并有效执行"门户开放"和"机会均等"的原则。

对于中国商人来说,他们反对新政权,是出于日本人对其政府职能的干预,但中国人却无能为力。肯特的印象是,只要可以得到安全保障和合理的税收待遇,并且可以不受干预地开展贸易,他们可以接受"新国家"这一"既成事实"。

33. 国联调查团的会谈计划(1932年4月12日)

1932年4月12日通过

4月13日

 上午10—11点

荣臻将军,东北边防军司令长官公署中将参谋长
　　　王以哲将军,北大营指挥官
　　上午11点—11点30分
　　　东北大学的教职人员
　　　东北难民代表
　　上午11点30分
　　　阿尔伯特·隆德雷斯先生(Albert Londres)
　　下午3点
　　　吉田伊三郎先生
　　下午3点30分
　　　顾维钧博士
　　下午4点
　　　张学良少帅
4月14日
　　上午10—11点
　　　蒙古王公
　　上午11点
　　　日本代表团
4月15日
　　上午10点—10点45分
　　　东北公共团体
　　上午10点45分—11点45分
　　　文化工作者群体,包括胡适
　　上午11点45分—12点15分
　　　北平地区大学教职人员
　　下午12点15分—12点45分
　　　新闻界领导者,提交满洲相关信息

34. 国联调查团的会谈计划(1932年4月[①])

4月15日

 上午10点—10点45分

  东三省公共团体代表

  金恩祺(Chin Enchi),东三省商会联合会主席

  苏上达(Soo Sherman),东三省外交协会主任干事

  王化一(Wang Huayi),东三省青年同志会会长

  卢广绪(Lu Kuangchi),沈阳市工会联合会主席

  赵雨时(Chao Yushih),东三省报界联合会主席

 上午10点45分—11点45分

  北平教育和文化界主管人士代表

  丁文江(V. K. Ting),国立北平大学教授,中英庚子赔款顾问委员会成员,国立地质调查所前所长,上海市前市长[②]

  傅斯年(Fu Ssunien),中央研究院历史语言研究所所长,广东中山大学文学院前院长,国立北平大学名誉教授

  徐淑希,燕京大学公共事务学院院长

  何基鸿(Ho Chi-Hung),国立北平大学法律系教授、国立清华大学法律系教授,北平大学法律系前主任

  王化成(H. C. Wang),国立清华大学政治学系教授

 上午11点45分—12点15分

  北平各大学教职工代表

  张君劢,燕京大学教授

  邱昌渭,国立北平大学政治系主任

  萧恩承,国立北平大学英语系主任

  吴宓,清华大学西文学院院长

[①] 编者按:具体日期不明,该计划为草稿性质。

[②] 编者按:1926年5月,丁文江被孙传芳任命为淞沪商埠督办署总办(相当于上海市市长)。

生宝堂，辅仁大学教授

12 点 15 分—12 点 45 分

新闻工作者代表

Yin Shih-chi①,《华北日报》主编，北平

罗隆基(Lo Lung-chi),《益世报》主编，天津

胡政之(Hu Cheng-Chin),《大公报》主编，天津

孙瑞芹(Sun Jui-Chi),《国闻报》主编，天津

Soo Yu-t'ien,《新闻报》主编，上海

萨空了(Sa Kung-liao),《北京晚报》主编，北平

潘仲鲁(Pan Chung-Lu),《中央日报》主编，南京

Hsu Yi-Shan, Chiao Ching 主编

Kao Po-Chi,《全民报》主编，北平

王镂冰(Wang Lou-Ping),《商报》主编，天津

蒋光堂(Chiang KwangTang),《庸报》主编，天津

Wu Chiu-Chen,《民国日报》主编，天津

4 月 12 日

上午 10 点—12 点

东三省官员代表

刘哲，中华民国前教育总长、东北政务委员会委员、前参议员、前众议员、吉林省参议院副议长、北平大学前小组长、时任哈尔滨工业大学校长

刘尚清，前奉天省省长、前农工商总长、前内政部长、前中东铁路督办，时任东北政务委员会委员

翟文选，前奉天省省长

蔡运升，前外交部驻哈尔滨交涉员，同时是吉林省主席 HsuLai-Ling② 的代表

下午 12 点—12 点 30 分

国联同志会代表

---

① 编者按：疑似尹述贤。未能找到对应实际中文名或音译，故保留英文原文。后同。

② 编者按：原文如此，未能确认具体所指。时任吉林省主席是张作相。

熊希龄，中华民国前国务总理

陈振先，中华民国前农林总长

叶景莘，中华民国财政部公债司司长

4月14日

上午10—11点

蒙古王公

全绍文(S. J. Chuan)，满洲皇族旗人，美国耶鲁大学毕业

那彦图(Na En Tu)，蒙古喀尔喀和硕亲王

汗罗扎布(Han Lo Chia Pu)，蒙古喀尔沁亲王

贺喜业勒图(Ho Hai Yeh Lo Tu)，奉天省蒙古科尔沁亲王

云丹桑布(Yun Tan Sang Pu)，蒙古热河郡王

阿勒坦瓦齐尔(Ah Lo Tan Who Ches Erh)，奉天省蒙古科尔沁公爵

阿穆尔泌格勒图(Ah Mur Chin Ke Lo Tu)，东三省蒙古部落哲里木盟代表

杭锦寿(Hang Chin Shou)，察哈尔省十二旗代表

多尔济(Dorchi)，奉天省科尔沁达尔罕亲王代表

普英塔来(Pu Ying Ta Lai，音译)，察哈尔省蒙古部落联盟负责人代表

35. 日本参与员吉田伊三郎建议的会谈列表（日期不详）

会谈主题

1. 北平反日活动 　A. 一般性描述 　B. 轰炸海军武官办事处 　C.《北平晨报》《导报》的大不敬案件	矢野真 日本驻北平公使馆代办，北平日本侨民之代表
2. 天津事件	竹内大佐 日军驻天津参谋人员
3. 天津及其周边地区事务	桑岛主计 日本驻天津总领事，天津日本侨民之代表
4. 东北各省所谓义勇军的活动	永津佐比重大佐 日本公使馆陆军武官辅佐官

36. 中国向调查团提供的中文材料

（1）傅振庭的报告①

事由：日本在铁岭摧残教育、散放传单，言日本如何的好

日期：自廿一年②三月一日起始，摧残传单时时见之

地点：铁岭全境

情形：自事变后，铁岭的教育权即操之于日人之手，当时所有如三民主义常识自然等书均被日人收去，后令各中学各小学仍又准学习此种书籍，设与日本不利之书，均须取消不阅，如被日本人察觉，即处以死刑。后自本年三月一日起，铁岭各中小，日本均合添设日本语，将史地去消，至于所散放之传单，则有其种种例如下：军阀教我日人打走了，此后你们想幸福吧，重税也去了一半，咱们中日共存共荣吧。山海关以东是吾们的乐园，日本军的行动就是"正义"二字，三千万民众真正是我们的东北主人翁，荣和〔融合〕东亚民族共存共荣。胡匪打完了，你们安心回家种地去吧。等等。

报告者：傅振庭

（2）魏希存的报告

事由：旧历年日本人发散春联（对子），强迫我国人民黏〔粘〕贴

日期：旧历十二月廿八日

地点：辽吉黑三省

情形：于旧历年前二日印刷数种春联，家家发放，并强迫黏〔粘〕贴大门外，以志庆祝之意。兹将所印之春联抄录如左：

建设新兴国家一心一德
融合东亚民族共存共荣

列举新政采列国文明协合万邦
东北同胞与东亚民族联络一致

---

① 编者按："某某的报告"之类小标题为编者所加，后同。
② 编者按：指中华民国二十一年，即1932年。后同。

举国同新

浩荡春恩

结果:非贴不可

报告者:魏希存

（3）无名氏的报告

事由:日人无故烧民房二百余间

日期:二十年①十月二十日

地点:铁岭马家寨

情形:在马家寨,有中国胡匪二百多名,日本守备队时往剿之。但日本去,匪即走,日兵走,匪复来,因此日军又去。于是日本兵说马家寨全是红胡子(即匪人),遂将马家寨民房烧去有三分之一,因此良民自缢身死者不下十人。

报告者:

（4）傅振庭的报告

事由:日本无故在事变后以飞机掷炸中国良兵,并崩坏吾屯及他村之房屋两所

日期:二十年九月廿三日

地点:铁岭范家屯小学校及大甸子民房

情形:事变后,日本将第七旅打散,逃至铁岭东南一带。因此日本每日去飞机掷炸,于是将范家屯学校及大甸子民房炸坏两处。

报告者:傅振庭

（5）日人占领我东省后之示威举动二则②

九一八事变之后,日本人在地占领各地方内大施其毒辣手段,对于中国商民视同奴隶,凡住在地占领地方的人民,必须要十二分的服从他,稍有一点反对,立即置之于死地。现在仅就个人目及之事,写上两件:

---

① 编者按:指中华民国二十年,即1931年。后同。

② 编者按:该标题为原文所有。

一、在十一月二十日夜十二时,有营口中西药房经理由家回柜行,至该药房门首,方在叫门,恰有日本兵二名由东而至。该经理因鉴于日本兵强占东三省之很[狠]毒,不免害怕,意欲暂到隔壁躲藏一时。日本兵不问皂白,赶上前来,用刺刀穿透该经理前心而去。

二、海城县辖界牛庄城居民清早上市,恰值城内之栅栏门未开,于是群聚以待。恰日本飞机由此经过,看见若许多人,以为正是时候,遂掷下炸弹若干枚。当即血肉横飞,四十八条性命死同儿戏,呜呼惨矣哉。

(6) 冯殿英的报告

事由:任意刺死良民

日期:民国二十年十月三十号九时许

地点:开原县

经过:日本用铁甲车数辆、兵三四十名,由开原驿发往城内,沿途割断电线,进城后先以排枪扫射,当夜击毙良民及无武装之军人五名。次早,该县士绅多被拘捕,并将外交协会干事萧国璞解往日军营中,用刺刀刺死,用刀零割,其状极惨。

报告者:冯殿英

(7) 高向荣的报告

事由:无故刺死解除武装之军人

日期:民国二十年七月二十三日

地点:沈阳一经路

经过:中国军人王振宇经一经路,身着军裤,被日兵遇见,当即用刺刀杀伤。

结果:因伤重而死

报告者:高向荣

(8) 赵喻之的两份报告

事由:日本无故刀杀于静涛等十三人

日期:三月二十九日晨五时

地点:吉林城北山下

杀时经过情形:从吉林城新开门外,日本警备司令部提出于静涛等十三人,用白布将于等面目包严,载气[汽]车上,四十余日本兵压赴北山,经过粮米行街到北山下,驾下车来,一一用刺刀刺死。

结果:吉城人多知此事而不敢言,此后逃往关里者日多。

事由:日本强奸民意
日期:大约三月六、七日
地点:吉林城
情形:日人令民众作建国游行运动,吉城人民多不愿加入。初次招[召]集,只几位被日人指定的法团首领不敢不加入,其余民众无一人自动加入。结果日人看人数太少,不能照像[相],又作第二次,令警察找些贫民,每人每天给五毛金票,迫其加入游行。
报告者:赵喻之

(9) 马廷馨的报告

事由:残杀无辜
日期:民国廿年十月十五日前后
地点:凤城县
暴行经过:有姜兆春者送姊返里,于二龙山安奉路线附近处被日兵六名遇见,无故竟被刺杀,周身中刀伤九处之夥而死。事后尸兄兆祥得讯,赶到领尸,又被拷询留难。
结果:尸兄兆祥误认死者纯为扒掘铁路毙命强使签字而罢
报告者:马廷馨

(10) 关裴然的具呈①

为日本假击匪为名而炸毁农村事
缘于民国二十年十一月九日上午十二时,在南满铁道东海城县境徐家园子村,有日本铁甲车十辆、机关枪数十架、大炮四樽[尊]、日军二百人,伪言该藏匿胡匪,一时弹如雨下,枪声与农民叫哭声相应,炮声与房倒声相间,历数小时后,全村覆殁,尽剩炮火之余灰。老幼死于非命者不可胜计,壮者负殇[伤]

---

① 编者按:标题为编者所加。后同。

逃出者为数寥寥。日本屠杀无辜农村如此,可谓惨惨之极矣。是可忍,孰不可忍也。特此具情详呈钧团,伏乞代为申雪,实为感盼。

　　海城县人　关裴然具

(11)屠景明的报告

事由:日本删改东北小学教育制

日期:二十一年三月一日(该日为东北各小学开学日)

地点:东北辽吉黑三省

情形:取消中国教育制中之历史、地理及三民主义,删去各课本中之有关日本国耻,从外添加日本语。此种教育制,何异于亡国之教育制。此事能否合理?国联查之。

报告者:屠景明

(12)李西庚的具呈

为日本飞机炸毁民房、毙殃民众事。缘于民国二十年阴历十一月二十日午后,日本飞机两架在辽宁省营口县境辽河北岸苇塘处掷下炸弹十余粒。当即炸死农夫二十余人,受重伤者三十余人,当时送至古川医院治疗。炸毁民房六所,同时轧死幼童及老媪共七人。以上各节所具属实,伏乞钧团代为申诉,为无量盼。

　　营口县人　李西庚具

(13)李源的具呈

为暴日活埋辽源县学生事

自日人强占东省后,而在辽源县驻防之日军遂遍处寻觅知识分子及学生,其已被觅而枪杀者不知若干,惟最可令人注意者,即于三月十四日在该县搜拿良民十七名,诬为义勇军嫌疑,竟遭活埋,其中有多数的学生及少数农民。凡属县境居民,无不尽知所具事实。

　　辽源县城内　李源

(14)秦尔昌的报告

事由:日本飞机爆炸农村及小学校

日期：二十年九月二十三日

地点：铁岭城南殷家屯，距县城三十华里

情形：殷家屯为铁岭城南之巨村。于客岁九月二十三日午前，突有日本飞机二架现于空中，我村民及该村初小学生仰视该机。斯时，日本爆炸机降低，距地仅二百尺，投炸弹三枚，计炸去村旁之民房三间，幸未伤人。该机复用机枪扫射，伤我村妇郭姓，幸未致命，毁小学校玻璃窗数扇，该机始向沈阳飞去。满村农民皆荒恐，而不敢炊饭云。

报告者：秦尔昌

（15）秦尔昌的报告

事由：日本铁道守备队无故用枪击毙乡村农民

日期：二十年十月六日午后

地点：铁岭县城北柴河铁桥旁

情形：距县城北仅六里之村落，有农民刘君正在农田工作，不意日本守备队以该农民敢在南满铁道旁工作振[震]怒异常，乃施具蛮横及惨[残]忍之野心，用枪将该农民击毙。事后，该守备队自知礼曲[理屈]，乃出三十金元作赔偿费以了事。日本不讲人道，实为世界所默知。

报告者：秦尔昌

（16）傅振庭的报告

事由：日本无故强拿农家大车

日期：民国二十年日本军攻击锦州时

地点：铁岭县街各店中

情形：日本人强逼中国警察在最短期间内拿大车二百辆，如不足，即处置警察。因之，警察只得唯命是听，于是在本街或大店中大肆严拿，如有反抗者，当即枪毙。日后被拿之车归来时，余曾详细训问，具云曾至锦州，日不得饱行，战事停顿后，方使令返家云。呜呼！我中国农民之大车，而受日人如此之逼迫，可见其残暴之一班[斑]，而证其目空一切也。

报告者：傅振庭

(17) 孙小兀的报告

事由：日本警察无故羞辱民人

日期：二月二十二日

地点：辽宁开原县驿

情形：日本警察十余人，持大小枪并代[带]有照像[相]机一架，在租借地与石家台毗连处。其势凶凶[汹汹]，施行搜查，无论士农工商，凡在二十左右之青年，均必搜查。后一日人持手枪令中人跪下或站立，将双手举起，故作枪毙胡匪之恣[姿]势。另有一日人用照像[相]机拍照，而后用足踢之令去。于此世界和平及大同主义之潮流中，我中国亦系人类，何得受惨无人道之日本如此之羞辱乎？

报告者：孙小兀

(18) 屠景明的报告

事由：日本枪击辽宁沈阳第八区管界二台子、古城子及蔡台子事

日期：二十一年四月二日

地点：沈阳第八区管界二台子、古城子及蔡台子

情形：在九一八事变后，辽宁兵工厂枪枝[支]损失甚伙，日本硬侮为临近之村所窃，于四月二日派日本军队五百余人合围此三村。村中之人大惊，遂相携外逃，然后日本即用机关枪射击，人民中弹而死者遍地，横卧如麻，事后计之六百余人。呜呼！此三村人民无辜，何为暴死于枪弹之下，岂不冤哉？想国联此来，为世界唱[倡]和平，为国际找公理，故敢将此不平事特陈于以上，供调查之资。

报告者：屠景明

(19) 陈焕宇的具呈

主持公理的国联：

一九三一年九月十八日夜十二点钟，日本关东军一队袭击营口中国练军营，枪炮震天，市民惶惧，不堪言状。我练军素抱凡事须从公理解决，未与格斗，卒至营长李福生被监禁于囹圄，士兵被毒打后，全行缴械，驱逐辽河以西，结果市民中枪弹死二人，一为粪夫，一为小贩，士兵死二人。日本为掩饰耳目，将死者私自藏埋，令中国人不能摸其底蕴。日本残[惨]无人道，蔑视公理，破

坏世界和平。

国际联盟会,你是和平公理的主持者,希望你能维持你的信用,对中日事件作一公正之谈判。

谨代表营口民众致敬

营口县八田地　陈焕宇

(20) 宋喜存的报告

事由:日人以"剿匪"为名无故残害中国良民

日期:一九三二年一月十五日

地点:辽宁省辽中县

1. 小北河镇:离县六十五里,东南方

2. 吊鞋卧子:离县六十五里,正南方

3. 长林子:离县六十里,正南方

情形:

1. 离县东南六十五里之小北河镇,于廿一年一月十五日有日本飞机六架,以剿匪为名,向良民屋舍各处任意掷弹并放射机关枪。

2. 是日,离县城六十五里之吊鞋卧子村亦有同样不幸事件发生。

3. 离县城六十公里之长林子村于此日亦有同样不幸事件发生。

结果:

1. 小北河镇炸死高姓家良民四口。

2. 吊鞋卧子炸死那家良民一口。

3. 长林子村炸伤母姓良民二人。

报告者:宋喜存

(21) 王恩寿的报告

事由:日本之文化侵略

日期:四月一日

地点:辽宁

侵略情形:日本帝国文部省为用文化侵略政策,于四月一日通令在东北三省各领事馆:限于四月一日起,令各中小学及各工商团体于每周必须学习日本语数小时。

结果:①

报告者:王恩寿

（22）王恩寿的报告

事由:无故枪毙农民

日期:二十年九月十八日

地点:铁岭以北之柴河铁桥左方

暴行经过:日本驻铁岭铁道守备队在柴河铁桥左方,无故击毙田中耕作农民,其不讲人道可见一般[斑]。

结果:

报告者:王恩寿

（23）傅振庭的报告

事由:日人自由将铁岭长官更换看押

日期:事变后一月内

地点:铁岭城

情形:日本人说税及各种财政均不准交张学良,他和狗一样,但本县县长实未给张主任汇款,日本人硬说他给张主任汇了。于是遂将县长愈荣庆看押更换,待四月后始放。俟后又将财政局长、公安局长更换,但所换之各人家眷必为日人看视,永不得自由。

报告者:傅振庭

（24）无名氏的报告

事由:为传单事

日期:沈市变后

地点:本溪县街

暴行经过:杀一老媪,少妇二,被褥中有一妇乳尚被割

简略说明:在沈市变乱后二三日之时,日军声称由省发来许多传单到县街各机关,并云此传单系是反日举动,于是通缉各机关要人。有新民小学校长刘

---

① 编者按:原文无内容。后同。

克俭者,其老母被戮,妻妹受辱,因为反日起见,遂拉邦号为挡日军,众达三百余人,具有义勇军之行动。

(25) 高长升的报告

予辽宁义县人,客岁寒假回籍,今年三月十八日启程来平,在家即一路亲见暴日种种残酷行为,不胜枚举,兹就重要者录之如下:

1. 所见日军之暴行

一月一日后,日军占据锦县。至一月五号,日军假清匪为名炮击,义县遂被占,击毙县民三十余人。明日更进至义县北前空屯鸣炮及机枪等以示威。焚毁民房八十余间,死乡民五十余人,其中死于残忍者,有一老妪及幼女,闻日军来,则将逃逸焉,被日军遇于途,距村二里许,未容分辨,母女二人即死于刺刀之下。

一月廿四日,日军四百余人以剿匪为名(实并无一匪),搜民间大车一百余辆(即民间运粪之车),装载枪械、子弹及军用器物等,去城东北五十里之门镇及七十五里之营镇及卫家镇等处大行检查示威,并遂地绘详细地面。及至营东北党家沟屯,见有数十农人村外作工,遂以为匪。而该沟共有民户五十余户,人二百五十余名,约三旬钟,即被炮火化为焦土。在此二百五十人中,逃出者仅三十余人(早已出外者亦在逃出数内)。彼去,予因访亲家,遂得亲莅其境。其凄凉悲惨,令人痛不能言。

2. 所见日军的布告及传单标语

布告　日军随到之处,皆有布告张贴,大意谓"尔民等久苦□国暴军之贪残剥削,今我义军之来,专为尔三千万民众驱逐暴军,造成满洲极乐世界。凡尔民等皆勿自相惊扰,一切税免纳三年,祈各安心作业,若吾义军有敢效尔匪军之抢掠及搅害良民者,一经查[察]觉,定按军法从事"等语。

传单　日军未至以前,先用飞机多架至各村镇城散放传单,以鼓人心。其大意与布告略同,大意谓"你们民众都是善良的,你们不要怕,我们义军来到此地,专为你们肃清兵匪的,为你老百姓们享那安居乐业的幸福的"等语。

标语　凡在日军所到之处,如车站、城镇等地,皆□为张贴标语,如"山海关以东是我们的乐园""义军来乱兵败""国联出东亚乱"。

3. 所见日军之设备及设施

日军入义县后,即将城四门用沙袋堵其三,准一门出入,城内设置跑垒多处，更指挥邑人，设立县自治会，招警察，发饷械，查户口，检民枪弹。于予之来时，正在进行中。

日军入城后，即在本街设日商行、娼窑多所，并付[附]设吗啡、海乐音专卖所（现在义县东街路北）。

日军于三月十五日命锦义各县商民人等一致悬旗庆贺"满洲国"成立，纪念旗为满地黄并红白兰黑。

日军占据任何地方后，务将该地机关及学校占领。至于对待学生，尤为仇视。如锦县之交通大学，现为日军司令部；占领中等学校，令一律停止。其居心之险，可想见矣（以上所述皆为义县事实，以吾为义县人，故多见独多）。

夫日军之占据满，皆以保护日侨之生命财产为前提，那么吾义县向来即无日人，其出兵义县为何？保护彼日人生命财产则可，更为何藉端戕害华人，随处张贴和散放违反国际公法、国际条约之标语和传单？至于摧残教育、豁免租税、调查户口、设立自治会、成立满洲、迫令庆贺大同元年等等行为，亦皆为保日侨生命财产的必要之手段乎？予之亲见如是，而未能亲莅其境之城镇乡村，其灭□□之兽行更难尽述。日人之野心，又何能隐讳于当时哉？

华北学院学生　高长升　录

（26）王甫丞的报告

事件：日人侵占辽宁省庄河县之惨状

日期：由一九三一年九月十八日至一九三二年四月间

经过：由九一八事变后，全县民众以失去政府故，即入于生命财产尽无保障，且日人暗集股匪，接济军火，杀害无辜，其苦已极。

于十一月廿日，派遣指导委员五人，委员长名大昭，设立庄河行政指导部，其工作为收买民心，消灭智识份[分]子，顺服者加薪进级，否则，即指为反日，处砍头极刑。此地人民敢怒不敢言，苦莫能宣。

于一九三二年三月十四日，庄河民众组织救国军二千余人，大举攻城。日人指为股匪有犯暴日凶□，大施其杀戮故技。三月十六日，日军飞机三架遍炸庄河县城，逾两时始去，计毁民房三间、商房十六间，死四十人，人心大慌，东西逃散，困苦已难言矣。十七日，又来飞机二架，抛炸弹，计又毁民房四间、烧火商号两家，并将县公安局、第一小学及财政局房舍全数成为灰烬。十八日晨，又来飞机七架，其中三架炸县城，其余四架炸四乡，此次死伤最多，死者三十人,伤者未有统计,家畜死百余头。该日午后二时许,由齐齐哈尔调来日兵四百名,用机枪及山炮四方乱射,此时胡匪早已逃散。日兵此举不过露其屠毒面具而已,此次死伤更多,毁民房五十余间,民船两艘。十九日日军四出[处]搜查,捕杀二人,原因:一人因招待不周,一人因无礼节,均指为匪而砍杀之。现下清查户口,凡属教师及大学生,均刑以砍头。呜呼!求作亡国民亦不可得矣。

庄河居民　王甫丞

(27) 屠景明的报告

事由:日本利用朝鲜人霸占辽阳县民房民田事

日期:二十一年三月下旬以至于今

地点:辽阳县城南各村

情形:朝鲜人来时,口称辽东数十年前为朝鲜领土,此时仍应归朝鲜人为合理。如此说成立,则欧洲东部亦应归吾中国所有,只因该地在元朝时已被元世祖忽必烈征服,如是说来,吾中国之领土还不止廿八行省,此说国联能承认合理吗?

报告者:屠景明

(28) 日本罪行罗列[①]

日领事贩卖毒物案

驻农安县领事片山氏,因侨农日人不过三四家,无事可办,故兼管片山洋行业。该洋行借药当两业为名,专卖烟土、吗啡、海洛英等毒物,每日平均可卖烟土一百五六十两、熟烟三四百分、吗啡一磅有奇。迭经驻农东北军骑兵第四旅长常克臣、农安县长孙济桥百计取缔,提出交涉,不料片山置诸不理,且言中国军警妨害其营业,报告驻长总领事向我外交官反提抗议。近日,孙县长筹一消极取缔政策,在该馆分馆及片山洋行门首,以保护日本官商为名,增设岗警,加班巡逻,如有华人出入该行者,即捕获搜检,带有烟土、吗啡者,立解县府罚办,以致片山领事之营业一落千丈。该领事不得已,密托华人某等在金公安局长福忱、孙县长济桥前疏通运动,并治席宴请地方官绅,讵意请帖到时均签谢

[①] 编者按:小标题为编者所加。

字。现在片山智绝计穷,半筹莫展矣。

破坏地方治安案

1. 沈阳县三区姚千户屯村南满铁路借用地内,于十八年六月二十八日经该站巡捕等商搭戏台演唱伤风败俗之洛子戏,并大设赌局,开灯卖烟,以渔厚利。

2. 沈阳县管境安泰线吴家屯满铁车站接用地内,于十八年六月间由日人设立宝局,一伙赌徒百余人日夜不停,村民不安。后又于夜间演唱有伤风败俗之洛子,藉招多人大肆赌耍,日警又从中保护。

3. 民国十三年九月间,沈阳公安局查获日人柏田在日站货厂附近,"俗称松□林地方",招华工专制纸牌,工人已达三百余名之多,开设十余年,专以销行东省各地。

4. 民国十九年五月三十一日,沈阳县第九区查队局员艾景璞遣警在御花园搜查匪人,遇见日人池之岩光一名,身着华服,纠集众匪,正在拥绑人票之际,遂将日匪拿获,余日匪在逃,并由该日匪家中搜出天门枪二支。该匪供称伙同逸匪四人屡次行抢不讳,遂渡日警署。

包围铁岭公安分局案

民国十九年二月二日午前十一时,铁岭县政府科员兼清乡局助理员王子宾,与九区分局某便衣警士往西关朝鲜烟馆抄办烟案。朝鲜人通知日人,突来日警二名。该科员欲避免冲突,遂到公安九分局理解,该日警知自理屈无辞而退。乃未几,日站警署警士全体出动,并随护站日兵数十名全幅[副]武装,当将九区分局包围。县长俞荣庆闻悉,遂同交涉佐治员与日领严交涉,日军警始退。

日警殴我军官案

日本擅在龙井村设立领事馆及警察署,藉[借]口保侨,以行侵略。十九年七月二十八日,该埠驻防陆军第十三旅第七团一营,因不良韩人聚敛财为我防军侦知,当派第二连连附[副]张凤全带同便衣士兵三名前往拘捕。当场捕获主要赌犯三名,带回连部审讯。行经日派出所前,日警突出干涉,张连附[副]据理与争,日兵蛮横不听,复召来多名日警,将该连附[副]殴打多时,并拥往日警署而去。张连附[副]身着陆军制,撒破不堪,遍体鳞伤。嗣经我方交涉,始将张连附[副]交出,遂往英医院诊治。延边民众大为愤慨,当开市民大会,有指血书欲得日本人而甘心者。

在盖平擅捕华人案

十九年二月二十五日。盖平太平山村顾洪祥,原名洪富,在城东接管厅公安局一分队充任警士,于二月二十二日请假回家,二十五日突来日警数名,硬行捕去,带至大石桥日警署,百般毒打,由一华人巡捕作翻译并迫顾某承认偷窃,顾洪祥不认。该日人遂灌洋油冷水,用种种惨刑逼供,死而复生者三次。顾某因受刑不堪支持,遂认窃取供,于三十日始放出。虽交涉,无结果。

拘捕电话局工人案

民国十年三月十二日下午,辽宁省城电话局因北陵路线中断,即派工人郭永春等十人前往。修理完竣,其他工人八名先行返局,郭永春、刘盛林在后,携带余剩铜丝二十余磅并皮带脚扣等器具行至四合居一带,忽有柳条沟日本守备队派遣联队兵三名,由后追来,均系全武装,将该二人牵往回走。该二人答系电话局工人,并有门证为凭。日兵蛮横不讲理,竟指该二人所携之铜丝系偷窃者,用拳痛打之后,硬将铜丝等物抢去,将彼等放走。后经公安局夏翻译员前往交涉,由领馆转询,还后捏词答复,以为诿卸地步。后由交涉办事处提出交涉,亦无相当结果。

捆绑沈阳公安队案

民国十九年三月,沈阳东陵附近樱桃堡子富户李姓被匪绑票。县政府及警务处此案发生后以城郭附近发生此种绑票案,可见匪人胆大,乃饬公安局火速破案。该局派督察长张得棠、第二大队白队长带干警四名,咸化装为拉洋车者,或化装为小贩者,或化装为农夫者,日夜在樱桃堡子附近详细调查,于本月二日探寻秘密,肉票现落于沈东本溪境内歪头山子大庙中。李某来信,令家中备款赎票,约定本月二日午后八时送款到大庙中。该局得此消息,当经局部人员开一秘密会议,讨论办法。经众议定,派公安队长黄、张、甘、马私人穿蓝大衫,着马褂,光头提纱灯,携果匣(此种化装,皆为匪人令赎票人穿着以为标准),腰带手枪,冒险作为赎票者,腰藏大烛,候在山上得手时举火为号。白大队长带马队二十名,由姚千户屯马耳山一带绕道为西路接应,张督查长带马队二十名，由康大人屯一带绕道为东路接应，金局长自率警十名，乘日本火车至歪头山车站为中路接应。预先知日站、日警署及领馆，并起有护照两张，以防日军警干涉。约定八时会齐，乃各自起身。黄、甘、姚、马四队长，二人冒充赎票者，一充商人，一充农人，至本溪歪山时已七时半，突来二人迎接，四队长知为匪人，双方答话。该匪见来四人，乃生疑问（按匪人规定赎票为二人），双方冲突，当即开枪射击。甘队长施放信号，不意西路白大队长接应队被日本守备队阻于铁道西，歪头山在铁道东，不能横过铁道。白大队长取出护照，日守备队仍不准过。不意甘队长等与匪人接仗，突来日守备队五六十名一拥齐上，竟将四队长完全绑去，匪人乃得乘隙而逃。及东路接应张督查长见火信，以为得手，乃绕至山上搜查，庙中土匪皆无，乃大诧异。比及金局长带队赶至，见匪人已逃回，队长失踪，绕山巡查，并无下落。援探警报告，四队长确日守备队带去。金局长无法，乃连夜赶回沈阳，当召集各科长开全体会议，复令白大队长、张督查长四围搜查。于三日，总务科长马士连偕同该局夏翻译员援情往日领馆交涉，五日始释放。

捣毁安东海关案

十九年九月廿八日，日人因私运现金不遂，又以捣关闻。兹将经过情况详细记于后。

缘自我国禁止私运现金出口以来，于是日人乃大作其梗，各埠私运现金案之被破获者日有所闻，乃日人复藉大连安东一运，在其帝国主义势力掩获之下，尽其所为之野心。仅安东论，截至二月为止，海关所没收之日人私运现金案已至一百廿五条，金凡一千二百四十九两八分，招标拍卖时为韩人□□□至以日金五万八千七百五十九元三毛三分中标购买而去。嗣后关于日人私运金又时有所闻。九月廿八日，安东海关得有密报，谓有日五人雇若干韩人私运大宗现金，由安东鸭绿江与朝鲜相通之大线桥私运出口。海关得报后，即于斯地行检查，讵事为私运现金之日人知悉，即令韩人暂不出动。及至上午十一时，徐待海关人员用餐际，乃蜂拥而起，关员以寡不敌众，仅获鲜人一名，搜出金块数件，其大宗金块及犯人均随日人护卫而去。是时视众拥挤，韩人乃利用机会实行其严蛮事，□将江桥头海关分卡一切门窗壁桌椅器具击毁大半，乃呼啸而散。事后，海关分卡之凌乱情形，令人观之惨然。在彼等捣毁海关时，适有朝鲜向安东关来之小火车，将一在铁道上之观众韩人柳黄氏轧毙，当时日警异想天开，非但不追缉私运现金之人犯及毁关群众，反将关员获至警署，百般刁问，且谓死轮下之鲜妇系该员推倒铁道上轧死者，但当时私运现金之犯人乃有组织、有预备之举动，赤手关员自保不暇，何敢将一无辜韩妇推于铁路而至惨死。况铁路两旁有四处高木栏，即欲推之，何能使鲜妇越栏而入轧以内耶？庇护之已彰彰昭矣，而又以风马牛不相及之鲜妇致死事加祸关员。吾又□公理人心尚存于人间世上否？日警将关员拘至警所时，竟强迫具结，兹用空白纸，令盖手印，而关员等□□□□□以理直气壮反复驳论。当时海关港务长英人纳许氏闻讯赶至，以事实争辩，日警始将被拘之关员释放。但关于毁关及韩人私运现金之轩然大波，实方兴未艾也。安东对于斯事已大起公愤，欲求根本解决。□非当局对有铁路用地加以报本整理不□，盖安东对于偷漏关税事层见叠出□目防范甚严，而偷运愈巧。偷税方法系由韩人包办，每债一件，按值由韩人预出押金，以防意外之损失，水脚等项尚须另议。自本年以来，因海关稽查森严，鲜人以损失重故，反其从来之手法而弦更张，即□商号由东洋将债运到新义州车站，债主将载货提债单交私运韩人，彼则按值预交押金，对于私运报酬，乃系按值抽百分四五（即每值百元抽回之五角），倘为海关拿获，或将债充公，即货主与私运人决担损失，惟韩人无报酬耳。若海关仅课以应纳之税，则报酬一项仍向债主担负，以为持平之计。如此以［一］来，致海关无论如何防杜森严，一般韩人仍乐为之。

在长春枪杀华人案

十九年六月三日午前三时许，长春地方有日兵数名，沿南满路察道至乡十区管界道口时，适有农装华人三名担筐经道口由北向南，日兵乃喊令站住，农人闻喊声，即向前逃避。日兵遂开枪射击，华人两名应倒死，其一幸免。日兵一面报告当地我国公安分局，谓有小偷十名因偷道铁被枪杀，死二名（小偷犯死刑，日本法律如斯耶？），一面报告日馆派书记生土屋，偕同滨田医院长于当日下午二时到该地检验。彼时，日兵将他处之破碎道铁放入农民筐内，为偷道铁之证据。土屋验毕，即至城内公安局报告，谓打死小偷二名，可否就地掩埋，公安局长以事关重要，未便允许，遂将经过情形报告县政府，向日方提出交涉。结果，死者惟死而已。

日警惨杀米双珍案

民国二十年五月二日,辽阳西站有回民米双珍者,父兄三人开牛肉铺,其后院有日老妪某,日前失踪。日警遂将米双珍父兄三人捕至日警署毒刑拷打,由鼻孔灌火油。米双珍当时毙命,其父兄二人均奄奄待毙。我方官方知悉,即向日方提出抗议,日方谓米有肺病而死,不承认灌毙。嗣后我方照会日领,将被害者在医院解剖,日领亦到场,则死者满腹火油,肺心部均失本位,当场有英女医师魏晨光出为证明,系火油灌毙无异。即由辽阳县政府电请省外交办事处矣。

惨杀华人案

民国十二年六月十七日晚五时许,临江县韩岸日警身着韩服一人过江,前往小栗子沟,枪杀无辜华人于兰江。

民国十三年一月三十日午后三时,辑安县隋殿清赶空犁在我岸沿江道下。空来日警一名,继又来日警二名,向该民开枪,中弹身死。

民国十四年一月九日夜十一时,辑安县大朱仙沟门附近突来日巡查五六十名,全武装,无端开枪,惨杀韩侨,又开枪惨杀甲长褚德胜,甲丁刘日忠、李义荣、王子安等。

民国十四年九月七日午前三时半,抚顺永安桥派出所日巡查南□静在柳林附近巡逻,见华人刘全厚行走仓皇,遂即盘查。华人未及回答,该日人即开枪将华人射死,由县交涉日方,置之不理。

惨杀华工案

民国十六年七月二十七日,安东公安局、总商会修筑江堤,华工经过铁路线,日本守备队开枪射击,连击毙华工三名。安东市民群起反抗,除由地方外交官向日方抗议,外交部亦向日方外使提出抗议,结果只给死者每名恤金百元了之。

民国十六年八月,本溪煤矿公司华工因要求增加工资问题,遂罢工,与日本工人稍有冲突,打伤十二人。我方当派警甲赴该公司弹压,比至公司场所,而工人纷纷皆退。日方藉口中国警甲兵力单弱,不足弹压,即擅自调遣守备队分布□山。该守备队复分至各工人宿舍,大肆搜查,并刺死工人四名,刺伤者三十七人,逮捕者一百七十人。肇事后,经我派员调查迭经交涉,结果将捕去华工完全引渡华方县署,酌予遣散。被日人害死之华工,日方每名给其遗族奉小洋一千元,伤者每名百元,因伤成废者,每名一千五百元,即作了事。查本溪煤矿公司,系中日合办,日方擅调军队任意屠杀华工,国际间尚有正义耶?

日本霸占抚顺大山坑,平时不加注意,于民国十七年四月,因西大井坑内之水渗入,由坑底突然流出,发生水灾,以致淹毙华工四百八十二名,日本工人仅数人受伤而已。肇事后,曳出之尸仅由该矿备置□棺装殓。经我方向日领事交涉,始给予恤金,雇员每名七百元,小把头名每名七百五十元,工人每名二百六十元,作为了事。查发生如此惨案,日工何以无死者,则华工之死是否为日人之图谋,明眼人当能了然。

民国十五年七月十六日晨,由韩岸来日警昌祥等二十一名,越界在安图县三家塘子处枪杀华人四名,绑去三名。

民国十六年四月,驻辽阳之日本巡查商部,夜间被暴汉在租借地内殴打,该汉是否华人或日人尚未可定,乃于四月十一日,该□部廿八名,往黄堡附近侦查民户刘玉亮,至刘宅,不容分说,即将王某枪杀而去。刘玉亮是否殴打巡查之正犯,日方毫无把握,乃竟枪杀无辜良民,日人尚顾国际法耶?

民国十六年五月廿八日上午九时,有日本守备队在梨树县太平沟地方南满路线旁,枪杀无名男子二名,死尸旁有扁担、麻绳、镰刀等物。推测情节,当为农民割取草无疑。而日守备队坚以有窃取列车货物为词,以脱卸其无故杀人之罪。

民国十六年六月十二日晚十时半,抚顺农民佟玉林行至抚顺炭坑用地老车站西马路头地方,遇见守备队兵三名,即将其拿获转交,后来日兵田三郎枪杀。

民国十六年八月十五日午后一时,日守备队在梨树县庙台沟车站北满铁沿线枪杀无名男三名。

(以上内容,吴佳佳录入,陈海懿校对)

附录[1]

1. 上海博文书局张勗唐致李顿调查团函件
（1932年3月22日）

国际联盟调查团
李顿勋爵诸位先生
迳启者：

　　吾中华民族乃酷爱和平、拥护道义之民族，久为世界所公认。自去年九一八，日本以强暴手段，侵占吾东北，杀戮吾国民，吾国民明知日本志怀野心，有意侵占吾领土，吾国民愤恨之余，久欲起而反抗，而仅厉行文明之抵制日货，以促日本之觉悟，而谋和平之解决者，此即吾民族和平特性之表现也。

　　不意日本蛮暴成性，置国际条约信义于不顾，一意孤行，得寸进尺，蹂躏吾东北、津沽不已，复冒世界之大不韪，在中外通商大埠之上海寻衅，当日吾市当局为维持和平之故，屈辱条件尽量接受，日领亦表示满意，讵料日领口沫未干，是晚日本驻沪之海军陆战队，即向吾繁盛市区之闸北进攻，吾国军队为自卫计，不得不起而抵抗，而日军复滥施炮击助以飞机，爆炸之弹方纷飞，而闸北数十万市民，多已流离惨死，无量数之财产俱被抢掠焚烧矣。日本并强占公共租界之虹口，为进攻华军之大本营。该区市民，亦多被日军奸淫惨杀，"二月三日上海英文《大美晚报》记载英、德人民所述其惨状令人不忍卒读"。日军种种残忍凶暴行为，几为人类闻者无不发指眦裂，吾国民之愤怒更无论矣。但因此之故，吾中华民族亦已被惨无人道之烧杀奸淫所惊觉，吾国民亦已忍无可忍，现

---

[1] 编者按：附录所收两个文件均属于国联和联合国档案馆藏李顿调查团档案之S39系列。

在无老无少、无男无女,均拒敌忾同仇之决心。试以过去沪上叁拾余日之抗战,吾国军以旧式不良之器械,与日本新式锋利之枪炮飞机战舰抗战,血肉相搏前仆后继,屡摧强敌,予日军以重创。吾全沪市民,旅外侨胞,以及全国各省同胞,虽多处经济恐慌、灾害未复之会,人人咸愿踊跃输将,以慰劳援助吾爱国抗日将士,吾中华民族不愿久受屈辱,蓬勃之民气已可证明矣。此种民族争存之意识,吾知非将中华民族完全消灭,世界上任何强力,决难消灭与压制,可断言也。

今者沪战因国联停战决议,友邦各公使之热烈斡旋。在此停战状态中,适逢负维持世界和平幸福,拥护公理正义之国联调查团李顿勋爵诸先生等连[联]袂诣沪。吾全市民众,虽难在极端悲哀愤痛之中,尤强颜作热烈之欢迎者,实希望诸先生等确能本以公理正义,作不偏不倚之调查报告,俾国联可凭公道正义制裁日本,使世界人类公理正义,得随地球而长存也。但是诸先生等初履沪地,调查工作现正开始,将来所得调查报告是否公允,尚难臆断。惟吾人不能已于言者,即旅沪欧西侨商,多为日本人反宣传所麻醉,其见解观念多不合于人类应守之公理正义是也。盖当沪战剧烈时,多数欧侨均希望华军战败或退让,问其理由则曰:"日本乃强国须予以'面子',战事方易解决也云。"呜呼!"面子"乃强国所独有,世界上尚有所谓公理正义耶?近又有一事令人骇异者,即本月十六日旅沪英商和明商会年会时,老公茂洋行大班麦克米基先生之荒谬致词是也,"本市商会已起而驳斥",麦先生曰:"上年中国中央政府有分裂之象,中国当局未能遏止排日活动,目下中日纠纷,多由此酿成云。"夫吾人排斥日货,盖人皆知因日本唆使朝鲜人残杀华侨及派兵强占吾东北三省而起,此种文明之爱国抵货行动,几属讲公理持正义之人类,不但不应诽[非]议,且必须予以同情也。今在华营商最久、业务最大之老公茂大班,发言见解竟不顾事实,蔑视是非。麦先生设非同情日本暴行,即系被日本人宣传所麻醉,以致其心目中只知强权即公理也。由是而观,上海空气宁非已被日本人恶宣传所笼罩乎。故吾人对于诸先生等将来调查所得,难免被日本宣传所蒙蔽,而有不公道不合理报告国联之疑虑也。然而不论如何,吾中华民族绝不肯在不顾公理正义强权下屈伏[服],一任日本之宰割,吾人已屡言之矣。今不嫌词费,予敢代表吾中华全国民再郑重言之,"吾中华民族深信公理正义终能战胜野蛮强权,吾人一日不将强暴之日军驱出国境,收回被占领土主权,不惜任何牺牲,必与日本抗战到底",谓予不信请诸先生等就稍具常识之华人询之,方知我言之非虚也。然则吾人主张既如是之坚决,为何仍向诸先生等多此喋喋乎?不知吾人欲多渎清听者,无非被酷爱和平公理正义之特性所驱使,不得不将吾人之真正意志,及沪地恶劣空气情形,作诚实之陈述,深冀诸先生等勿为日本及宣传所迷惑,而有偏倚之报告,俾世界人类真正和平能早日实现耳。

东亚多事,固为东亚民族之不幸,但现世国家之经济,绝不能离世界而独立,则将来一发动全身,欧美自亦难免受经济恶潮之累,何况日本之野心,志在吞并中国,称霸欧亚,扰乱世界和平乎?故今日之事,能以公理正义制裁日本之暴行,非但为东亚民族之幸,亦世界人类之福也。尚祈诸先生等审慎图之,将来公理正义得伸之日,亦即诸先生等造福人类之时也,专此敬祝旅中康健。此致

上海博文书局
张勗唐谨启
民国路方浜桥银河里五号
中华民国二十一年三月二十二日

2. 吴佩孚致李顿调查团信件(1932年8月23日)

国联调查团,莱顿爵士并请转致各团员均鉴:

八月二十二日经致大日本天皇一书文曰:大中华民国孚威上将军吴佩孚谨致书大日本帝国天皇陛下:

窃闻王者无利天下之心,故能得天人之顺应,霸者以争天下为志,亦必假仁义以为名,天下未有尽灭公理而可专恃强权以横行者也。贵国觊觎我满洲久矣,然而积久不发者,一则以土地有主而师出无名也,再则以在均势之下不容人独尝禁脔也,是以历任政府虽同具此野心而始终无敢冒天下之不韪,毅然操刀迳割,犹屡屡示人志在利权无心领土,藉以试探国际之同情,而因以巩固特殊之地位而已。不意年来军阀抬头,假攻讦政党政治之不满人意,而公然破坏宪纲,一方对内至以铁血主义,刺杀当轴,鼓动民意;一方对外则不恤小题大做,借端发挥,窥破国际之弱点,竟以迅雷之手段,不浃辰而占据奉吉诸省。犹以为未足,复北窥黑热,南扰津沪,一若任何公理可以勿顾,绝对以强权行之,纵惹起世界战争而弗辞,于是向之以亲善为面具,共存共荣为口诀者,一切政论束诸高阁,一味以穷兵黩武为志,举国内政治家、学识家和平之论调至此俱

被压倒,直谓海陆军事其权属于天皇,不恤挟陛下之名,置之炉火之上,用以征服世界之公论,冒天下之大险而盲目进行,铁骑声中尚有何正义可言?杀人盈城,流血遍野,徒使一般无辜之老百姓大遭其殃而已。中国连年天灾人祸,已苦民不堪命,乃贵国不顾救灾恤邻之义,转利用之,以大展其兵精器锐之威,是固中国之不幸,抑亦岂日本之福哉?吾人屡思对于我同文同种兄弟之邦,一尽其忠告,无如军权属于皇室,堂高廉远呼吁无闻,用是不得已冒昧进言,直达天听,谨以平民之立场,迫于良心之使命,敢借前席聊贡刍言。贤明如陛下者,或其于万几之暇,垂听而深思焉,固不独东亚之和平系之,举世祸福胥于是有赖焉矣。

　　查贵国强占东北之举,其所藉口者不外以下数端:一曰日本岛国物产不备,故倚满洲大陆为生命之源泉,苟不得满洲物产以养其生命,则日本几无以存活,此图满之第一义也;二曰日自维新以来,人口激增,三岛区区不足以谋生存,非得别求殖民之地不可,而环顾全球,无更适宜于满洲者,此图满之第二义也;三曰日俄之战,日本竭尽全力以夺取满洲于强俄之手,牺牲无价,当有所报酬,故此在满特权所得自俄国之手者,万难归还中国,今党国乃昌言,将与其他租借地一律收回,故不得不破脸以争,此图满之第三义也;四曰为保全东亚和平免于苏俄势力之东侵,非区区岛国之力所足与抗,必先立足于大陆之上,乃能施展其武力,以防制赤俄,是为日本要挟列强而冀邀其默许者莫妙之措词[辞],此图满之第四义也。以上数条为日本人所持为最有理由者,今请一一辨明之。

　　一、果视满洲为日本人生命线,理宜先谋保全双方之好感,实行亲善,以达其共存共荣之目的,而实无占领土地之必要。盖通商互市固无人禁止也,夫日所求者在物产与营业之利益耳,今权利所得已不少,亦未有侵害之者,何至并土地而割据之,丝毫不为原有地主稍留余地,是但知自卫其生命,而竟使他人舍其生命以让我天下,宁有是理乎?损人利己之事纵获胜一时,万不能保其久远也。惟共存乃能共荣耳,否则即不引起他方之不平,亦必与本地人民结为不两立之世仇而不可一日安,故有以吞满洲如吞炸弹为喻者,可谓洞悉利害者矣。

　　二、人满之说只能为自解之语,而在他人殊无责任可言。譬如甲家以人口繁多,经济不足以自活,乃因此而强夺其邻乙家之财产房舍而居之,且大言曰:我以人满故不得已而出此,试问谁谅之,法律上能允许生效乎?人满与否乃自家事，于人何尤[忧]？况尽有优生学与节制生育之方，何得以此为夺人土地之理由？欧战之祸即为竞争殖民地而起，况此满洲大陆固自有主人在，乌得与寻常殖民地等视耶？至于煽使地方独立与在中国统治之下日本有何区别，若欲予取予求，事事由日本人把持之，则尚何独立足云，阳避强占之名，阴作朝鲜之绩，天下人宁尽可欺乎？

　　三、为满洲曾以牺牲夺来，便当据为己有，亦不成理由。试问当日之战究属何等意义者，为自卫生存乎？为仗义救邻乎？如为后者，尤不应据为己有而不还故主，否则何仗义足称？如前者，则不应以他人之物为酬劳之代价，即以战利品而言，亦只以南满一隅，俄人既得到权为限，岂得漫无限止。假若因救人妇女而战胜强暴，事后即要求以他人妇女为我酬劳，若然则与强暴奚异哉！设自身异地而观，能无惭汗？是皆极明显之理，岂日本文明国家而竟茫然耶！

　　四、为公[共]同抵制赤化，保全东亚利益，维持世界和平，此理甚是。然而辅车之义宜念唇齿之理，勿忘使中国大地而无人者，则代为守土可也。若中国自有人在，则防制赤俄正宜与中国人协作。今中国无辜，而乃假此名义割据其大部之领土，谓是足以保持和平乎？其不反激使赤化也，几希抑为防赤，而转促进黄种于自残互杀之一途，是徒为赤白帝国主义造机会耳。螳螂捕蝉，究忘黄雀，鹬蚌相争，利在渔人，抑何不思已甚哉！

　　总之，天下事不外乎情理而已，贵国所持为理由者，一经剖析，实可谓毫无理由。况九一八以前，彼此尚未至于决裂，苟有交涉，但遣一介使命不难纵容解决于坛坫之间，何至遂兴兵戎诉之武力，且日本亦国际联盟与九国公约之一，岂容不顾信义任意破坏？日已首先破坏条约，又安能更责中国之守约，何其明于责人，而昧于责己耶！谓中国可欺，乃并藐国际如无物，徒使两国人民永绝交谊，而又自陷于孤立。昔者威廉第二之覆辙不远，宁遂忘之耶？抑对手方为南京政府耳，人民奚罪焉？按之公法，虽交战国，除武装战士外，不得擅杀平民。今三省人民枉遭屠杀者，不知几何矣。他若津沪各界居民，更有无关于战地而断送于无情炮火之下者，又不知几何矣！是皆何说耶？平时以亲善为口头禅，博得中国物产与金钱以供养日人之生命，乃不思互助互利以维永久和平，而宁与全中国人为敌。日本对华贸易年来已占人先，中国人无仇日观念，特日人自造成之。今将失此大好商场拱手让人，而自贾四百兆人之恶感，且间接开罪于列强，实不啻自行放弃其在华优先之利益，而转召无限之危机，此中得失，宁可算数谁实为之欤刻。

此次之出兵侵略，尤为无名，在我国并未抵抗，而日方则着着进逼，其意究竟何居？将欲进窥中原而问鼎之轻重耶？须知当年满洲入关，固属因利乘便，然而其初志也无不假仁义而行。今者日本飞机所至，庐舍为墟，人民涂炭，我国人虽云懦弱易欺，顾抚我虐我，恩怨固在人心也。夫三户犹足亡秦，一旅亦可兴邦，虽科学战争常操胜券，然而百足之虫死且不僵，固不能禁困兽之勿斗也。

　　贵国试自省今日之举动，果不失为文明否？自古未有不得人心而能得天下者也，己所不欲勿施于人。吾国向以忠恕待人，礼让为国本，非狭义之国家主义者，比特人心未死，公道犹存，种因不良，焉望善果？是则贵国今日之事虽胜犹败也。不知而为之，是谓不智，知而为之，是为不仁，不智不仁，尚足与争天下乎？窃为陛下不取也。

　　东亚大局，惟中日主之，亦惟中日共之，如手与足，如兄与弟，有何不解之仇，致以国力相拼，徒增子孙忧而为天下笑。陛下英明，果能一朝觉悟，莫若速息戎机，早开和局，由双方元老负众望者，开诚布公出任调人，别谋排难解纷之捷径。事有不难片言决者，较诸经过外交或付之国际，省事多矣，何必多伤士卒，牺牲民命，逞一时之雄而贻百年之祸哉！

　　嗟夫！天道好还，种豆自然得豆。邦交未断，解铃仍在系铃。

　　谨布微忱，伏讫垂鉴，并祝健康，等语，敬此。

　　另缮一通，请烦察照是荷。

吴佩孚
大中华民国二十一年八月二十三日

（以上内容，胡芊珣录入，陈海懿校对）

索 引

A

阿尔伯特·隆德雷斯 92,222

艾景璞 238

爱斯托 53,218

《瑷珲条约》 144

安东 13,24,28-31,38,240-242

安文溥 98

鞍山 24,71

B

巴尔虎 46,122

鲍观澄 50-52,61,63-65,67,68

北大营 92,128-132,134-136,153,154,
 157,166,198,199,222

北陵 134,239

北平 32,48,67,68,89,92,93,96,98,99,
 105,113,116,117,121,128,132,133,
 137,138,164,166,171,173,182,185-
 189,193,195,200,201,218,222-225

本溪 24,27,30,234,239,240,242,243

本庄(本庄繁) 44,133,140,200

币原(币原喜重郎) 179,194-196

勃来克斯雷 61,138,154,159,161,164,
 185,186,200,215,218

C

蔡廷锴 106

蔡运升 52,200,203,224

曹国卿 155

察哈尔 35,46,119,122,225

长春 17,24,38,42,43,49,50,55,68,69,
 82,131,156,162,163,168,189,209,
 210,214,216,218,220,241

常克臣 237

陈焕宇 232,233

陈振先 225

褚德胜 242

川越(川越茂) 147-149,151

D

打虎山(大虎山) 145,189

大和旅馆 47,136

大连 1,4-6,8,9,14,15,17-20,22,24,
 26-31,38,39,43,103,116,133,143,
 144,183,192,199,200,207,221,240

大连沙河口 24

大连商业学堂 20

大连小岗子 24

大连医院 17-19

大凌河 179

丹东 38,216

丁超 47,112,182

丁鉴修 98

丁文江 166-169,223

东北大学　92,154,155,159,168,222
东北航务局　144-146
东北航运公司　139
东北交通委员会　145
东北矿务局　34,215,217
东北商船学校　145
东北水道局　145,146
东北造船所　145,146
东北政务委员会　32,65,200,216,224
东三省银行　84
东省特别区　37,50,52,60-65
渡久雄　185,186

F

《非战公约》　89
冯殿英　228
凤城　229
《奉俄协定》　74,75,77
奉票　22,84
符拉迪沃斯托克(海参崴)　82,139,140,183
抚顺　24,27,30,43,88,242,243
傅斯年　166,168,223
傅振庭　226,227,231,234

G

盖平　239
高长升　235,236
高纪毅　207-209,214
高向荣　228
格林斯　84-86
公主岭　12,24,87,161
宫原　195
顾洪祥　239
顾维钧　31,33,34,48,71,92,104,105,117,118,126,171,172,175-177,179,183,184,203,210-212,222
关东军　40,42,44,65,146,232
关东厅　3,8-10,12,13,15-26,28-30,39,185,216
关东州　3,10,11,16,21,28
关东租借地　1,6,11,14-17,19,20,22-24,26,28,29
关裴然　229,230
郭永春　239
国际联盟(国联)　1,8,31-34,45,46,48,49,53,55,56,58,60,70,73,82,87-89,91-94,96,98-100,102,103,108,109,113,114,116,117,120,127,128,132,138,154,159,161,163,164,166,167,169,177-180,183-185,188,198,200,203,213-215,218,221,223,224,230,232,233,235,237,244-246,248
《国联盟约》　89,95,169,193,213

H

哈尔滨　30,31,38,40,44,46-53,55-57,59-65,67-73,82,128,139,140,145,146,159,189,200,203,219,224
哈尔滨船政局　146
哈斯　8,48,49,60,68,73,200,215,218
海城　228-230
海林　189,209
何基鸿　223
何应钦　106,123
河相达夫　8,185
黑河　38,183
红胡子　9,23,25,46,227

胡适 92,222
花谷正 35
怀德 87,161
荒木贞夫 189
皇姑屯 34
黄显声 116

J

基督教青年会 84,202,205
吉林市日本居留民会 83
吉田伊三郎 92,185,186,222,225
济南 125,126,187
"间岛" 37,189
蒋介石 31,106,109,123
蒋作宾 195
金恩祺 223
金荣桂 81
金陟佳 98
金州 15-17,19,20,24,27
锦州 33,34,40,178-182,189,215,231
锦州交通大学 33
《九国公约》 90,95

K

开脱益葛林诺 50,51,61,153,154
开原 24,228,232
科洛科利尼科夫 53
克莫德 72
肯特 218-221

L

李杜 112,145,182
李顿 1,50,56-69,73-82,88,89,91,98-105,107-115,117-127,130,132-138,140-143,155-169,171-178,180-186,189-213,217,244-246

李光忠 164,165
李绍庚 52,73
李西庚 230
李义荣 242
李源 230
梁崇德 153,154
辽阳 24,199,237,242,243
辽源 230
辽中 233
林久治郎 175,195,206
林权助 174,175,201,202,206,209
临江 242
凌印清 181
刘百昭 155
刘良慰男 98
刘其昌 153,154
刘全厚 242
刘日忠 242
刘尚清 200-202,224
刘盛林 239
刘易斯 31-35
刘泽荣 81
刘哲 200,202,203,224
龙井村 38,238
卢广绪 223
《旅大租地条约》 143
旅顺 5,8,15-21,24,26,144,168
旅顺高等公学校中学部 20
旅顺工科大学 20
旅顺新市 20
旅顺医院 18
罗津 39
罗文干 99,117,119,122,124,125

M

马柯迪　59,67,131,164

马廷馨　229

马占山　65,70,98,112,162,163,168,176,182,183

麦考益　55,59,60,64,82,101,108,122,130,131,137,155,157－160,164,165,168,175－177,185,193,194,198,200,203,217

麦克雷　72

麦克沃特　84,85

满洲里　38

"满洲新国"　35－41

孟昭田　137,138

米春霖　33

米双珍　242

莫德惠　76,81

莫思　61,66,69－71,75,79,128－130,132

木村（木村锐市）　207,208,214

牧城驿　21

穆棱　189

N

南次郎　133,195,196

南满铁路　14－17,19－27,29－31,34,41－43,49,70,72,82,83,97,134,173,189,199,207－209,216,219,220,238

内河航运局　139

内田康哉　207

嫩江　40,162

宁恩承　155－159

宁古塔　40

牛庄　29,30,220,228

农安　237

O

欧文　84,85

P

派尔脱　72,117,200,215,218

派斯塔柯夫　53,59,61,132,138,140,155,159,161,218

丕平　61

貔子窝　16,21,24

片山洋行　237

《朴茨茅斯条约》　83,219

普兰店　12,17,24

溥仪　36,44,46,48,69,98,168,177

Q

齐齐哈尔　40,42,44,46,55,68,82,163,189,202,210,237

祁公亮　33

秦尔昌　230,231

秦皇岛　30

青岛　28,30,40,125,126,138,139,141,143,146－151,153

清华大学　93,95,223

清津　39

邱昌渭　164,223

R

热河　11,35,37,113,114,119,120,122,137,138,182－184,189,225

荣臻　92,135－137,153,189,197－200,222

S

桑岛主计　225

山海关　32,38,42,113,114,131,174,180,189,226,235

上海 18,23,27,30,63,89,93,95,100,101,104-106,114,123,124,126,127,141,143,149,182,183,195,218,223,224,244-246

邵麟 81

沈鸿烈 138-143,146,150,151,153

沈瑞麟 81

沈阳 8,11,19,24,25,27,31-35,42-48,66-68,71,74,96,116,117,130-133,136,141,153,155,156,158,159,161-163,166,168,175,177,178,182,190,194,195,197-201,205,206,208,209,215,216,218-220,223,228,231,232,238-240

生宝堂 164,224

十九路军 105-107

石友三 192,193

矢野真 179,185,186,225

斯隆 84,85

四平街 24,43,131

松花江 40,55,69,139,141,144,145

宋喜存 233

宋子文 30,99,103,117,119,124,126,195

苏炳文 182

苏上达 223

绥芬河 38,55

绥远 119,122

隋殿清 242

孙恩元 99

孙济桥 237

孙科 106

孙小兀 232

T

汤尔和 194-197

汤玉麟 137,183

洮南 40,43,161,162,189,196,209

天津 30,40,93,98,125,126,140,145,179,180,224,225

天野 189

铁岭 24,226,227,231,234,238

图们 191,209

屠景明 230,232,237

土肥原 145,146

W

瓦房店 24

外交事务委员会 199,200

万宝山事件 160,163,192,214

万福麟 161-163

《万国邮政公约》 39

万考芝 61,117,128,132,200,218

汪精卫 99,117-119,121-128

王恩寿 233,234

王甫丞 236,237

王化成 166,223

王化一 223

王镜寰 190,191,199

王瑞华 52

王铁汉 128

王以哲 92,128,131,132,134,135,198,222

王正黼 153,154,215

王子安 242

王子宾 238

维吉 98

魏希存 226,227

乌逢桂 98
吴怀义 96,97
吴宓 164,223
吴佩孚 246,249
五百木 147
戊通航业公司 144

X

西伯利亚轮船公司 144
希爱慕 61,73,77-81,116
希尼 46,54-56,59,92,116,130,156,157,160,161,163,166,168,191,192
熙洽 48,65,168
萧恩承 164,223
小矶国昭 195,196
谢介石 168
兴安区 37
雄基 39
熊希龄 225
徐殿阁 153,154
徐淑希 166,207,209,210,212,223

Y

烟台 27,30,40
严东汉 145,146
盐崎 49,73,185,186
盐泽 107
杨格 83,84,137-141,155,157,172,195,215,217,218
杨挚奇 155
叶景莘 225
伊立春 81
依兰 145,204
义县 235,236
义勇军 97,112,113,124,126,127,181,185,215,225,230,235
英美烟草公司 177,218,220
英顺 146
营口 24,38,228,230,232,233
营口海外轮船公司 143
永津佐比重 185,225
于汉冲 98
于静涛 228
于芷山 182
俞荣庆 238
袁金铠 32,96,98,193,216
袁同礼 166

Z

臧式毅 65,67,168,193,197,198,200,201
闸北 106,107,126,244
翟文选 200,224
张伯伦 158,166
张得棠 239
张凤全 238
张海鹏 182
张景惠 50,52,60-69,98,140,145,146,168
张君劢 164,223
张魁恩 97
张勋唐 244,246
张学良 6,25,32,40,48,52,72,84-86,89,92,116,132,133,153,169,171-184,186,188-197,200-207,209-214,222,234
张作霖 25,40,46,122,131,138,173-176,201,202,206,209,211,212,214
张作相 32,161-163,200,224

赵鸿翥 155
赵明高 155,159
赵欣伯 168,193
赵雨时 223
赵喻之 228,229
赵镇 209
赵镇藩 128
中村事件 194,196,214
中东铁路 31,37,46,47,49,52,54,61 - 63,68,69,73,75 - 77,80 - 83,139, 140,144,163,189,200,203,207,209, 219,224
《中俄解决悬案大纲协定》 61
周家彦 147
周水子 17
助佛兰 53,117,128,132
庄河县 236

图书在版编目(CIP)数据

国联调查团实地访谈. 一 / 陈海懿，吴佳佳，顾小伟编. — 南京：南京大学出版社，2024.1
(李顿调查团档案文献集 / 张生主编)
ISBN 978-7-305-27405-3

Ⅰ. ①国… Ⅱ. ①陈… ②吴… ③顾… Ⅲ. ①李顿调查团—九·一八事变—调查报告 Ⅳ. ①K264.2

中国国家版本馆 CIP 数据核字(2023)第 225065 号

项目统筹	杨金荣
装帧设计	清　早
印制监督	冯晓哲

出版发行　南京大学出版社
社　　址　南京市汉口路 22 号　　邮　编　210093
丛 书 名　李顿调查团档案文献集
丛书主编　张　生
书　　名　国联调查团实地访谈(一)
　　　　　　GUOLIAN DIAOCHATUAN SHIDI FANGTAN (YI)
编　　者　陈海懿　吴佳佳　顾小伟
责任编辑　官欣欣

照　　排　南京南琳图文制作有限公司
印　　刷　南京爱德印刷有限公司
开　　本　718 mm×1000 mm　1/16　印张 17.5　字数 298 千
版　　次　2024 年 1 月第 1 版　2024 年 1 月第 1 次印刷
ISBN 978-7-305-27405-3
定　　价　120.00 元

网址：http://www.njupco.com
官方微博：http://weibo.com/njupco
官方微信号：njupress
销售咨询热线：025-83594756

* 版权所有，侵权必究
* 凡购买南大版图书，如有印装质量问题，请与所购
　图书销售部门联系调换

ISBN 978-7-305-27405-3

定价:120.00元